广东省社会科学规划项目《珠三角欠发达地区与发达地区产业错位发展问题研究——“以广佛肇经济圈”建设中肇庆产业发展问题为例的探讨》研究成果（批准号：GD11XYJ01）

肇庆学院创新科研团队“企业转型升级与区域经济发展研究”系列成果

珠三角欠发达地区与发达地区产业错位发展问题研究

崔彩周◎著

·广州·

图书在版编目（CIP）数据

珠三角欠发达地区与发达地区产业错位发展问题研究／崔彩周著. —广州：华南理工大学出版社，2018.6

ISBN 978-7-5623-5618-9

Ⅰ. ①珠…　Ⅱ. ①崔…　Ⅲ. ①珠江三角洲-产业发展-研究　Ⅳ. ① F127.65

中国版本图书馆CIP数据核字（2018）第104514号

Zhusanjiao Qianfada Diqu Yu Fada Diqu Chanye Cuowei Fazhan Wenti Yanjiu

珠三角欠发达地区与发达地区产业错位发展问题研究

崔彩周　著

出 版 人： 卢家明

出版发行： 华南理工大学出版社

（广州五山华南理工大学17号楼，邮编510640）

http://www.scutpress.com.cn　E-mail: scutc13@scut.edu.cn

营销部电话：020-87113487　87111048（传真）

策划编辑： 吴兆强

责任编辑： 吴兆强

印 刷 者： 虎彩印艺股份有限公司

开　　本： 787mm × 1092mm　1/16　**印张：** 10　**字数：** 208千

版　　次： 2018年6月第1版　2018年6月第1次印刷

定　　价： 30.00元

前言

Preface

一、产业错位是区域经济发展尤其是欠发达地区发展的重要渠道

近些年来，欠发达地区发展很快，其中最重要的一点就是各类产业的飞速发展。而借助发达地区（尤其是相邻的发达地区）力量，发展自身的产业是其中重要的一环。由于发达地区基于自身发展的需要，推进产业转移，形成了发达地区与欠发达地区间产业错位发展状态，而这种产业发展态势给欠发达地区带来了更多的发展机会，成为产业振兴的新契机。本书即以珠三角欠发达地区（主要是肇庆市）与发达地区（主要以珠三角核心区广州与佛山）为例，探讨产业错位发展的有关问题。

当然，产业错位也不完全是基于产业转移（主要基于梯度产业转移）形成的。欠发达地区基于自身资源禀赋，加上自身实力的差距，可以主动培育发展与发达地区一些主导性产业（企业）配套的产业[①]，也可以发展与发达地区同样的产业，但产业特色要不同，比如特色农业与文化旅游产业等。这些产

① 当然，这是部分培育配套的相关产业，有些配套产业最初也可能是从发达地区转移到欠发达地区的，比如配套型的制造业务（产业）等。

业错位类型都会在欠发达地区的经济发展中起着重要的作用。在产业错位发展的实践中，由于利益的驱动，市场在产业选择时往往比较盲目，一定程度上并不能自动实现产业优化布局（特别是错位的相邻地区），因此在产业错位发展中，在发挥市场基础作用的同时，区域政府也起了重要的推动作用，特别是产业错位发展的相邻政府。当然，为了环保等需要，欠发达地区实施的环保类产业（与发达地区错位发展），面临机会成本的损失（比如发展环保类或者环保门槛高的产业，可能带来收益的不确定或者比其他产业少等），相关受益的（相邻）发达地区可以予以适度的生态补偿等。而补偿的标准、实施的范围，以致有关的法律制度都需要根据实际进行探索并逐步完善。

二、产业错位类型与实施战略

产业错位不仅是发达地区与欠发达地区间产业错位，尤其是基于产业转移形成的产业错位；发达地区与发达地区、欠发达地区与欠发达地区间都会存在产业的相互转移形成的错位发展状态。发达地区间形成的产业错位更多的是产业同质化、产品差异的延伸类产业错位；欠发达地区间形成的产业错位类似于欠发达地区与发达地区间形成的错位，主要有梯度转移、配套型与特色型错位（见本书“产业错位的类型”相关部分论述）。

传统梯度转移型产业错位是本书研究的重点，也是当前欠发达地区与发达地区产业错位的主要形态。发达地区基于劳动力与原材料成本、环境承载力以及基于自身业务优化，着力从事研发等核心业务需要，向欠发达地区（尤其是相邻的欠发达地区）转移相关产业，不同程度上延伸了产业链，拓展了本地产业发展的空间。对于欠发达地区既是机会，也是挑战。一方面，产业的承接一定程度上推进本地的经济发展；另一方面，发达地区转出的产业，可能会导致对本地土地、资源过度使用，特别是可能对环保问题带来较大的冲击。因此，对于欠发达地区而言，如何实施绿富同兴尤为重要。即在引进有关转移的产业时，需要过滤、甄选，选择那些相对达到高环保门槛、技术水平高的产业，并对引进来的产业不断进行产业升级改造。持续推进实施清洁生产是本地产业优化发展的必由之路。

配套产业错位是欠发达地区根据自己资源禀赋，选择发达地区主导产业（支柱产业）中的某个生产环节（产业链的某个环节），生产配套的产品而形成错位状态。这可能是临时的“搭便车”，为了积存实力，为未来更好地“单飞”作准备。欠发达地区推进配套产业错位需要对相关产业进行认真调研，根据本地实际，选择相对优势的产业（产品）部门进行基地化生产。

特色产业错位发展，也是欠发达地区基于本地资源禀赋发展的与发达地区同类产业的错位发展（体现本地这些产业产品与错位地区相比有地域独特色彩）。但是这类错位不一定是与发达地区配套，更多的是对本地特色资源充分挖掘并创优发展。比如，本地特色旅游、特色文化、特色饮食等。这类特色的产业错位在全民旅游休闲成为时尚的当下，对欠发达地区是一个发挥优势，推进本地产业可持续发展的极大机会，也是一个新的挑战，需要做出有质量的、特色化的、个性化的产品，而不是对现有产品只进行跟风式现代化的“包装”。

正如上部分所述，各类产业错位发展，需要发挥市场自我选择的功能，但也需要政府间的合作。特别是在地方利益有冲突，市场自我选择会带来环保压力，需要建立联合环保体系的相邻地区，政府间合作尤显重要。

至于发达地区间产业发展，需要处理好产业同质化问题、产品如何精细化分工问题、产品类型或功能差异化问题，这也是未来发达地区产业协同发展的重要战略。

由于材料所限，有关发达地区间、欠发达地区间产业错位未来发展，不作为本书重点内容，只在书中相关部分略有提及。

三、产业错位的发展展望

本书主要探讨欠发达地区与发达地区间基于产业转移形成的传统梯度产业错位，以及配套与特色（资源型）产业错位。但是，由于产业转移形成的传统产业错位往往会形成产业的低端锁定问题，所以本书最后探讨发达地区与欠发达地区间的产业协同发展——产业共建问题，即发达地区与欠发达地区合作，在一体化统筹下共建产业链，实现产业内部自我协同、有序转移、自发错位发展状态，即进入错位发展新阶段，实现研发与生产基地，主要生产与配套生产基地，既有生产与新增生产基地，研发、生产与营销等环节在同等水平下共同推进。产业共建体现了同一水平一体化建设产业的发展思路，是欠发达地区追赶发达地区，实现区域协同发展的主要战略。

四、本书写作规划安排

本书分为六章。第一章，绪论，主要探讨产业错位研究的理论与现实意义、产业错位动因与阻滞因素、产业错位的研究现状文献综述，以及产业错位发展趋势、产业错位研究方法、本书研究的创新之处等。

第二章，以珠三角欠发达地区与发达地区为例，探讨产业错位的层次问题与一般发展对策。

第三章，从资源互补、经济发展水平层次性、产业定位差异、产业合作实践等方面探讨珠三角欠发达地区与发达地区产业错位必要性问题。

第四章，从宏观的政府角色定位与微观产业（企业）发展现状等方面探讨珠三角欠发达地区与发达地区产业错位实践中存在的问题。

第五章，从宏微观方面，从传统、配套、特色产业等类型错位角度，根据珠三角产业发展实际，探讨产业错位发展相应的对策。

第六章，总结产业错位研究结论，探讨欠发达地区与发达地区间产业错位的进一步发展即产业共建问题。

应该指出的是，本书中产业共建是珠三角欠发达地区以及广东其他欠发达地区与珠三角核心区即发达地区一起推进区域经济协同进步的产业发展战略（参见下文书中所列出的广东省有关文件），当然其中的相关研究结论与对策（包括政府推进政策）适用于珠三角欠发达地区。这与本书主题即探讨珠三角欠发达地区与发达地区产业错位（产业共建是产业错位的新发展）发展问题是契合的。

本书在写作过程中，特别是文献综述部分参考了大量的国内外学者的研究成果，并在相关部分进行了注释、说明。但难免挂一漏万，如有疏漏，还请见谅。

崔彩周

2018年1月

目录

Contents

第一章　绪　论

第二章　产业错位的层次研究——产业错位的理论基础

第三章　实践发展篇（一）
——珠三角欠发达地区与发达地区产业错位的原因探析

第一章 绪 论

一、产业错位问题研究的理论和实际应用价值

（一）理论价值

产业发展应遵循市场竞争规律，但是太盲目的市场竞争并不有利于产业协调可持续发展，特别是基于产业同构所产生的恶性竞争会损害产业发展中的公平法则。中国是发展中国家，我们决不能走发达国家先污染后治理的老路，坚持转变经济增长方式，推动传统产业转型升级是当下我国产业高级化必由之路，而在此过程中，推行政府引导的产业错位发展是消弭各地产业恶意竞争、避免高耗能、高污染等产业发展的有效措施。因为政府引导下的产业错位发展可以根据国家产业政策与各地国土主体功能区规划要求选择最适合各地区发展的产业；而某一地区和相关地区产业错位发展，也有利于两地合作开发资源，有利于有互补性的区域经济协同发展。传统的区域经济学对产业错位发展问题研究不足，特别是对当前中国区域合作进行错位发展研究更少；而传统的产业经济学，对产业发展主要从产业结构、产业布局、产业关联、产业竞争力等宏观上研究产业问题，对于具体地区的产业协作问题，特别是国家内部不同地区间产业错位发展基本上没有详细分析论述。基于上述，笔者认为，探讨产业错位发展，可以进一步拓宽、延伸、丰富区域经济学与产业经济学研究的内容，尤其是可以进一步发展产业梯度转移与“雁行模式”等产业变革理论。

（二）实际运用价值

珠三角地区产业错位发展是贯彻落实《珠江三角洲地区改革发展规划纲要（2008—2020）》（下称《规划纲要》），落实广东省委省政府“双转移”战略的重要一环。做好错位发展有利于产业“转出”“转入”地双方实现共赢。而珠三角地区经济欠发达地区与发达地区产业错位发展问题是广东省毗邻的欠发达与发达地区乃至中国东部与中西部地区产业错位发展的缩影，探讨诸如错位发展具体产业选择准则，产业内部基于业务分工产生衍生式错位发展，产业转出地与转入地合作建设产业园区，临近地区基于环保要求推动产业错位发展的生态补偿，错位发展未来趋向等问题，并寻求可能的解决措施，对于政府实施产业优化布局决策、推动落实区域产业协调发展战略有一定参考价值。

二、产业错位的动因与阻滞因素文献综述

产业错位，本书主要是指欠发达地区（或国家）发展与发达地区（或国家）不一样的产业[①]，从产业梯度发展来看，欠发达地区主要发展相对低梯度的产业（与发达地区相比）；发达地区则存在由于产业的发展空间与成本问题而产生产业转移，并且发展更高端的产业。可以这样说，产业转移从一定程度上来说使产业错位变成可能（当然，也有欠发达地区在原有产业基础上自动调整产业发展方向而与发达地区形成产业错位发展态势）。因此，在文献梳理部分，我们首先对相关的产业转移理论（即为何进行产业迁移）进行了一定的归纳与整理。

一般认为，（梯度）产业转移而形成的产业错位一般具有"被动"的特色，即欠发达地区为了经济发展需要，根据自己的发展现状，接受来自发达地区基于本地资源禀赋可以发展的转移产业；欠发达地区根据自身资源禀赋发展的转移产业一般是与发达地区有差异化的产业，这类产业错位发展态势，即传统产业错位[②]。这类错位产业也是欠发达地区根据自身资源优势的选择，并且可能是竞争（梯度转移等产业有时也需要主动争取，这是因为欠发达地区总体比发达地区多，同样有资源禀赋的欠发达地区为了本地发展也会有"争夺"转移项目的问题；当然欠发达地区也会对项目进行甄选，选择污染相对小、技术相对高的产业）的结果——虽然有时会存在技不如人，不得不选择的无奈。应该指出的是，本处传统产业错位是相对产业共建而言的（见图1-1），这与第二章传统产业错位所指不同，在第二章中传统型产业错位指的就是本章图1-1中的一类错位，即梯度转移产业错位（具体见第二章相关部分）。

传统的产业错位，可能会导致欠发达地区产业的"低端锁定"问题，近年来，广东等地区推动发达地区与欠发达地区产业共建在一定程度上缓解了这方面的难题——即同一产业（企业）在统一的布局（统筹）下，在两地合作发展，使欠发达地区产业获得与发达地区同一水平发展的机会，也使发达地区解决了产业发展的空间局限，推动了地区间经济协调发展。产业共建引致的产业转移与错位，是一种合作式错位（自我选择与自愿式错位），是产业错位发展的新阶段，具体内容在本书最后一章的"展望"部分探讨。

---

① 产业错位地区一般指毗邻地区或国家，当然从本书实践角度看，国内主要指临近的地区。有关国家间产业错位主要在文献综述部分，而在本书文献综述部分，产业转移所形成的产业错位也不完全是指毗邻国家，不毗邻的国家基于产业转移也会形成相应的产业错位发展。有关国内产业错位的详细定义，请看第二章。

② 此处传统产业错位包括梯度、配套、特色资源式即特色产业错位等几种类型，但欠发达地区接受产业转移主要指梯度、配套式产业，见第二章。

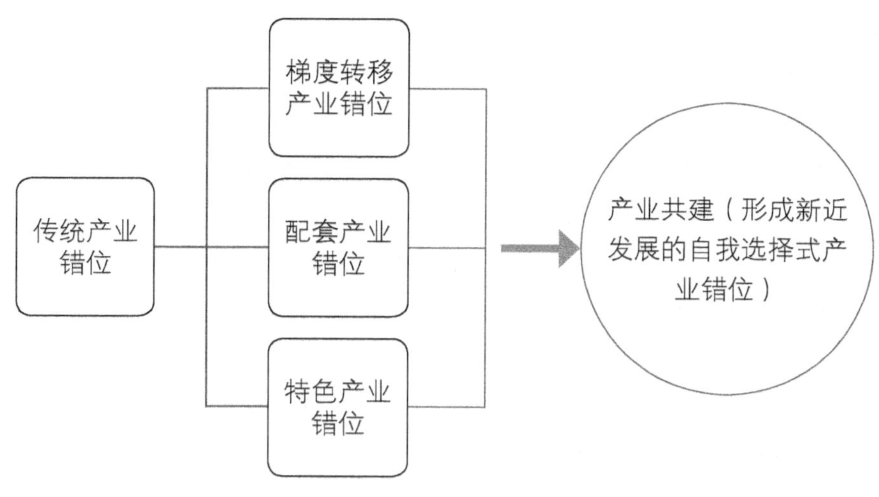

图 1–1　产业错位关系图

基于上述，产业转移是产业错位发展的重要原因之一，特别是梯度产业转移①。因此，探讨产业错位，需要探讨产业转移的原因与阻滞因素——认识阻滞因素及对策策略，是更好了解产业转移（与产业错位）顺畅实现所具备的条件，也是更深层次了解产业转移与错位发展原因。

以下着重梳理一般产业转移原因与阻滞因素的一些文献。

（一）产业转移内涵

国际上研究产业转移问题比较有代表性的学者，比如赤松要（Kaname Akamatsu）、弗农（Raymond Vernon）、小岛清（Kiyoshi Kojima）、邓宁（J. H. Dunning）等，并没有对产业转移的内涵进行明确的界定。国内学者则比较重视研究产业转移的内涵，主要从两个方面进行界定。

1. 宏观层面的界定

一般认为，“产业转移是由于资源供给或产品需求条件发生变化后，某些产业从某一地区或国家转移到另一地区或国家的一种经济过程，它是经济发展过程中普遍存在的一种经济现象”（卢根鑫，1997； 陈建军，2002；胡俊文， 2004；等）。该定义着力对产业转移现象描述，但对转移的产业特性、量化规定、实现形式、特定空间变化并没有明确界定，难以成为研究的基点。陈计旺（1999）重视产业转移中的产业性质和产业空间变动，认为“产业转移是衰退产业实现退出的一种

① 不管何种形式的产业转移（当然尤其是梯度产业转移），一般形成了区域间产业错位发展态势，即迁入欠发达地区与原迁出的发达地区间——尤其是国内相关毗邻的地区之间——的产业形成错位、互补发展基本态势。

重要方式；产业转移是经济发展过程中区域间比较优势转化的必然结果，是发达地区向落后地区不断转移已经丧失优势的产业；产业转移是发达区域的部分企业顺应区域比较优势的变化，通过跨区域的直接投资，把部分产业的生产转移到发展中区域进行，从而在产业的空间分布上表现出该产业由发达区域向发展中区域转移的现象”（陈计旺，1999）。此定义没有涉及目前国内有许多产业，包括一些先进制造业甚至高技术产业出现向部分区域集中的现象，而且衰退性产业在我国也没有明确界定。另外，该定义也没有提及目前中国许多产业在发达地区之间甚至由落后地区向发达地区转移的问题，有一定的片面性。陈红儿（2002）进一步强调产业转移的空间含义，认为“产业转移是市场经济条件下，发达地区的产业顺应竞争优势的变化，通过区域直接投资，把部分产业的生产转移到发展中区域进行，从而使产业表现为在空间上移动的现象”。但该定义与陈计旺的内涵一样具有片面性。陈刚和刘珊珊（2006）则认为，产业转移是指“一定时期内由于区域间产业竞争优势消长转换而导致的产业区位重新选择的结果，是产业发展在空间上的重构”。付保宗（2008）突出产业转移量的界定，认为“产业转移是由于某种条件的变化而引起某产业在相互联系的区域间相对规模变化的过程，产业规模相对增加和相对减少的区域分别被认为是产业区域转移中的产业转入地和产业转出地”。某个地区的某一产业自身发展，以及另外其他有关联地区的产业自身发展都会导致地区间的产业相对规模的变化。陈刚和刘珊珊以及付保宗的定义，可以在数量上把握产业转移是否发生，而且避免了产业转移中的区域单向性，更符合现实情况。但由于把某一区域自身发展的产业所导致的产业规模相对变化也包含在内，实际上一个区域间产业分工变化的概念，应该属于广义上的产业转移定义。当然，从发生的动因来看，产业转移和产业分工的变化具有很大程度的重合性，在市场经济条件下，往往是由于比较优势的变化从而使得产业转移发生或者产业分工地位的变化。

有关产业空间转移问题，研究者还有张公嵬等学者。张公嵬等（2010）认为产业转移包括两种情形：一是产业在地理位置上的部分或整体迁移；二是产业区位的变化。产业区位变化体现在同一产业（比如劳动密集型产业）在不同地区的份额上升或下降。事实上产业区位变化与产业在地理位置上的部分或整体迁移可能有重合地方，即区位变化有可能就是产业在地理位置上的部分或整体迁移造成的。

而顾朝林（2003）认为产业转移不仅是上述学者着重强调的一个空间概念，而且是一个具有时间和空间维度的动态过程，是一个历时与共时兼容的经济现象。它既是对生产要素空间移动的描述，也是对不同产业部门形成与演进历史的梳理。

此外，有些学者界定产业转移时，认为产业转移可分为市场扩张型和成本节约型两种基本类型。前者是指产业在其原区域仍然属于成长型产业，主要出于占领外部市场、扩大产业规模的动机而主动进行的空间移动；后者是指区域的衰退性产业主要由于外部竞争和内部调整压力围绕成本节约目的而进行的战略性迁移等（吴晓军、赵海东，2004）。

2. 微观层面的界定

微观层面，即从企业层面界定产业转移，毕竟产业是各类企业的集合体。各个国家或地区间在交通运输、资源禀赋和市场需求等方面存在差异，企业最初可能在某些利于发展的优势国家或地区建立并集聚，但是随着经济发展和技术进步，最初具有比较优势的国家在交通、资源、市场或政府政策方面发生了变化，使得其比较优势逐渐丧失，由此引起某些产业从一个国家或地区转向另一个国家或地区，从微观角度而言，产业转移的过程就是企业迁移的过程（产业的迁移主要通过企业迁移来完成）。

企业迁移［migration （relocation ）of a firm］是企业区位调整的一种特殊形式，通过对市场容量、消费者偏好、环境规制和技术进步等方面的调整来实现，主要迁移是区域内迁移、跨区域迁移和国际迁移等 （Pellenbarg et al.，2002）。企业迁移作为调整的过程，使一个区域（迁入区域）较另一个区域更能够满足企业的需求。企业迁移是对降低劳动力成本，保持企业竞争优势的一种强化补充行为，是一个企业最根本的战略决策，是企业在组织行为生命（organizational life）中的共同特征。企业迁移的实质是企业区位的再选择过程，当考虑到企业迁移在跨国层面上的定义时，“迁移”指通过伙伴国、合资企业之间的协议进行生产活动的转移，甚至可以包括国际分包（Buckley et al.，1997）。企业迁移是企业为了产品寻求新的空间扩张，而将经济活动全部或部分搬到新的区域；对中小企业而言，企业迁移是指从A区位到B区位的变化，对大企业而言，是指企业的空间扩张，包括企业的关闭、合并和拆分（白玫，2003）。

对比宏观层面的产业转移的内涵，微观层面的企业迁移更加直观。现实中的跨国公司投资大都是企业迁移的内容，许多关于跨国公司投资的文献实际上就是以企业迁移作为对象。微观层面的企业迁移的综合体就是一个狭义上的产业转移。

另外，需要特别指出的是，除了宏微观的产业转移的概念界定，广义的产业转移的概念还应涵盖产业转移形式的问题，正如前文有些作者所提及，产业转移实现形式，是产业转移得以实现的基础。综合国内外研究文献，产业转移宏观实现形式包括贸易和投资两个方面。赤松要（1937）的“雁行模式”认为，产业转移主要通过贸易来实现；小岛清（1973）以及弗农（1966）则把投资和贸易均作为产业转移的实现方式；陈建军（2002）也认为，产业转移常常以相关国家或地区间的投资、贸易以及技术转移活动等形式表现出来。从当前我国经济发展的实际情况出发，一个地区的产业转移更多的是表现为投资活动而不是贸易。

当然，需要指出的是，投资是产业转移的主要实现形式，但产业转移和投资转移还是有所区别的（余斌等， 2010）。根据前面关于产业转移的内涵界定，某一地区某一行业承接的投资如果不是来自相同的行业，从狭义角度看，不能够看作是产业转移的投资行为；但从广义角度看，因为会导致不同地区产业地位和所占份额的变化，也属于产业转移的内容（王云平，2013）。

基于上述产业转移的内涵界定，本文以下有关产业转移的文献部分，既涉及宏观层面的产业，也涉及微观层面的企业等，即从广义上论述产业转移内容。

（二）产业转移动因分析

产业转移的动因理论观点主要有比较优势论、基于地理经济学产业集聚动因理论、企业迁移与产业转移理论、政府推动作用理论。

1. 比较优势理论

产业转移问题的最初研究是以国际产业转移为对象，以产业从发达国家向发展中国家转移为背景，普遍认为产业转移的基本动因是不同国家之间的产业比较优势发生变化。

有关产业国际转移代表性的比较优势动因论研究包括如下：

（1）梯度转移理论

1932年，日本经济学家赤松要在其《我国经济发展的综合原理》中提出了“雁行产业发展形态说”，说明了当时日本的工业成长模式，反映了产业转移对发展中国家产业升级的作用。他认为：先行国（地区）与后起国（地区）之间存在着一种梯度的产业传递和吸纳的动态过程，由此形成了先行国（地区）和后起国（地区）一定时期内的产业循环和连锁型变化机制，促进了后起国（地区）产业结构向着更高层次转换；他（1937）指出随着发达国家要素价格的上涨，劳动密集型产业的比较优势将逐渐丧失，相关产业将转移到要素价格相对较低的发展中国家。

小岛清（1973）拓展了赤松要的“雁行产业发展形态说”，其根据日本企业对外直接投资实践，在比较优势原理的基础上提出边际产业扩张论。他的观点是产业转移是为了回避产业比较劣势，发挥潜在比较优势而实施空间移动；那些在本国已经失去或者将要失去比较优势的“边际产业”将会转移到具有或者潜在具有生产该产品的比较优势的国家，对外直接投资即应该从本国（投资国）已经处于或即将陷于比较劣势的产业——可称为边际产业 （这也是对方国家具有显在或潜在比较优势的产业）——依次进行；边际产业的概念可以扩大，更一般地称之为边际性生产，包括边际性产业、边际性企业、边际性部门。他还主张对发展中国家工业的投资要按照比较成本及其变动依次进行，并从技术差距小，容易转移的技术开始，按次序地进行转移。小岛清认为，日本战后的产业成长正是经历了“引进现代产业部门—创造了比较优势—失去比较优势—向外转移”的过程；这一过程中的产业转移正是边际产业出于回避产业比较劣势，显现其潜在比较优势而实施的产业的空间移动。

（2）产品生命周期理论

弗农（1966）以要素禀赋差异为前提，提出“产品生命周期理论”，以产品属性的变化来解释产业转移现象。企业为顺应产品从新产品阶段到成熟阶段再到标准化阶段的生命周期的变化，而在要素丰裕程度不一的地区之间转移产业，以规避生产上的比较劣势。如果说赤松要和小岛清是从后发工业国的角度来研究国际产业转移，那么弗农（1966）提出的“产品生命周期说”则从发达国家角度进行研究。弗农认为，产品生命周期可分为新产品、成熟产品和标准化产品三个时期，不同时期产品的特性存在很大差别；随着产品由新产品时期向成熟产品时期和标准化产品时期的转换，产品的特性会发生变化，将由知识技术密集型向资本或劳动密集型转换；相应地，在该产品生产的不同阶段，对不同生产要素的重视程度也会发生变化，从而引起该产品的生产在要素丰裕程度不一的国家之间转移。因此，工业发达国家的产业发展路径是“生产—出口—进口”。从弗农的论述即企业生产从发达国家到不发达国家的转移过程来看，这种“产业生命周期” 的实质就是产业在不同国家之间的梯度转移。

Z. A. Tan（2002）在弗农的产品生命周期理论基础上，从产品系列的角度来解释产业内的国际转移现象，进一步使之动态化和系统化。他将产品分为高、中、低三个档次。根据本国与国外的生产条件的优劣比较（即他认为本国条件更优），他认为，就国际产业转移而言，外国直接投资者将高档产品的生产主要放在本国进行，辅之以中间产品出口和国外组装；就中档产品而言，产品在国外组装的同时生产也逐步向国外转移；低档产品的生产则完全转移至国外进行。

汤普森（Thompson，1966）从“人性化”的角度，提出了“区域生命周期论”。他认为：从一个工业区建立开始，它将经历一个有规律的发展过程，这个过程像一个生命体一样，可以划分为年轻、成熟、老年等不同阶段，各个阶段有其各自的特征（即各自有比较优势与劣势）。年轻期，极化效应明显，区域显示出强大的竞争力；成熟期，区域内部工业相当发达，为寻求进一步发展，区内产业开始向外扩张并进行产业转移，产业转移的扩张和转移，加剧了市场竞争，减少了本区域内原产业所占用的生产要素份额，引致向老年期转移；老年期，区域要想重新获得工业的发展，惟有通过再次创新，才能进入新一轮的产品生命周期循环。

（3）劳动成本优势理论

随着产品生命周期的变动，产品的要素密集性质也会发生变化，即从最初的技术密集型变为资本密集型再变为劳动密集型，这样产品就会分别在生产要素的比较优势不同的国家里进行生产。刘易斯（WA.Lewis，1978）认为，引起20世纪60年代非熟练劳动密集型产业由发达国家转移至发展中国家的主要原因，是第二次世界大战后发达国家人口的增长几乎为零，轻工业的增长速度又前所未有，导致了非熟练劳动力的不足，劳动力成本上升是发达国家或地区劳动密集型产业转移的根本动因。不足的是，他只解释了劳动密集型产业，而对其他如资本密集型产业、技术密集型产业的转移问题没有作出解释。总而言之，在阿瑟·刘易斯看来，劳动力成本上升是产业转移的根本原因。

（4）发达国家与发展中国家产业双向转移理论

产业的双向转移也是建立在国家或区域间产业比较优势基础之上的，也是新时期产业转移的动因。

早期研究国际直接投资的学者一般都认为，国际产业转移是从发达国家向次发达国家和发展中国家单向转移的。20世纪60年代，最早研究国际直接投资的学者海默（S. Hymer，1976）在其垄断优势论中设定的国际产业转移国家次序就是，发达国家（美国）通过把具有垄断优势的产业以直接投资的方式转移到比美国欠发达的国家可以实现垄断利润。

普雷维什（Raúl Prebisch，1959）则从发展中国家的视角说明国际产业由发达国家向发展中国家转移的现象。他发现，出于发展的压力，发展中国家被迫实行的用国内工业化替代大量进口工业品的进口替代战略[①]，这是产业转移发生的根源。因为正是进口替代战略为发达国家产业向发展中国家转移打开了大门。在此，普雷维什强调发展中国家被迫性的产业移入需求对产业转移的重要作用。如果说Hymer和Vernon的理论是从供给的角度来解释国际产业从发达国家向发展中国家转移，那么，Prebisch的这一结论则从需求的角度揭示了国际产业单向转移的动因。

20世纪80年代以来，随着经济全球化趋势加深、市场经济制度成为世界经济发展的基本经济制度以及信息时代的到来，为国际产业转移创造了更加宽松的环境，国际产业转移的单向性发生了改变。新兴工业化国家和广大发展中国家的经济发展较为迅速，国内积累了足够的资金，民族企业有了跨国经营的实力，因此也开始了对外投资活动，国际产业转移出现了双向流动的现象。Dunning（1982）首先对国际产业转移的双向性尤其是发展中国家对外直接投资的可能性进行了探讨。他认为，一个国家对外直接投资的大小与该国经济发展水平直接相关：当一个国家经济发展水平较低时，它通常是吸引国际直接投资的国家；当该国经济发展水平逐步提高后，它在吸引国际直接投资的同时，也开始进行对外直接投资，其资本流入额和流出额逐渐平衡；当该国的经济发展水平进入较高阶段后，其对外直接投资额就将超过其吸引的外国直接投资额。这一理论为解释发展中国家和地区在国际产业转移发

① 亦即主要指“限制某些外国工业品进口，促进本国有关工业品的生产，逐渐在本国市场上以本国产品替代进口品，为本国工业发展创造有利条件，实现工业化”的贸易战略。

展历程中的地位转变问题提供了一定的理论依据。关于发展中国家利用其自身技术优势实施产业国际转移的问题，L. T. Wells（1983）的小规模技术理论、Sanjaga Lall（1983）的技术地方化理论、JohnA.Cantwell和PazEstrella Tolention（1990）的技术创新产业升级理论等作了更具体的研究。康荣平和柯银斌（2002）则以华人企业的跨国经营为考察对象，探讨了发展中国家企业从事跨国经营的动因。根据分析和归纳，他们把华人企业的跨国经营分为两大类：一种是企业先具备了某种竞争优势，再利用该优势开展跨国经营，逐渐成长为跨国公司；另一种是企业通过跨国经营获取某种竞争优势，也逐渐成长为跨国公司。康荣平、柯银斌的这种探讨从一个侧面揭示了发展中国家实施国际产业转移的动因模式。以上这些理论从局部创新的角度来研究国际产业转移现象，对于解释当前一些发展中国家逐步走上国际化道路，通过对外直接投资进行国内产业的国际再转移现象具有较强的说服力。

（5）服务外包促进对外产业转移有关观点

服务外包是在新的形势下，大型跨国公司基于在某产业内的比较优势与自身业务配置优化需求所做出的战略安排。

由于国际产业转移的内容不同，经济全球化被划分为第一次和第二次全球化。发生在20世纪50年代至90年代、以制造业作为转移内容、以对外直接投资作为投资方式的全球化被称为第一次全球化。在第一次全球化过程中，国际产业转移的方式是直接投资；20世纪90年代末以来，第二次经济全球化迅速发展。这一时期国际产业转移的特点是服务外包迅速发展。所谓服务外包，就是跨国公司将非核心的服务环节，外化为一个投资项目或专业服务公司后再外包出去。20世纪90年代末以来，欧美企业生产外包规模年增长率达到35%，越来越多的跨国公司通过外包将生产基地转移到发展中国家。这说明，跨国公司将非核心制造环节外包转移给那些具有专业能力的外部供应商，然后通过外购获得这些产品成为国际产业转移的新兴主流方式（原小能，2004）。理查德·纽曼（Richard J.Newman，2006）在分析了美国和印度两国之间的工作岗位出口后指出，“用不着具有经济学学位的人就能看出，美国21世纪的主要出口之一是工作岗位。”随着岗位出口趋势的成熟，美国企业将把越来越多的白领工作都外包出去。同时，印度的大型离岸企业如塔塔咨询服务公司、Wipro技术公司和Infosys公司等开始在美国招募工人。纽曼的研究显示了这样一种趋势：不仅外包越来越成为美国对外投资的主要方式，而且这种投资方式日益向分工的深度和广度延伸。向分工的深度延伸体现在外包已经开始由传统的价值链具体到工作岗位；而向分工的广度延伸则体现在，不仅发达国家向发展中国家外包业务，发展中国家也开始向发达国家外包业务了。

外包之所以越来越成为对外投资方式的主体，主要原因在于外部环境动因和内部推动力量两个方面：外部环境动因包括技术动因、经济动因和市场动因；而内部推动力量主要在于服务外包可以通过有效节省成本、关注核心竞争力来提高企业绩效（陈菲，2005）。裴长洪（2006）指出，跨国公司适应信息技术的飞跃发展，其全球化经济战略发生新的调整，企业内部的分工继续深化，服务资本进一步从产业资本中分离出来，形成公司内部服务的离岸外包、跨国外包，兴起白领岗位跨国转移的新潮流；在信息技术迅速普及的其他领域，服务资本从工商资本、财政资本、金融资本中分离出来的趋势也方兴未艾，服务外包或跨国转移已成为当今世界产业转移的新现象和新领域，有着强大的生命力和发展前景。合理“外包”能为企业带来竞争优势，公司仅仅通过将其现有的商业流程与服务从劳动力昂贵的本国照原样搬到劳动力便宜的国家和地区，就能够省下可观的成本；而通过外包节约下来的大量资金则可投资到关键部门来提升企业的核心竞争力。同时，将部分业务外包给专门从事该项业务的外包服务商，还能够提高效率。因为专业的外包服务商既有专业经验，又有规模优势，而且服务及时，能高效率地完成企业急需的各项工作。

（6）其他有关比较优势理论观点

卢根鑫（1994）认为，产业转移的经济动因在于重合产业的产品技术构成相似而价值构成相异。发达国家重合产业产品生产的绝对成本大于发展中国家的绝对成本，这样导致了产业从高成本国家和地区转移到低成本国家和地区，也即发达国家产业转移的经济动因在于发展中国家产品技术构成相似而价值构成相异的重合产业的有力竞争，这种竞争使得发达国家的产业难以立足而转移到低成本的发展中国家。对于经济发展阶段影响国际产业转移方向性的问题，卢根鑫（1997）作了更进一步的研究，即他认为，技术构成相似性与价值构成相异性的重合产业的存在是导致国际产业转移的基础，发达国家和发展中国家在产业技术构成和价值构成中的相异性导致了重合产业绝对成本的高低落差，这使得发达国家被迫调整产业结构，实施产业国际转移；同时，发展中国家也有可能将自己拥有技术构成优势的产业向发达国家或其他国家转移。

李国平、俞文华（1999）认为，世界各国区位条件（资源禀赋）的差异导致了直接投资的国际间流动。陈明森（2003）研究了国际资本流动的区位导向和产业导向，提出资本之所以在国际间流动主要源于地区之间资本的边际收益率的差异等。余慧倩（2007）认为产业势差的变化是国际产业转移（与聚集）的重要条件，科技进步是产业势能变化的物质基础，企业的逐利性是推动产业由高势能向低势能转移的最直接的动力，等。

国内研究者在分析国内产业跨区域转移时，承袭了国际产业转移的动因观点，普遍认为区域间的比较优势变化是产业转移的主要动因。比如王先庆（1998）认为，不同经济地理空间存在“成长差”，不同区域产业主体之间存在相关“利益差”，二者共同构成“产业差”并成为产业转移的基础，“成长差”的存在导致不同区域间进行无休止的产业升级运动，“利益差”使各类产业总是向着能获取最大利益的区域转移；彭连清和詹向阳（2007）认为，产业区域转移的重要动因是成本高低的比较（即成本推动），完备的基础设施、发达的交通网络能大大降低运输成本、缩短运输时间，是产业转移优先选择的区域路径，产业转移多是沿着交通线路进行的；戴宏伟（2008）认为，由于生产要素禀赋优势的不同，不同地区在产业结构方面具有极大的差异性，这种产业梯度与要素禀赋的差异带动了要素的跨区域流动与组合以及区域间的经济合作，推动产业在区际的转移；张新芝等（2017）认为，产业转移的最终目的是追求利益最大化，利益导向成为产业转移的最终导向，当一个地区在资源条件、市场情况、相关政策、经济体系等方面占据优势时，相对于转出区而言形成势差，产业就会在利益的驱动下转移到该地区，该地区也因而成为产业转移转入区。

近年来，部分学者开始重视具体产业的跨区域转移动因研究，如李颖等（2012）研究了我国纺织业区域转移的动力机制，认为全要素生产率的比较优势是产业转移的动力。全要素生产率是技术进步的表现，李颖等解释产业转移的动因观点比传统的比较优势动因有所进步，是一种动态比较优势的观点。传统比较优势是一种静态的比较优势，假定劳动力、资本等生产要素禀赋不变，将技术排斥在外，但在实际中，产业发展的技术作用日益重要，而且生产要素加入技术后将出现动态化，动态比较优势比静态比较优势更能解释现实问题。但目前关于具体行业的动因解释文献还比较少，而且也是以传统的静态比较优势作为动因解释。

比较优势的争论焦点主要在于梯度与反梯度产业转移理论。即关于区际产业转移理论争议集中在梯度推移论（一般认为高梯度地区比低梯度地区有产业发展先动优势）和反梯度推移理论（认为低梯度地区并不是有绝对的劣势，也有向高梯度地区产业转移的可能等）之争。

众多学者的研究表明，自改革开放以来，中国在梯度推移理论指导下进行宏观经济政策的制定及战略布局，区域开发实践也基本上遵循梯度推移理论。而按照梯度推移理论，产业将在梯度区域间推移，并逐步缩小地区差距，实现区域经济均衡发展。但是东部沿海地区经过20多年的繁荣发展进入21世纪之后，产业没有预想的出现向中西部大规模转移，同时东西部地区差距的扩大也成为不争的事实。基于产业转移实践与理论的矛盾引发学界对梯度推移理论的新一轮论争（雒海潮等，2014）。

梯度转移理论是区域经济学家在区域生命周期理论和产品生命周期理论基础上提出来的。该理论认为，区域经济的盛衰主要取决于区域产业结构的优势，后者又取决于区域主导部门在生命周期中所处的阶段。如果主导部门处于创新和发展阶段前期，则该区域为高梯度地区。高梯度地区是产业创新活动集中的区域，以后，随着时间的流逝和主导部门生命周期阶段的变化，区域主导部门趋于衰退并逐步由高梯度地区向低梯度地区转移（周起业等，1989）。梯度推移论认为，中国区域经济发展客观上存在着东部、中部和西部三大地带，这三大地带由于地理位置、劳动力素质、科技水平、经济基础等方面的差异，形成了经济技术的整体梯度，生产力的空间推移应从区域间梯度差异的实际情况出发，首先让有条件的高梯度地区——东部沿海地区引进资金和先进技术，然后逐步依次向第二、第三梯度——中西部地区转移，并通过三大地带间经济发展的推移，逐步缩小地区间差距，实现区域经济均衡发展。张新芝等指出，由于技术水平发达程度的不同，不同区域之间产业发展存在着差异，有些区域处于高梯度区，有些区域处于低梯度区，有着明显的级差。处于高梯度的区域为了集中发展创新型、高附加值的产业而把那些处于生命周期末端的产业转移到低梯度区域，而处于低梯度区域的产业通过承接这些产业促进自身的发展，优化自身的产业结构。张可云（2001）认为对于高梯度地区而言，如果已过成熟期的产业不适时转移出去，就会出现衰落产业与创新产业在用地、用电、用水等方面的冲突，导致该地区的产业统计和经济发展的衰退，而通过区域产业梯度转移则既可消除高梯度地区的结构臃肿，又可为落后地区经济起飞奠定基础。然而，对于落后地区来说，一方面由于劳动力素质低、经济体制落后、产业基础等因素可能缺乏接受转移产业的条件，另一方面也可能由于不切实际地盲目引进顶尖技术而与产业梯度转移产生冲突。因此，区际产业转移并不必然带来区际关系的和谐，而且仅依靠市场调节不一定能完成产业转移，政府的干预和协调也是不可或缺的。

通过发展梯度推移理论，学者们对产业转移实践进行解释。例如，认为三大经济地带的划分只是近似反映我国生产力发展水平东高西低的总体态势，每个地带内各地区之间存在明显梯度差。因此，梯度推移并不是板块式的、整齐划一的，而会出现某些交错，即在大的推移顺序中，还是梯度推移，但会出现局部的超越发展（李国平、许扬，2002）。马海霞（2001）提出“多元中心辐射”模式，本质上是通过加强小范围区域内的传递来推动区域间的传递，最终在空间上形成多元渐进式的辐射网络。王育宝和李国平（2006）将梯度扩展至自然要素、经济、社会、人力资源、生态环境、制度等多维层面，提出整合各种区域开发理论的广义梯度理论。谢刚和李国平（2006）构建了基于广义梯度理论的梯度解释结构模型。李具恒（2004，2006）认为广义梯度理论中梯度推移是多维双向的，基于广义梯度理论中梯度的多元层面含义、梯度之间的互动关联及其梯度推移的多元交叉互推机理整合了众多区域发展理论，并尝试构建区域经济协调发展理论模式，实现了对梯度理论的创新。

反梯度推移论则认为，我国生产力水平呈东、中、西三级梯度的态势，但落后的低梯度地区只要政策得当、措施得力，也可以直接引进并采用世界先进技术，发展自己的高技术，实行超越式发展，然后向高梯度地区进行反推移。事实上，梯度推移与反梯度推移理论之争的核心是国家优先发展高梯度地区还是低梯度地区的战略抉择问题。其实质是东部与中西部地区尤其是西部地区之间的利益之争，这涉及地区发展战略、产业政策、地区平衡等方面的政策选择问题，是主观性的地区间政策支持之争。此外，反梯度推移论在强调不能把反梯度推移理解为取消梯度推移的基础上，提出反梯度推移并不是整个区域经济的反梯度推移，而是区域经济内的一些优势产业或有外部经济条件可利用的产业进行技术区位的反梯度推移，实质就是产业区位布局的反梯度推移。提出梯度分析不能局限于空间范畴，必须深入到产业，区域发展采取“产业倾斜”战略（刘茂松，2001）。廖才茂（2002）认为梯度推移会造成低梯度陷阱和落后的增长，后发展地区必须创造条件以技术突破和产业升级为核心，实现跨梯度超越发展。

由于狭义梯度推移理论中三大地带的划分对地带内省级之间及其内部发展的不平衡性考虑不足，导致学者对梯度推移理论的质疑。李国平等提出的广义梯度理论认为，我国的梯度分布自东向西并非呈严格的“连续、单调、递减”分布， 而是高梯度地区里有低梯度地区、低梯度地区中又有高梯度地区等的交叉分布。这与国内产业转移实证研究结果一致。在广义梯度理论中，李国平和赵永超（2008）得出反梯度理论是从另一个侧面对梯度理论进行了必要的补充。

根据国内产业转移实证研究的结果，笔者认为从高梯度向低梯度地区推移是梯度推移的主流，起着主导的作用。同时产业转移在区域间没有按照劳动密集型产业到资本技术密集型产业顺序依次转移，支持反梯度理论将梯度理解为产业分布与成长的差异、梯度分析不能局限于空间范畴，必须深入到产业的论证。总体上，李国平等提出的广义梯度理论可以较好地解释国内产业转移实证研究结果（雒海潮等，2014）。

2. 基于地理经济学产业集聚动因理论

产业转移是一个产业经济学的范畴，也是一个地理经济学[①]范畴。传统的以企业区位选择为中心的区位理论是关于产业区域转移研究的理论发端——产业的布局往往会影响到一个地区的发展，区际产业转移一直都是现代经济学研究的重要问题。基于地理经济学的产业集聚动因是产业跨区域转移一种较为流行的解释。韦伯（A. Weber，1909）较早地研究了工业的区域布局问题，并提出了工业区位论，认为工业区位的选择，取决于生产成本费用的大小。而影响生产成本费用的主要因素是：原料与燃料、劳动力费用、运输费、集聚、地租、固定资产的维修和折旧、借贷利息等，但起决定作用的只有运费、工资和集聚三个因素。最佳工业区位是运

① 近年兴起的新经济地理学，着力用经济学的方法解释产业聚集现象，实质上是一种地理经济学学说，所以有学者也称之为空间经济学。

费、工资（劳动力费用）和集聚三者作用下的最佳，否则，会引起产业转移。马歇尔（A. Marshall，1920）从需求和供给两个方面分析了专门工业为何集中于特定地方。地方需求的扩大和需求的不同特点导致了产业的集中；从供给方面来看，空间集聚会导致外部规模经济，由此而言，产业的聚集也会引起产业的迁移，这对发展当前各类产业园区都有一定现实意义。克鲁格曼（P. Krugman，2002）为首的一批经济学家系统地将地理学引入区域产业布局研究，提出了“新经济地理学”理论。尤其是克鲁格曼（2002）引入规模经济和不完全竞争因素，构建地理集聚的中心——外围模型（core-peripherystructure）来分析产业转移问题，认为制造业集聚在某一个区位，是由“向心力”和“离心力”综合作用的结果，而运输成本、制造业部门的规模以及消费者对产品多样化的偏好程度是三个关键的影响其均衡的因素；运输成本的下降将导致有前向和后向联系的制造业的集聚。此外，他也对劳动力的移动与否与产业聚集（转移）关系进行了探讨。他认为，总体上说，运输成本和劳动力的可移动性是决定产业空间集聚和转移的关键因素，运输成本越低，产业空间集聚的力量就越大；劳动力的可移动性越差，产业转移的力量就越大。当然，由于产业集聚的形成会伴随大规模的产业转移，成熟的产业集聚平台因其具有强大的向心力也会吸引更多的产业转移到该地（Klmienko，2003）。

工厂生命周期理论（Dumais，Ellison and Glaeser，1997）的本意是探讨工厂生命周期与产业集聚的关系。该理论认为：工厂生命周期分诞生、扩张、收缩和关闭四个阶段，不同阶段对工厂区位有不同的要求，随着工厂生命周期的阶段性变化，工厂区位选择也相应发生变化。由于产业转移是企业迁移的宏观表现，因此，不难看出，该理论虽未直接研究产业转移问题，但却从微观视角上探讨了产业空间布局变化和迁移的原因。

从新经济地理学角度研究国内有关产业转移学者中，丁建军（2011）系统归纳了产业转移的规律：产业由一个核心地区向多个外围地区转移时，一般是依次转移的。也就是说，产业会优先向具备初始优势的地区转移，只有当先承接产业转移的地区丧失优势后，产业才会向下一个具备初始优势的地区转移。关联度最弱的产业最先发生转移，但转移的速度较慢，转移过程中甚至出现交叉反复现象；关联度最强的产业虽然转移时间较晚，但由于很强的前后向联系，其转移的速度也最快。

另外一些学者从不同角度研究产业集聚对产业转移的影响。张鑫（2009）认为，产业转出地的产业集聚可能是推动产业转移的重要因素；产业转出地的集聚经济效应又使得产业转移呈现粘性；产业集聚区的经济竞争力显著高于其他地区，会吸引其他地区的企业向产业集聚条件好、规模大、水平高的新集聚地区转移；三者共同作用影响产业的区域转移。申洪源（2011）研究我国制造业部分产业存在本地市场效应，即在一个较大规模市场上市场需求份额增加将导致一个更大比例的产出份额增加，结果是众多产业在该地区集聚起来，对于那些发现强烈的“本地市场效应”的部门，把产业从高需求区向低需求区转移是很困难的，成本也很高。陈耀等（2008）根据本地关联性和外贸依存度（或外向度）两个标准的不同组合，将我国沿海地区的产业集群划分为三种类型：“高关联、高外向度”集群，“低关联、高外向度”集群和“低关联、低外向度”集群，并分析三类集群的特征、迁移性和迁移方向存在差异。张存菊和苗建军（2010）以江苏省为例，对28个制造业的科技进步、产业集群、区域人力资本积累、沉没成本和资产专用性、劳动力跨区域流动、制度创新、政府阻力等因素对产业转移粘性的关系进行了实证研究，发现产业转移的粘性主要受沉没成本和劳动力跨区域转移的影响；进一步来看，最主要的是沉没成本而不是劳动力跨区域转移，而且实证检验表明，产业集群对产业转移的作用不是非常明显。

基于新经济地理学的产业集聚动因，其实质还是因为产业集聚能够形成集聚效应，达到节约成本（属于广义上的交易成本）的效果，从而吸引外部产业转移，或者阻碍产业转移出去（但是，产业集聚到一定程度后或出现产业集聚的不经济，从而迫使产业转移到新的集聚区）。因此，产业集聚动因和比较优势动因的本质是一致的，都是产业为了节约发展成本而出现的转移活动。而且，产业集聚动因更多的是解释一个国家的区域产业转移（王云平，2013）。

此外，研究产业集聚对产业转移的影响还有其他学者。如刘世锦（2003）认为，由于产业聚集等因素的影响，区际产业转移未必会发生。当前我国正在进入一个地点和优惠政策的重要性明显下降的阶段，而产业聚集起着更为重要的作用。如产业聚集使东南沿海地区形成了一个非常重要的“后天优势”，即高度专业化分工基础上的产业配套条件。这一条件一旦形成并趋于成熟后，再转向其他地区的成本就大大提高了。因此，产业聚集形成后，产业配套条件的重要性日渐突出，并显著加强了东南沿海地区的优势地位，进而认为这种状况对“产业梯度转移” 理论提出了重要挑战。

为了解释产业集聚的动态变化趋势，梁琦（2004）借鉴工厂生命周期论，提出了产业区位生命周期理论。该理论认为，产业区位生命周期为“集中—分散—再集中”，即产业生命周期的动态现象，先是公司的集中，然后会分散，再后来产业的某些部门又会集中，从而使产业集聚的动态变化呈现“U”形。从产业转移角度看，该理论事实上是用产业区位的周期性变化说明了产业的区域转移现象。石奇（2004）用集成经济的原理解释产业转移的微观机理。他认为，产业转移是企业实现市场集成的手段。所谓集成经济，是指企业通过市场重组和集成的方式对产业链中不同价值环节的最优利用而实现的经济。从微观层面上看，产业转移服务于企业寻求集成经济的目的，所以，这一过程以产业中较少要求人力资本要素的生产职能转移、分销职能转移以及物流服务职能转移为主，并且总是从加工装配开始，经过资本、技术、管理经验等的积累，最终过渡到零部件和原材料的本地化生产并实现产业转移。因此，产业转移是企业在技术手段之外通过对市场的重组和集成实现经济性的结果。

关于产业转移集聚，也有学者考虑到更多是综合因素造成的。比如，陈林、朱卫平（2010）结合广东省特有的经济、社会环境归纳出产业转移集聚的主要动因，他们认为产业转移动因大致可以分为两个：第一是企业出于生产经营的需要，为追求利润最大化而进行的主动转移，是经济发展的自发表现。第二是地方政府为统筹实施地区产业调整升级战略而主导的产业转移。

总之，地理经济学（尤其是近年来发展的新经济地理学）关于产业聚集的观点对于解释当前产业转移发展有一定的说服力。但是，产业转移应是综合因素造成，不完全是区域规模经济、集成经济等因素造成，该理论应该根据当前产业转移新趋势进一步拓展。

3. 企业迁移与产业转移理论

从企业的角度来探讨产业转移问题，典型的代表，如以Simon（1959）、Pred（1967）、Schmenner（1982）等为代表的“企业迁移行为理论”。该理论认为：企业迁移的动力是区位推力和吸力的合力。其中，推力主要有企业内因和外部原因。内因主要与企业扩张有关，即在当前区位限制了企业扩张，或者当前区位的代表性有限（随着企业的规模及时间的改变，该区位的使用频率也会变化）时，企业就有了迁移的要求。外部原因主要包括到达企业所在地远离市场、现有建筑物损坏、政策环境不好、劳动力供给不充足、房屋购买和租用成本过高，这些因素都会成为企业迁出的动力。吸引企业迁入的因素与推力正好相反：有足够的空间，接近分销商、供应商和顾客，劳动力供应充足、生产成本低、房地产价格合适、适宜居住等。

“新制度企业迁移理论” 认为，空间上的经济过程主要是由社会的文化制度和价值观决定的，产业转移不能仅视为企业的行为，而且要考虑植入这些行为中的社会和文化内涵。新制度区位理论的假设前提是：空间经济过程是由社会、文化制度和价值系统形成，而不是由企业区位行为决定的。环境是被企业过滤过的区位要素的界面（Surface）或信息载体，企业的区位行为是企业与供应商、政府以及其他机构就价格、工资、税收、补贴、基础设施和其他企业生产过程中的关键因素进行谈判的结果（Pellenbargetal，2002）。政府在企业迁移中容易起到的作用，主要有基础设施、设定特区、补贴和退税等领域。其中，基础设施的建设会影响制造业企业区位的选择，企业更愿意以距离城市更远的成本定位在更接近高速公路的区域。

邓宁的企业投资理论（Dunning，1988）用O—L—I模型来说明企业的对外投资和扩张行为。他认为，一国企业要进行对外直接投资，必须同时具备三种特定优势，即所有权优势（Ownership）、区位特定优势（Location）、内部化特定优势（Internalization）。所谓的所有权优势就是企业由于掌握某种专有技术、专利、管理技能或拥有规模经济、价格垄断、各种有形或无形资产等所具有的优势。区位特定优势包括市场、贸易壁垒、生产成本、投资气候、总体条件等五类因素。内部化特定优势是指通过建立企业内部市场，发挥自身的所有权特定优势，以节约交易成本。邓宁的分析试图说明，企业跨国投资或进行产业转移，三种特定优势缺一不可。

企业成长的空间扩张论指的是经济地理学中沃茨的市场区扩大模式（Watts，1980）、泰勒的组织变形及区域演化模式（Taylar，1975）、迪肯的全球转移模式（Dicken，1994；Dicken and Lloyd，1990）等。虽然模式各有侧重，但都是企业成长的空间扩张理论模型，其共同观点是：市场占领是企业从单一区位向多区位的空间扩张的根本动因；企业扩张一般遵循产品扩张（市场区位扩张）—销售部门空间扩张（销售区位扩张）—生产部门的空间扩张（生产区位扩张）的顺序进行。应该说，这些模式都是从企业成长的微观角度解释扩张性产业转移，实际上都潜在地认为，产业转移是企业成长的空间表现。

史密斯（D.M.smith，1971）的企业赢利空间界限理论从企业区位迁移的微观角度探讨了产业转移的动因。该理论认为，位于既定区位的企业有一个赢利的空间界限。该界限由企业的空间收入状况和空间成本状况所共同决定。处于赢利的空间界限之内则企业赢利，反之则亏损。随着外部环境和企业发展条件的变化，企业的空间收入和空间成本状况会发生变化，这造成企业赢利空间的改变，导致企业的最优区位也相应发生变化，为了提高赢利水平和竞争力，企业将随之实施空间迁移。

徐向红（2004）的“企业生存空间挤压论”，以美国中小企业为考察对象，指出由于美国中小企业受到生产管理成本高、竞争激烈、生存空间受到挤压、对转移出去的大公司有较强的依赖性；以及美国经济进入加快转型期，面对加工制造业“自然淘汰”的态势，一些成熟期中小企业受主动“走出去”等因素的影响，中小企业外迁的动力较强。

国内从企业角度研究产业转移的观点，涉及区域经济发展阶段、企业战略、企业间竞争等方面内容。

陈建军（2002）从产业成长与企业开放战略的角度考察产业转移。从产业成长角度看，他认为，产业转移是产业出于市场扩张、产业结构调整、追求经营资源的边际效益最大化以及企业成长的需要而实施的空间运动。从企业开放发展战略角度看，他对浙江省内以制造业为主的105家规模以上企业进行了问卷调查，并进行了相应分析。结果显示，浙江企业产业区际转移的目标模式以市场开拓型和综合资源利用型为主，即扩大销售、扩大出口、利用转移目标地的基础设施、技术、人才以及提高知名度等；在转移方式上主要采取中小规模对外投资、建立营销点和营销网络等手段；在产业转移方向上主要集中在中西部地区、上海和国内沿海发达地区、海外地区及省内地区。

赵峰和姜德波（2011）指出，产业（企业）竞争也是产业转移的推动力之一。当一种产业处于垄断地位时，该产业可以依靠技术、资源、规模控制价格从而实现自己的高额利润，产业也就不具备转移的条件；当产业竞争存在时，在成本的压力下，产业会通过转移改善自身的经营困境，寻找更为廉价的要素市场，从而成为产业转移的推动力。

综上所述，企业转移是产业转移的基础，今后产业转移政策制定应更多考虑引导企业合理竞争（包括适度降低企业经营成本等），促进企业寻找生存空间，实现有序迁移。

4. 政府推动作用理论

政府在推进产业转移中的角色论述主要体现在国内学者的研究中（国外研究主要体现在企业迁移中有关政府作用的探讨上，见上文所述）。国内研究政府在产业转移中的作用有两种政策选择主张。

第一种，建议出台政策促使产业转移。一些学者认为东部省份地方政府提供优惠条件降低产业成本和促使边际产业省内转移对于更大区域经济协调发展将产生不利影响，国家应成立专门管理机构，制定产业转移促进政策，打破地方截流主义，促进东部发达地区的这些产业向中部地区转移，以实现区域经济的协调发展（高见、覃成林，2005；何龙斌，2009）。王云平（2008）提出从土地、劳动力、能源角度营造“东、中、西”三大区城的“政策梯度”，积极推动东部发达地区向中西部地区产业转移和优化区域产业结构。范剑勇等认为，应当改革政府间的财政体制，提高国内市场一体化水平，加快产业转移时刻的到来。李秀敏（2008）认为，我国应继续加强交通、通讯等基础设施建设，加快降低交易成本的步伐，促进产业集聚，加快制造业向中、西部地区和东北地区转移。桑瑞聪等（2016）认为，对正处于经济转型时期的中国来说，地方政府行为在我国产业转移中扮演着重要角色，地方政府行为主要是对企业的投资成本产生影响，从而引发产业在空间上的重新配置。应该加快基础设施建设；优化地区投资软环境；建立地方政府间联系渠道与沟通机制，消除地方保护主义等推进产业有序转移。薛婷婷（2017）探讨了安徽省各地级市政府的行为对产业转移的影响，认为：在承接产业转移的过程中，承接地政府为吸引产业转移所发挥的作用是极其重要的，要求中西部地区政府在承接产业转移的过程中，充分发挥本身资源禀赋优势的同时，要根据不同的影响因素，充分发挥政府的作用，制定不同的政策和策略。

第二种，认为产业转移的条件还不成熟，选择其他措施缩小区域差距。一些学者认为我国东中西部地区间大规模产业转移的条件还不成熟，在相当长时期内，通过产业转移来调整产业结构，实现区域协调发展还很困难。落后地区不应静候产业转移，应选择全新产业发展经济和实现赶超（周怀峰、廖东声，2007）。有学者提出应该在保护好劳动权益的条件下，鼓励中西部劳动力东移就业，在缩小东西差距的同时提高东部产业的成本，为产业转移创造条件。刘嗣明等认为，要继续发挥东部统领国家经济发展龙头的引擎作用，使国家和东部地区有能力加大对中西部发展的支持力度。而中西部地区一方面要提高运作效率、发掘自身特色，实现自身经济发展；另一方面要改善产业环境，早日具备承接发达地区产业转移的能力。

学者们以上的分析有两个前提：一是国内产业区域转移可以缩小区域发展差距、实现区域协调发展；二是政府参与产业区域转移是合理和有效的。主要政策选择分为直接干预促使产业转移发生和遵循目前产业转移发展趋势，采取其他经济发展战略同时培养产业转移条件（雒海潮等，2014）。

从转入区和转出区政府之间的动态博弈角度研究，魏后凯（2003）认为，区际产业转移是企业与转入区和转出区政府之间的动态博弈过程，也是各地方政府之间的环境竞争过程。从空间扩张的角度看，企业经济活动的转移最初是销售机构的转移，然后是生产制造工厂的转移，最后是研究与开发机构和公司总部的转移。在现实经济中，产业转移一旦实现，将会对企业、转入区和转出区的竞争力产生不同的影响。这种影响既可能是有利的，也可能是不利的。这样，从政府干预的角度看，就需要进行必要的引导和调节，以尽可能减少各种不利影响，充分利用各种有利影响，从而实现“三赢”的结果。

从总体而言，区域政府在产业转移中鼓励或限制的系列措施，对于产业转移起着重要的作用。尤其对于产业转入地，政府应善于把握政策引导与企业进入门槛的制定，这无疑有利于区域产业转移（引进）的高质量且有序化进入。

5. 基于实证研究的产业转移有关论点

对产业转移实证研究，可以深入了解产业转移的具体原因，为此，欠发达地区可以更好推动产业错位发展、推进转移后的产业进一步升级发展。

（1）国内外有关产业转移实证研究的类别[①]

经典的与产业转移相关的实证研究文献，主要包括两类。一类是研究产业转移的驱动力因素。国外学者研究方面，Charney（1982）通过对大都市内部的制造业企业迁移因素的研究，认为主要影响因素是财产税率，而收入税的不同对大都市内制造业企业的迁移影响不大。Dijk和Pellenbarg（1999）基于Gordijn 和Wissen

① 部分内容参考蒋凯和杨开忠（2011）基于多重视角产业转移文献述评中的观点。

（1992），Geenhuizen（1995）和Wissen（1996）的企业迁移研究方法，使用超过1300个包含个体、企业和迁移特征样本数据分析了荷兰企业迁移的核心影响因素，主要是企业内部因素。Leitham、McQuaid和 Nelson（1999）通过企业问卷调查重点考察了公路交通和其他因素对产业转移的影响。Holl（2001）研究了1980—1994 年间西班牙自治市的道路基础设施对新建制造业的区位的影响。结果显示新的制造业工厂区位选择系统受到公路基础设施影响，其新的高速公路系统影响了西班牙新制造业基地的空间分配。但是其他研究表明（Berechman，1994；Button，1994；Vickerman，1991），新的交通设施的改善和产业转移之间的关系也存在不确定性。Escriba（2009）使用欧拉方程模型为实证框架，采用1980－2000 年西班牙的数据，通过动态面板回归模型，重点分析了公共政策对私人产业投资的影响，认为投资对公共基础设施较为敏感，同时人力资本效应也影响了整个时间区间。Lee（2008）分析了1972—1992年间美国制造业就业增长率数据，分析指出产业转移对美国制造业就业增长率影响较小，且这一时期激励企业迁移的政策收效甚微。

国内学者研究产业转移的驱动力因素方面，陈建军（2002）采用问卷调查的方式对浙江省内制造业为主的105家规模以上企业进行问卷分析，根据问卷调查结果对浙江企业所处的投资发展阶段，对外投资的原因、方式、区域选择等作出直接的回答，然后建立各个变量之间的相关模型，研究了中国现阶段沿海发达地区企业以对外投资等为主要载体的产业区域转移的发展状况。林衡博（2005）采用因子分析方法，对长三角和珠三角地区的第二产业进行了分析，认为决定一个区域第二产业梯度的主要因素包括综合梯度因子、区位因子和外围梯度因子，由于其指标选择较为全面，能够比较真实地反映一个地区的产业梯度，因此在一定程度上弥补了国内对于产业梯度转移量化研究的不足。杜宇玮（2006）为了验证产业转移或外资是否促成转入国相应产业的技术进步、生产率的提高以及贸易竞争力的提升，从产业生产率和产业贸易竞争力角度分别选择纺织工业和计算机工业代表传统产业和新兴产业进行国际产业转移的行业差异性分析，揭示了各制约因素的实际影响程度。高毅（2007）在国际钢铁产业转移实证模型中，采用运输条件与经济发展水平作为控制变量，分别研究市场需求、知识转移、政府管制、跨国公司与国际钢铁产业转移之间的关系。陈蕊、熊必琳（2007）提取了产业转移的六个关键因素：产业梯度系数、产业集群发展程度、产品在转入地预计的市场占有率、转入地要素、成本和交易成本比较系数、转入地对转出地的相对距离优势以及政府推动力，构建了区域产业转移模型，并提出产业转移可行性分析的简单判断方法。翟相如（2008）以2001—2006 年中国工业数据为例，对所构建地区产业转移承接能力的评价体系进行承接能力及其影响因素分析，对近几年来各地区产业转移承接能力及影响因素变化进行了详细分析。魏玮和毕超（2010）建立面板数据模型，对区际产业转移中企业的区位决策进行了实证分析，认为劳动力成本和原材料丰裕度是区际产业转移中企业区位决策的主要影响因素；市场规模总体来说无显著影响；集聚的溢出效应在2002年之前小于竞争效应，之后趋于增强并超过竞争效应；政策因素仅对向中部地区迁移的企业有显著影响。张辽和宋尚恒（2014）利用1998—2012 年省际面板数据分析了地方政府竞争对各地区要素和产业转移规模的影响。他们认为自1998 年以来发生在我国地区间的产业转移不仅呈现一定的地理特征，还受到地方政府竞争的影响，企业在进行区位再选择时追求地方政府给予政策支持的动机十分强烈。地方税收负担、地方政府公共品供给水平、制度环境优化程度是政策支持三个重要变量。桑瑞聪等（2016）从企业微观数据出发，就地方政府行为对产业转移的影响进行了实证检验，认为地方交通设施和政府行政管理效率对资本密集型和技术密集型产业具有显著的正向作用。

另一类是基于产业转移空间优化的视角分析。国际上，Burns （1977）指出产业垂直移动（从城市中心向郊区的空间转移）主要是由于更低的生产成本导致的，而水平空间移动（城市间的转移）则更多体现为集聚经济的效力。Erickson 和Wasylenko（1980）发现在Milwaukee 和它的郊区之间迁移的企业决定因素主要在于劳动力和其他集聚经济要素的可获得性。Schmenner（1980，1982）对于英国500强企业迁移动因的研究发现，空间的拓展更易于管理是主要考虑因素。Blanchard（1992），Crandall（1993），Newman（1983）和Topel（1986）利用产业集聚方面的数据资源清晰地描述出了经济活动从The Rust Belt 到Sun Belt 州的迁移空间轨迹。产业转移将引起企业和相关职位的空间重新布局，应出台相应的空间政策做支撑（Kemper 和Pellenbarg，1997）。

国内产业转移空间优化的观点。戴宏伟（2003）创新性地构造并应用了“产业梯度系数”等量化指标，提出“大北京”经济圈内三方协作的重点应该放在产业梯度转移和生产要素流动上，并以此为基础推动京津冀产业结构的共同优化与升级。其后有陈蕊（2007）在戴宏伟产业梯度系数模型基础上进行改进，引入了资本因素，并用改进的梯度系数对我国31个省市的26个工业行业进行了梯度分析，从阶段特征、区域特征和产业定位等三个方面深入分析了现阶段我国区域产业梯度转移的总体特征。江霈（2009）在线性城市模型基础上分析了我国区域经济环境下的企业东西布局，进而分析存在国际需求情况下的线性城市模型与区域产业转移关系。朱乔丰（2009）通过聚类分析方法和图的比较揭示全国制造业的产业结构特征以及10年来制造业转移的总体路线（即制造业重心逐渐向东南沿海地区转移），同时通过分析长江三角洲地区产业一体化和同构现象，从国家和区域两个层面来展示了浙江省制造业产业转移的背景。虞晓平（2009）基于产业区域转移和承接的控制模型，选取承接浙江省纺织产业区域转移的样本，运用计量回归分析浙江省纺织产业区域转移和承接情况，得出新疆、安徽、河南、江西和湖南为与浙江省纺织产业区域转移和承接空间优化可行的地区。张辽（2016）通过实证检验要素流动、产业转移对地区产业空间集聚水平的影响，发现一个地区产业集聚程度的动态变化显著依赖于初始产业布局，伴随产业转移过程中的要素流动对地区产业集聚水平也产生重要影响；通过回归检验，他进一步指出东部地区对外产业转移的确会降低本地区产业集聚水平，而中西部地区积极吸收来自于东部发达地区的人力资源、资本和技术的流入最终提高本地区的产业集聚水平。安虎森等（2017）采用省际数据，实证分析了我国东部地区各省份之间的区域经济空间相关性，指出：东部各省份的区域经济发展一体化程度较高，同时发现相邻省份中具有共同边界的区域其经济发展相关性也较高。以此为基础，他们使用1978—2014 年的总体工业数据，借助工业净产值份额和第二产业劳动力就业份额两个指标，研究并测度了改革开放后我国产业的转移方向，认为从改革开放后的1978—2003 年这段时期内，我国几乎没有发生东西方向上的产业转移，但在2003—2013 年则发生了由东向西的制造业产业转移现象，同时向中部转移的幅度大于向西部转移的幅度，随后这一转移趋势又发生“逆转”；在东部地区内部发生了由北向南的产业转移现象，此外上海作为初始工业化程度较高的地域，产业转移方向表现为南北两个方向；与实证分析相对应，距离越近，产业转移速度越快。最后，得出将东部地区作为我国经济运行主部的结论，而中西部则要发挥比较优势、承接相关产业、积极参与东部分工体系、推动自身经济发展。刘佳骏（2017）通过区域产业发展梯度系数测算方法，分析长江经济带上、中、下游11 省市的产业发展比较优势，确定长江经济带上、中、下游各省市可以重点开放转移的优势产业；通过产业承接能力指数测算，定量分析长江经济带各省市承接产业转移的能力；根据测算实证分析，提出长江经济带未来产业转移承接合作与协同发展、实现整体经济带产业布局优化的策略。

（2）国外研究产业（企业）迁移的实证焦点[①]

国外文献主要针对企业迁移的影响因素和决策模型进行研究，并在此基础上进一步地计量检验，得出企业迁移对企业绩效、经济增长的影响。

首先，企业迁移的影响因素。国外文献中，研究企业迁移影响因素的文献数量最多，主要可以分为外部因素、内部因素、政策因素和区位因素。

外部因素。McLaughlin 和Robock（1949）认为劳动力成本高、企业竞争激烈、贸易限制等是企业迁移的外部因素影响。Garwood（1953）认为市场和原材料是影响企业迁移的原因。Scott（2002）利用二战期间迁往英国的企业数据分析发现，临时性关税是企业迁往英国的主要原因。Peuenbarg 等（2002）认为，企业迁移主要受发

① 部分内容参考王思文和祁继鹏（2013）有关地区间产业转移的文献综述。

展空间、交通问题及劳动市场等因素的影响，为了维持与雇员、顾客以及供应商等的社会关系，企业通常迁移到距离相对较近的区域。Molle（1977）对迁移企业进行研究，发现企业主要是由于没有足够发展空间与交通拥挤而迁移。

内部因素。除了上述的外部因素外，学者们发现企业迁移还与企业自身的动态调整有关，即内部因素。Brouwer等（2002）通过研究发现，企业迁移动机随着企业的规模和成长寿命而减弱，小企业有较高的迁移倾向，而大企业对当地的经济环境有一定的植根性。Cameron 和Clark（1966）、Keeble（1976）、Townroe（1972）的研究表明，企业内部因素例如企业扩张等都是导致企业迁移的原因。企业迁移受到企业生命周期的影响，企业刚建立时，由于生产规模小，成本高，倾向于寻找一个类似托儿所的区位有利于成长。企业成熟后，拥有较大空间，接近投入和市场的区位是企业的最优选择，因此企业自身的生命周期会导致企业对区位的变化做出相应的反应。

政策因素。主要有土地、区域（产业发展）政策等。从20 世纪50 年代开始，很多国家为了促进产业转移和企业迁移，对迁往落后地区的企业提供各种补贴措施。随着政策的成功实践，学者们开始关注政策因素对企业迁移的影响，并对政策效果进行评估。Ortona 和Santagata（1983）分析了土地政策对企业迁移的影响。Keeble（1976）认为区域政策是区际产业迁移的主要原因，他认为所有政策包括区域政策都会对企业迁移产生影响。这些学者认为企业迁移是协调区域发展的有效办法。然而Cameron和Clark（1966）却得出不一致的结论，他们认为政府期望的区域政策结果与企业迁移结果不一致，而且相互矛盾。从20 世纪90 年代起，学者们不再坚持区域政策对企业迁移的确定性影响，而是强调区域政策的创新，认为地区经济发展的关键是建立政策创新环境。

区位因素。随着区域经济一体化进程的加快，学者开始研究区位优势与区域经济一体化对企业迁移的影响。著名学者Dunning（1980）提出生产折中理论，集中探讨了区位优势；Barbier 和Hultberg（2001）通过建立两国模型，分析了区域一体化条件下的企业迁移，发现除市场规模外，区域一体化程度也是影响企业迁移的因素之一。

其次，企业迁移的决策模型。在企业迁移决策模型方面，Nakosteen和Zimmer（1987）提出了一个解释企业迁移的决策模型，通过企业的利润来决定迁移行为。该模型引用率较高。

其模型假设企业的目标是利润最大化，单个企业在产品和要素市场都是价格的接受者。地区 j 的企业 i 的利润函数为 $E_{ij}=E(X_i, Z_j, \varepsilon_{ij})$，$X_i$代表观察的企业或市场特定要素；$Z_j$代表观察的区位特定因素，$\varepsilon_{ij}$代表企业迁移时未观察到的特定影响。企业区位要素假设随企业和产业的不同而服从随机分布。

模型继续假设企业会经常监控自己的利润与临界值之间的差异。当出现$E_{ij}(X_i, Z_j, \varepsilon_{ij}) < E_k$时，按照经济学理论，从长期来看，如果价格不能弥补平均可变成本，那么企业将会停产或关闭。然而在现实经济中，企业可能会考虑选择迁移到低成本地区，从而使利润率再次提高到临界值E_k之上。企业是否迁移取决于两地之间成本利润的比较。

Smith（1966）建立了企业迁移的盈利空间模型（具体列式略，以下模型同）。假设企业开始在空间边际收益率的范围内选择了最佳的位置P，由于受到外界条件和企业自身发展的影响，P不再是最佳位置。在不考虑搜寻成本和运费的情况下，企业将会采取迁移行为。Smith 认为如果企业不迁移，那么企业将在低于该产业利润率的水平上生产，不久将会亏损，因此企业必须选择迁移。企业迁移决策受到推力的作用，使得企业离开现有区位。如果存在运输费用和信息不对称，一个次优区位进行迁移的可能性很大。如果企业所处位置仍然在空间边际收益率的范围内，但决策者发现其他位置的收益率更高，那么企业迁移就会受到拉力的驱使，吸引企业寻找其他区位。但是企业还有受到阻力因素，使它留在当地。这一因素主要由迁移引起的固定和可变成本有关。

Pred（1967）建立了决策制定行为矩阵，包含有限信息的作用、信息的使用能力、感知和智力、不确定因素四个要素。企业在行为矩阵中，被划分为信息的可获取性和信息使用能力两个维度。一个企业所获取的信息越完备，对信息的使用能力越强，选择的区位就越接近最优区位。那些不能充分获取信息和对信息使用能力较差的企业，选择的区位往往是次优甚至非优的。Townroe（1972）提出了五阶段决策模型，分为刺激、问题说明、寻找、明确表达并比较可选方案、选择和实施行为。其中选择阶段又可进一步细分为八个步骤。之后Lloyd 和Dicken（1977）提出了较Townroe 复杂的模型，但是在实证研究中很少被使用。

Louw（1996）区位选择的决策阶段模型。将决策过程分为三个阶段，分别为意向阶段、选择阶段和谈判阶段。模型中认为地理位置、交通便利性、环境等空间因素在第一阶段和第二阶段起重要作用，金融和合同因素在第三阶段作用很大，它是企业谈判的结果。当企业决定自己建造厂房时，空间因素在决策过程中非常重要，但是当企业决定租用厂房时，空间因素对企业决策过程并不是很重要。

Pen（1998）在Louw 的基础上提出了更多阶段的企业迁移决策模型，包括七个阶段：问题识别、问题诊断、战略形成、搜寻阶段、选择阶段、发展阶段、实施阶段。其中较为重要的是问题识别、搜寻阶段、选择阶段和实施阶段。

Pellenbarg（2005）对Louw 和Pen 的研究进行了进一步发展，提出了五阶段模型，分别为迁移与否的决策、可选区位的研究、可选区位的评价、新区位的最终选择、新区位的评价。

再次，企业迁移的实证检验。国外学者对企业迁移的实证检验最早由Nakosteen和Zimmer 在1987 年的论文中进行，他们在提出企业迁移的决策模型基础上采用logit模型进行了估计，结果显示企业迁移导致就业增加，同时对经济增长具有促进作用。

Jouke van Dijk 和Pellenbarg（2000）采用Nakosteen和Zimmer（1987）的模型，对企业的迁移行为进行了实证分析，采用logit 模型，针对问卷调查的结果，认为小企业具有较高的迁移倾向，批发和商业服务企业的流动性高于零售部门，零售和餐饮业不愿意进行迁移，迁移后5～10 年的企业倾向于再次迁移，而新近迁移的企业则没有迁移动机。

Brouwer et al.（2004 ）采用probit 模型对1997—1999 年21个国家的企业迁移行为进行分析，认为市场势力大的企业迁移行为较频繁，企业的合并是导致迁移的原因之一。

国外学者的研究主要集中在区域经济学领域，一些学者通过对大量企业迁移的案例和问卷进行分析，着重讨论了影响企业迁移的外部经济和环境因素。一些学者通过对案例的数据进行分析，利用计量方法对企业迁移的动因进行了估计，如企业的规模、企业性质以及区域政策对迁移行为的影响。但是国外的研究缺乏对企业内部因素的考虑，如战略因素、行业因素等。企业迁移与否，向哪迁移，都与企业自身因素密切相关，然而国外研究关于企业内部变量对迁移行为的影响研究不足，仅有少数学者从企业扩张和企业生命周期角度进行了微观领域的研究，缺少对企业迁移动因和影响因素系统性的研究，由于企业的异质性，企业迁移的目标和方式会有所不同，从而影响到企业绩效（王思文、祁继鹏，2013）。

（3）国内产业迁移实证研究

①研究的视角。国内产业迁移研究对象主要聚焦第二产业中的工业或制造业行业以及高新技术产业，主要包括以下研究视角。

企业或某个行业视角。如分析沿海经济发达地区产业迁移状况；研究花卉产业和陶瓷产业在单个城市尺度的产业迁移情况；分析纺织行业在东中西三大地带尺度产业迁移情况等。

区域间企业、产业的产品和产值数量变动视角。主要是第二产业的工业或制造业行业的企业、产品、产值变动情况的分析，从中国整体上、东中西三大地带之间、各省级区域之间、东部发达省份之间以及发达省份内部进行实证研究。如对中国工业产业和制造业行业整体上产业重心变化进行分析以及对工业产业企业数和总产值在三大地带之间变动进行分析，这是目前实证研究的主要方面。

产业迁移承接地视角。主要是对中西部地区利用省外资金及承接项目数量和金额进行实证研究，反映产业迁移承接地承接产业的性质、数量和区域分布规律。

产业迁移发生的条件及产业转移滞缓视角。如对产业转移的内生临界点和产业转移粘性进行研究。这方面的研究是产业转移研究的深入，并逐渐成为实证研究关注的焦点（雒海潮等，2014）。

此外，区域经济学者对区域差异的研究，如区域经济差距、区域产业结构调整升级以及区域市场一体化和地区专业化也涉及产业转移。

②实证研究方法。随着国内产业区域转移实践的发展，目前国内实证研究的方法也逐渐呈多样化态势。但由于产业转移发生情况难以直接测度，主要还是通过间接方法计算（相关数据），主要包括在微观层面对企业的问卷调查和访谈，利用企业和产品数量、产业产值以及就业人数等数据，同时借助各种模型和指数进行量化分析。其中，研究所用指标也从单指标分析向多指标综合分析转变，并且不断提出相关指数、构造相应模型进行实证研究。

国内主要实证研究具体采用如下几类方法。

案例与文献论证。分析案例，综合国内外相关文献资料进行归纳总结，提出相关观点。

问卷调查和访谈。如对浙江上百家企业的对外扩张和产业转移意向进行调查，研究中国沿海发达地区企业以对外投资等为主要载体的产业区域转移的发展状况。

重心模型。如运用重心模型分析中国工业产业空间分布重心发生的转移，分析中国高新技术产业的重心空间转移趋势，对我国跨区域技术转移边界效应进行测度并分析其影响因素，以及分析中国采矿业和制造业重心在区域间的变动趋势。

运用产业企业数量、产品产量、产值等绝对值和比例变化分析区域间产业市场份额变化。如用工业产业企业数和总产值占全国比重变动量、制造业产值增长量、制造业增加值占比变化等区域间产业市场份额变化的方法对国内产业转移进行实证分析。

测算赫芬达尔指数、区位商、区位基尼系数、空间集中度、平均集中率等，反映区域间产业集聚程度变化。如使用基尼系数研究了中国产业的迁移和集聚情况（Wen M.2004）；利用产业的赫芬达尔指数（Herfindahl Index）、区位商与产业的绝对份额等多个指标综合测度国内产业转移情况（张公嵬，2010；张公嵬、梁琦）。

此外，刘红光等利用区域间投入产出模型建立了定量测算区域间产业转移的方法，并结合中国区域间投入产出表，测算了中国1997—2007 年区域间产业转移情况。

③企业迁移影响因素实证研究。国内学者开始关注企业迁移问题。可从一般企

业与异质企业两个层面考察研究状况[①]。

一般企业迁移因素研究。白玫（2003）系统地研究了企业迁移现象，她对企业迁移的流派进行了介绍，在案例分析的基础上总结了企业迁移的模式，借鉴新古典理论框架下的迁移模型，分析了影响企业迁移的内部、外部和区位因素，认为制造业企业的迁移率高于其他行业的企业。同时她还对企业总部迁移进行了研究（魏后凯、白玫；2008）。张新芝和陈斐（2010）采用系统基模方法对企业迁移机理进行分析，从迁出地、迁入地和企业迁移渠道三个影响因素分析企业迁移的机理。其中迁出地的影响因素包括原材料、劳动力成本、土地资源、产业升级压力、新引进高新技术企业数量、维持本地经济总量。迁入地影响因素包括产业集聚吸引力、较低的要素成本价格、优惠的税收政策、完善的基础设施建设、优化的本地产业结构。人们认为企业迁移渠道影响因素包括引导产业转移的政府政策、促进企业迁移的中介组织。杨菊萍和贾生华（2011）通过对2000—2009 年中国重要报纸全文数据库有关企业迁移分析，指出政策动因、经济动因、战略动因和情感动因是中国企业迁移的四类动因。同时还指出政策动因最为重要，其次是战略动因和经济动因；政策动因是企业整体迁移和区域内迁移的最重要动因，经济动因是部分迁移和跨区域迁移的最重要动因。桑瑞聪与刘志彪（2014）从长三角和珠三角地区遍及29个细分行业的498 家上市公司的微观投资数据实证分析，指出要素成本、区位环境和制度环境因素是企业（产业）转移的重要影响因素。

以上研究从总体上解释了国内企业迁移的动因，包括外部因素，如迁入地和迁出地的成本和收益因素以及两地政府的博弈对企业的影响；内部因素如企业自身的战略考虑。

异质性企业迁移动机（因素）研究。即按照企业所在地理位置的不同和企业性质的差异等，对企业迁移动因进行分析。赵奉军（2003）对民营企业的迁移进行了研究，认为企业发展所需要的要素变化和地方政府之间的竞争是民营企业迁移的根本原因[②]。钱文荣和邬静琼（2003）以浙江省海宁市200 家企业问卷调查为基础，采用logistic 模型估计，认为影响农村企业迁移的主要因素是企业家对生活的满意度和企业迁移成本两方面。温胜精（2004）通过对三线企业迁移行为的考察，发现通过企业迁移使得企业不再被地理位置约束，从而能较好地对资源进行整合，提高了企业竞争力。国家统计局企调总队和浙江省企调队（2005）从政府的视角出发研究企业迁移。他们对近600 家企业进行调研，主要考察了浙江省和江浙沪之间的企业迁

① 有关一般企业与异质企业迁移的动因的研究，部分内容参考王思文和祁继鹏（2013）有关地区间产业转移的文献综述。

② 赵奉军.民营企业“迁移”的经济学[N].中华工商时报，2003-4-15（2）。

移，认为：浙江企业迁移呈现扩大态势；外迁企业多为劳动密集型企业；迁入浙江企业中主要关注土地资源因素。邬爱其和田传浩（2005）对295 家浙江民营企业跨区域成长意愿及其影响因素的调查显示，企业的目标市场范围和技术研发水平、地方产业的配套网络水平、地方政府的行政效率及产业指导力度、土地和税收优惠程度、地方融资环境、中介服务机构的市场信息和专业咨询能力、地方科研院校提供的人才培训和企业交流机会，是影响企业跨区域转移（成长）意愿的主要因素。衣长军（2005）对闽东南地区民营企业迁移现象的研究表明，本地民营企业融资瓶颈日益突出是促使企业外迁的原因。鲁德银（2007）用问卷调查、访谈和分组对比的方法，对村镇企业迁移行为进行研究，认为市场体系是制约企业迁移的重要外部因素之一，村镇企业家的产业集群知识和预期能力是决定企业迁移的重要因素，企业家控制权是企业迁移的动因和约束条件之一。刘力和张健（2008）通过对珠三角企业问卷调查，认为成本相关因素是企业迁移的首要考虑因素，其次是企业自身发展需求因素；指出基于珠三角的长期固有优势，大规模企业迁移尚未出现。王业强等（2009）分析了东部发达地区制造业企业向中西部地区迁移的趋势和机理，认为产业因素如劳动力和原材料密集型企业率先迁出，地区因素如要素成本地区差异是东部企业向中西部迁移的直接动因。胡济飞（2009）以劳动密集型企业为研究对象，分析了制约企业迁移的因素。认为这些因素主要是：劳动力的高度流动性缓冲了要素价格压力；制造业的产业集聚特性；资本壁垒的限制；企业家才能的制约。张玉和江梦君（2011）分析了安徽承接长三角产业梯度转移，认为长三角企业向安徽迁移的推力因素包括产业结构升级、生产成本上升、企业发展战略。拉力因素包括地理位置、交通便利、资源丰富、政策因素。陈光和赫胜彬（2016）以《中国工业企业数据库》的微观企业数据为基础，以京津冀都市区为例实证检验了异质性企业自选择效应，企业主动迁移到城市核心区或边缘区与企业本身的效率高低有关，总体来说，高效率企业的主动迁移行为更明显。

基于上述分析可以看出，当考虑企业异质性时，对企业迁移的动机分析不可一概而论，不同企业的迁移动机具有差异，例如民营企业较多关注政府政策因素和融资因素；农村企业迁移主要依赖于企业家对经营情况的预期；而长三角和珠三角的企业由于所处环境的特点，更多地关注迁入地的成本因素，如劳动力价格、土地价格等，在这些地区劳动密集型企业具有率先迁移的可能性。

较国外研究相比，由于数据所限，国内在企业迁移这一领域的实证研究多以案例、问卷调查对企业迁移的动因进行分析，但较少对所得数据进行计量检验。随着近年微观数据应用范围的逐步扩大，国内企业迁移应该从微观数据入手，利用理论模型和实证检验对企业迁移问题进行深入研究。

④不同区域尺度产业转移实证研究[①]。国内产业转移实证研究除涉及中国整体上产业重心空间变动外，主要集中于中国东中西三大地带或四大板块间、全国省级区域间、东部省级区域间的产业转移，东部省级区域内部的研究主要集中于长三角、广东省和江苏省，此外还有涉及中西部作为承接地的研究。其研究结果与区域尺度的选择有关，按照不同区域尺度对产业区域转移的实证研究进行梳理可以清楚了解国内产业转移的发生情况。

第一，基于跨省区域尺度——中国整体或东中西三大地带以及四大板块间的产业转移。陈建军（2002）认为中国目前尚没有像国际产业转移一样发生大规模的产业区域转移，已发生的产业区域转移主要属于资源利用和市场容量导向，仅局限于建立销售点、扩大销售、增加市场份额为主。樊新生和李小建（2004）分析得出中国大多数工业产业重心并未按人们的预期发生相应的空间转移，东部地区所有产业都占有较大份额，其中相当大一部分仍存在继续向东部地区转移的趋势。同时认为，短时期内沿海的传统产业向中西部大规模转移的条件还不成熟。孙翊等（2010）发现中国高新技术产业整体重心向东部、南部移动，部分高新技术产业重心出现向西部转移的趋势。罗云毅（2010）证实采矿业重心向西移动，但制造业区域重心仍在向东移动。同时认为整个工业重心还是呈东移态势。

以上学者对中国整体上工业、高技术产业、采矿业和制造业空间变动趋势的研究，结论基本上是一致的：从中国东部沿海向内陆地区的大规模产业转移并没有发生，东部的极化效应仍然起主导作用，甚至认为短时期内沿海的传统产业向中西部大规模转移也不会发生。

中国三大地带以及四大板块间的产业区域转移发生情况研究，刘嗣明等学者（2007）认为我国东、中、西部地区间没有呈现出大规模产业转移的明显趋势，已发生的产业转移数量和规模都不大，只发生了部分的相对产业转移，绝对产业转移的现象尚未发生。从转移趋势上看，沿海地区内部产业转移明显，在向中西部地区转移主要是资源依赖型和资本密集型产业，典型的劳动密集型产业并未发生相对转移。李娅和伏润民（2010）认为东部的制造业尚未达到转移的内生临界点，产业转移黏性仍然存在，导致东中西部大规模产业转移的条件还不成熟，产业转移还需要较多地依赖于外生力量的作用。傅鸿源等（2008）证实东部制造业产值增长明显比中西部快得多，甚至纺织业、造纸及纸制品业和服装鞋帽等劳动密集型制造业同样集中在东部发达省份广东、浙江等地区；认为产业转移主要发生在东部地区内部，而并没有明显向中西部地区转移的倾向，而且制造业还在不断向东部地区转移。何龙斌（2012）认为我国西部、东北、中部、东部四大地区的产业转移表现为除东

① 部分研究内容参考雒海潮、苗长虹、李国梁（2014）有关不同区域尺度产业转移实证研究的文献。

北地区单向转出，其余地区均为相互转移，其中转移的相对规模都不大。靖学青（2017）对东部产业向中西部转移问题，在定量测度长江经济带产业转移量和产业结构高度的基础上，运用面板数据模型就产业转移对长江经济带产业结构高度的影响进行了实证分析，结果表明：上海、江苏、浙江三省市产业向江西、湖南、重庆、四川、贵州五省部分市产业转出，对转出地与转入地产业结构高度化产生了显著的积极影响。

学者们关于中国三大地带以及四大板块尺度上产业转移的研究比较一致的结论是没有发生理论预期的东中西部间大规模产业转移，同时向中西部的少量产业转移也多是资源依赖型产业，劳动密集型产业还未有向东部集中的趋势。部分学者甚至认为在相当长时期内东中西部大规模产业转移的条件都不会成熟。这与对中国整体产业重心空间变动的研究结论一致。

基于中西部地带承接产业转移的研究，孙久文等（2012）认为中西部地区利用省外资金快速增长，其中，重庆、陕西、青海、宁夏和安徽承接境内省外资金的速度最快，资金来源地相对主要集中于东部沿海地区的浙江、广东、北京、福建、上海、山东等省市。吴勇（2012）利用2005—2010 年12 个省份的面板数据建立模型对影响中西部地区产业承接能力的主要因素进行了实证研究，结果显示国内生产总值与产业承接能力正相关，是影响中西部地区承接区际产业转移最重要的因素；同时，国内外市场规模、承接地基础设施水平和产业承接政策也对产业承接有正向显著作用。赵瑞霞和胡黎明（2012）运用中部地区的面板数据，构建固定影响变截距模型对中部地区承接产业转移的制度变迁效应进行实证检验，认为产业转移对承接地的市场体系优化、对外开放程度的提升具有显著的正向效应，而对产权制度的变迁、制度效率的提升具有正向影响，但不显著。关爱萍和李娜（2014）从承接地吸收能力的角度出发，选取2000—2011 年西部地区11省际面板数据，实证检验国内区际产业转移的技术溢出效应。结果表明：地区经济发展水平、人力资本水平、东中西部地区企业技术差距及金融发展程度对产业转移技术溢出皆存在门槛效应，并测算了产生正向技术溢出效应的4类变量门槛水平。江洪（2009）认为，我国东部沿海地区的部分产业在加快向内地转移和延伸，中部地区承接产业转移增长迅速，承接来源以东部三大经济区为主，承接项目主要是第二产业，承接区域集中在城市群地区。贺清云等（2010）认为中部地区承接产业转移的步伐在加快，承接产业以第二产业为主，以内联引资为主。吴静（2017）采用AHP（analytic hierarchy process，层次分析）主成分分析法，以省际制造业发展指数为依据，把西部各省区分为高、中、低三大产业承接区域，从制造业产业价值链的劳动密集、资本密集和技术密集三大环节进行实证研究发现：技术和资金转移是影响西部制造业产业价值链不同环节效率提升的主要原因，人力资本转移次之，东部地区企业规模溢出的效率水平最低，说明当前东部产业转移的规模效应并未实现；制造业产业价值链中资本密集环节对转移要素的吸收效率大于劳动密集环节，技术密集环节最弱，说明当前西部制造业在产业价值链中位置不高，培育本地优势产业和新型技术型产业是进一步承接区际产业转移、实现制造业转型升级的根本途径。丁鑫和宋锋华（2016）以西北五省实际利用外商直接投资、境内区外资金、泰尔指数组间差距为变量，建立固定效应和随机效应模型定量研究西北五省2000—2014年承接产业转移与区域经济差距的关系，认为：西北五省通过承接国内产业转移，显著缩小了与东部地区经济差距，承接国内产业转移时，人力资本存量与经济差距存在“U”形关系，即西北五省承接国内产业转移主要是劳动密集型、资源密集型产业。这些产业对人力资本要求不高，劳动力的投入促使经济快速发展，而随着该区域人力资本的积累，从事劳动密集型、资源密集型产业的劳动力相对减少，成本增加，会在一定程度上抑制此类产业的发展，扩大与东部地区发展差距。

上述学者从中西部承接地区进行的产业转移分析，基本一致地认为东部向中西部的产业转移存在加速的趋势。但是主要是基于承接地单方面投资增加而得出结论，很少将东西部紧密联系起来分析。也没有认为东中西部地带之间发生了大规模产业转移，只是从中西部承接产业的情况来看，在绝对规模上有增加趋势。

第二，基于省级区域尺度的产业转移研究。关于全国省级区域尺度产业转移研究，周世军和周勤（2012）采用区位基尼系数对20个两位数制造业2000—2009年产值数据进行分析，发现仅有极少数出现了明显的规模性转移和部分微弱的产业转移趋势，其余制造业在东部地区的集聚程度越来越高，大规模产业转移趋势并未显现。

东部省级区域尺度产业转移研究。学者们使用不同的方法对长三角制造业产业转移进行研究，得出相对一致的结论，即上海大量劳动密集型或部分资本密集型产业正转移到江、浙两省，其总制造业份额在减少，而专注资本密集型、港口型与信息都市型少数产业发展；浙江正稳步吸收上海与江苏转移出来的劳动密集型行业从而增加制造业份额；江苏通过吸收和释放持平而基本保持制造业份额不变，在多数行业凭借着强大的市场规模优势暂时维持着诸多行业的竞争优势（范剑勇，2004；陈建军，2007）。桑瑞聪和岳中刚（2011）分析泛长三角制造业产业分工与产业转移的特征，发现1998—2001 年江苏、浙江是上海产业转移的主要承接地，2002—2009 年安徽、江西逐渐成为上海产业转移的主要承接地。总体上，泛长三角区域内的部分制造业先由上海向江苏、浙江转移，而后由长三角地区向周边的安徽、江西地区转移。

纵观以上研究，可以看出东部省级区域尺度的产业转移实证研究主要集中于长三角地区。学者们研究的结论相互印证也基本一致，主要是上海向浙江、江苏进行转移同时江苏向浙江进行转移，而后出现长三角地区向周边的安徽、江西地区转移。

以单个省级单位为承接地的产业转移研究。黄钟仪（2009）分析东部省份对重庆市投资形式的产业转移，转移产业项目数量依次是制造业、房地产和建筑业、采矿业和电力、燃气及水的生产和供应业及农业项目。魏博通（2012）分析东部发达地区向江西省的产业转移，发现沿海依然是全国重要的制造业基地，向江西的产业转移不明显，2004 年以来向江西的产业转移仅是部分企业的对外投资行为。宋煜（2012）对江西省的研究认为，承接国内产业转移主要来自浙江、广东和福建三省。马继民（2012）认为甘肃承接产业转移总量和规模逐年递增，承接重点是资源密集型产业，产业转移的重要聚集地是资源富集区。玄欣田（2017）认为在经济新常态背景下，对河南省等产业发展程度较低的省份而言，要想进一步实现区域内产业结构的优化和转型升级，加强产业发展对经济发展的支撑作用，一条重要的突破方向就是实现承接资源类产业的集群化发展。

根据以上基于单个省级单位为承接地的产业转移研究，证实存在东部向中西部省份的产业转移，产业类型主要是资源依赖型产业等。

第三，基于省级以下区域尺度的产业转移发生情况研究。省级区域内部的产业转移研究。毛广雄（2009）分析江苏省苏南向苏北的产业转移，指出苏南向苏北存在大规模产业转移，相关产业转移的速度明显加快。产业转移明显是政府政策推动，没有能够充分调动市场主体的积极性；苏南产业转移对苏北地区经济的发展影响较小，苏南、苏北目前产业转移还不够协调。王文森（2012）分析广东省工业数据发现高耗能高污染行业逐渐转出相对集中的珠江三角洲地区，向东翼和山区推进，部分劳动密集型、附加值相对较低的行业逐渐由珠江三角洲地区转移到周边地区。高技术制造业、先进制造业仍然集中在珠江三角洲地区，并体现了持续集聚的趋势。冯邦彦和段晋苑（2009）以广东省21个地市2000—2006年观察数据的基础上建立面板数据模型，检验理论分析中各个因素对广东区际（发达地区向欠发达地区）产业转移的实际影响，结果发现广东各地的路径效应、距离因素、人力资源、资本存量和开放程度是影响产业转移的主要因素，而劳动力成本的影响效果并不确定，经济规模对产业转移没有显著的影响。杨佳意和朱晟君（2017）采用产品空间方法，基于2002—2011 年广东省地级市的出口产品贸易数据，对广东省“双转移”政策与其出口产品结构演化路径的关系进行探讨。结果发现：产业转移政策能促进地区产品结构演化，对于转出政策影响的区域，政策有利于促使地区产品结构升级；对于转入政策影响的区域，政策对于产品结构演化具有一定促进作用，并且在政策对应本地相关产业关联密度较高的条件下，对促进本地产品演化的效果有增进作用。

省级区域内部的实证研究主要以东部省份为对象，集中于广东省和江苏省。东部为产业转移的高梯度区域，同时东部省级区域内部同样存在巨大产业梯度势差，导致产业转移发生。学者们的研究也基本证实东部省份内部存在比东部省份之间相对规模大的产业转移。

城市尺度的产业转移研究。何奕和童牧（2008）认为第二、第三类制造业从上海沿着“之”字形交通干线向长三角其它城市转移，苏州、无锡地区成为首选之地。马国强等（2008）对浙江省永康—武义之间的产业转移进行研究，得出通过产业转移两地经济均得到了迅速发展，并指出区位条件、产业结构和资源优势是产业转移发生的主要原因。杨扬等（2009）分析广东省城市间的产业转移，认为广东省内已出现由珠三角向周边城市转移的态势，存在污染密集型产业空间转移的现象。其中，传统制造业产业，高耗能、高污染产业以及采掘业和资源相关产业转移幅度大，转移的方向主要为广东省北部山区，而高新科技产业和低污染的重工行业没有发生转移，或者转移幅度很小；劳动密集型和资源密集型的产业在加快向东西两翼和北部山区转移；粤北承接污染密集型产业转移最多。

以上学者对长三角、广东等东部省份城市尺度产业转移的研究，结论基本一致，即认为东部省份内部发达城市地区向落后城市地区产业转移现象明显，并先后出现劳动密集型、污染密集型以及资源相关产业转移，同时存在污染密集型产业空间转移的现象。

综合上述，不同区域尺度产业转移的实证研究，中国整体上产业重心东移是由于东部与中西部形成的中心—外围模式处于极化效应主导时期，从空间经济角度可解释东中西部地区之间未发生大规模产业转移的原因。国内省级尺度上的产业转移表现为东部地带内部省份之间产业转移相对明显，符合梯度推移理论中梯度差异最小的区域间最先发生转移的论证，这里所讲的梯度不仅是经济技术梯度，还包括自然、社会、人力、生态、制度（包括文化、习俗）等多种梯度，即广义梯度理论，东部地带内部省份之间梯度差异显然小于东中西部省份之间差异。东部地带内部省份间产业转移明显也是解释东中西部地带之间未发生大规模产业转移的原因。东部省份内部产业转移相对规模更大，不仅受产业梯度转移理论影响，地方政府政策挽留也发挥了重要作用。

6. 产业转移动因研究述评

西方学者对于国际产业转移问题研究较多，比如用有关比较优势理论探讨产业转移问题，而对区域间产业转移问题研究相对较少；对产业转移的影响因素侧重于经济要素（比如新经济地理学成本降低的需求等观点），而制度环境方面较少涉及；以发达国家或地区为研究对象的较多（比较优势理论等就是以发达国家为蓝本的），而以欠发达国家或地区为研究对象的较少；产业转移的理论构建从国家层面给予研究较多，而对一国之内的区域层次产业转移研究比较少；从产业进化和产业发展的角度（比如邓宁产业转移理论等）进行研究较多，而从生产要素流动性差异的角度进行研究较少。目前在企业迁移这一实证研究领域，国外研究从外部因素、内部因素和区位因素三方面分析了影响企业迁移的原因，以Nakosteen 和Zimme（1987）提出的迁移模型为基础，众多学者对荷兰、英国、美国等国家的企业迁移现象进行了深入研究，研究方法以案例、问卷及现有微观数据为基础，着重讨论了影响企业迁移的外部经济和环境因素，但缺乏对企业内部因素的考虑。

国内学者则主要从产业发展的角度来分析，而较少考虑产业转移的微观机理，难以清晰地反映出区际产业转移对区域协调发展所起到的作用，特别是针对欠发达地区如何承接区际产业转移来加快发展的理论研究尤显不足，这也是本书探讨产业错位发展的主旨之一。今后的研究应更多根据微观数据，根据企业（产业）性质，建立理论模型，研究企业（产业）迁移与发展的影响因素，为地区间产业转移提供微观层面的理论支撑。此外，除了从经济发展水平、市场、规模经济、产业集聚、比较优势、综合成本、经济政策等因素，还应从制度创新、行为决策、企业行为、体制、社会网络、社会文化、决策主体偏好等多因素研究企业迁移等。

而不管上述根据比较优势理论、地理经济学理论以及企业的自身原因所引致的国内产业迁移，都形成了不同地区的产业错位发展（尤其是相邻的产业迁到相邻的欠发达地区），从而推进了区域的协同发展。尤其对国内欠发达地区来说，迁移产业与相邻发达地区的错位升级发展，一方面弥补了自身产业发展的短板，同时也在不同程度上获得以及继续获得发达的临近区域的资源支持，对于本地的经济成长有很好的“扶持”“助推”作用，这也正是本书认为研究产业转移问题（一般产业转移是产业错位发展前提）后，需要继续研究产业错位发展的重要意义之所在。

（三）产业错位的阻滞因素①

产业错位的阻滞因素即产业转移滞缓因素（因为，在很多情况下只有产业转移，才能使产业错位成为可能），主要包括劳动力自由流动、产业集群效应、制度环境差异以及行政因素等。

张新芝和陈斐（2013）认为，产业转移存在经济势差、产业势差、成本势差、交易成本势差和技术势差，这五种势差形成产业转移势差；在此情况下转出区与转入区形成产业转移势差，只有当产业转移势差达到一定的临界状态时产业转移才能发生；但要完成产业转移，还要转入地与转出地顺利对接。产业转移的对接，主要包括转出过程中阻力的消除、流通渠道的畅通以及各方面因素的协调。他们指出了

① 部分内容参考刘友金和吕政（2012）有关梯度转移与承接产业转移模式创新的论文观点。

产业转移滞缓的主要症结。

梯度转移理论主张发达地区应首先加快发展，然后通过产业和要素向较发达地区和欠发达地区转移，以带动整个经济的发展。但不可忽视的是，梯度转移理论要有效发挥作用是有其自身适应性条件的：如劳动力不能跨区域自由流动，同类产业在不同经济空间组织效率相差不大，没有政府的直接干预，发达地区的主导产业处于创新阶段，等等。否则，如果这些条件不具备，发达地区的产业和要素向较发达地区和欠发达地区转移就会出现障碍（滞缓），存在产业转移的梯度陷阱。

以下从梯度产业转移角度探讨产业转移迟滞原因，主要有以下因素。

1. 地区间劳动力自由流动

经典的经济增长理论（Solow等，1956）认为，在一个非一体化的经济空间，如不同国家之间或地区之间（后者如香港与大陆之间），劳动是不能自由流动的，市场力量发挥资源配置作用的结果是，资本将由劳动成本高（短缺）的国家或地区流向劳动成本低（丰裕）的国家或地区，而资本流动通常是以产业的区域转移为载体进行，从而导致产业的跨国家或跨地区转移。但是，对于一个一体化的经济空间，如我国大陆不同地区之间，资本和劳动都可以自由流动，既可以是资本由劳动短缺的地区流向劳动丰裕的地区，也可以是劳动由资本短缺的地区流向资本丰裕的地区，直到地区间要素价格（即边际报酬）实现均衡为止。而在发展中国家及一国的不发达地区，初始时期往往资本稀缺劳动丰裕，或者劳动比资本相对丰裕，劳动力容易迁就资本单向流动以降低资本丰裕地区的资本劳动比，从而提高该地区的资本回报率，使得资本丧失了向劳动力过剩地区流动的激励，特别是当发达地区劳动力工资和落后地区劳动力工资长期拉不开到足够的差距时，劳动的单向流动和资本的区域粘性便被锁定，表现为落后地区的剩余劳动力源源不断地流向发达地区，而发达地区向落后地区的产业转移则难以顺利进行。王思文和祁继鹏（2012）利用CES生产函数证明，当劳动力要素是自由流动的时候，目前导致东部地区向中西部地区大规模产业梯度转移的条件还不成熟。

一些学者从劳动力成本的角度分析基于劳动力自由流动导致产业转移滞缓的原因。认为改革开放后逐渐解除了劳动力要素流动的限制，中西部大量劳动力流向东部沿海地区，减轻了东部企业因劳动力成本上升而向中西部转移的压力。由于存在劳动力流动与资本流动的替代性，中西部地区剩余劳动力外流抑制东部地区资本外流（雷佑新、雷红，2005；杜传忠等，2012）。也有学者研究提出，东部制造业的劳动报酬提高是在劳动生产率得到更大幅度的提高基础上发生的。同时，中西部地区素质相对较高的劳动者大批流向东部地区，使得中西部地区单位产品的工资成本反而上升。如此，东部劳动比较成本优势，并没有丧失。最终，东部产业同时丧失了西进的内部压力与外部引力（孙久文、彭薇，2012）。

近年来，虽然中西部地区的工资水平相对较低，但是全国地区工资差距不大，而且中西部工资增长速度快于沿海地区，地区间工资差距趋于缩小，到2016年我国工资报酬最高的东部沿海地区的工资仅为工资报酬最低的中西部地区工资的1.41~1.43倍（颜学辉，2017）①，而20世纪80年代香港地区出口加工业向大陆沿海地区大规模转移时期，香港地区工人工资水平约为大陆地区工人工资水平的 8 倍以上（罗浩，2003）。显然，劳动力的自由流动降低了地区间的工资差距，依靠劳动力成本差异驱动的大规模产业梯度转移尚难以实现（贺胜兵等，2012）。

我们认为劳动力的自由流动是市场的选择，是“用脚投票”的结果。促进东部地区的产业转移到中西部，还需要在待遇、生活便利、家庭照顾等各方面营造更有吸引力的综合环境，促进农民工的“回归”与已有转移产业的可持续发展，而农民工的回流从一定程度上也会诱使部分东部地区产业转移到中西部地区。

2. 产业集群粘性

产业集群是由一群具有产业关联性的企业包括最终产品制造商、中间产品供应商、服务供应商以及在专业知识和技能方面能对相关产业产生支持作用的机构在地理上或特定地点的集中现象。产业集群能形成巨大的规模与需求，保证集群区域内企业获得从中间产品到劳动力的高品质、低成本的供给，而集群的外部效应如公共基础设施、专业化市场、分工协作网络、融资渠道、区域品牌使集群中所有企业获利。因此，企业在投资区位选择时，更趋向于往产业集群地区聚集。新经济地理学认为，具有前后向联系的企业集聚可以节约交易成本。企业聚集所带来的交易成本节约，是随着集聚程度的加剧、集聚区劳动力与工资等要素价格不断上升而呈倒U字形变化（刘友金、吕政，2012）。当产业集聚程度处于倒U字形的左边时，即使政府推出优惠政策，也难以达到促进产业大量转移的效果；当产业集聚程度处于倒U字形的右边时，政府通过适度的政策引导，就能够促进产业的有序转移。我国目前的状况是东、中、西部地区的产业集群数量比例约为79∶12∶9，产业集群主要集中在东部沿海地区（刘世锦，2008）。由于长期的不平衡发展，东部地区产业集群化水平高，产业链比较完整，而中西部地区产业集群化水平较低，本地配套能力弱。而且目前我国东部沿海地区产业集群还处在成长阶段，产业集聚程度处于倒U字形的左边。在这种状况下，如果东部集群企业转移到中西部地区将会失去根植于原有产业集群所带来的优势及交易成本的节约，这就形成了产业梯度转移的产业集群粘性。

而按照新经济地理学理论，产业集聚还会因为“路径依赖”产生区位粘性，即

① 颜学辉.2016平均工资出炉 东部省份工资水平最高，西部紧随其后，东北令人堪忧[DB/OL]. http://fj.china.com.cn/p/356351.html?page=2,2017-7-4

某种产业选择的分布模式或发展路径在较长的历史过程中会被锁定，同时存在循环累积和自我强化效应，要改变这种模式或路径需支付很大的成本或较强的外生冲击（安虎森，2009）。20世纪90 年代中期以来，产业集群主要在我国广东、浙江等东部省区快速发展，通过循环累积和自我强化效应，使西部的生产要素大量东移，即产业聚集的“极化效应”。产业集群的强竞争性使企业就地升级，集群内产业的创新也为自身带来了新的市场竞争优势，东部产业的优势地位得到进一步加强（雷佑新、雷红，2005）。而中西部还没有典型的集群形式，东部企业转移无法享受集群效应导致成本过高，而产业配套能力和相应的基础设施不健全，使短期内无法承接集群转移，表现为产业聚集的“锁定”效应。东部产业集聚竞争优势提高了东部地区整体实力，增强产业的集群根植效应，出现“路径依赖”的区位粘性，增加转向西部的成本，阻碍东部地区向中西部地区的产业转移（郭丽、张美云，2009；李占国、孙久文，2011）。

珠三角集群地区转移到周边地区的企业实地调查发现：综合考虑到劳动力平均工资、劳动力素质、劳动效率，企业转移前后单位产品的实际劳动力成本相差不大（刘友金、吕政，2012）。但转入地的基础设施较差、当地产业配套能力弱、政府办事效率低等因素却带来了企业的交易成本大幅上升。显然，中西部地区产业集群不足，其拥有的劳动力成本优势将被进一步削弱，对沿海产业的吸引力也随之下降。

欠发达地区需要完善产业链，促进产业尤其是从传统产业聚集生产，为此，大力打造各种类型的产业园区，促进产业聚集生产，汇聚产业外部性与溢出效应，促进相关产业的迁移与进驻。

3. 地方政府的政绩竞争

除了少数大城市之外，我国沿海发达地区的产业结构目前仍是以劳动密集型加工制造业为主（特别是从整个省域为单位来看），企业规模也多为中小型企业。因此，经济发展到一定阶段，将劳动密集型产业转移出去有利于产业结构调整，理应受到沿海发达地区各级政府的鼓励。可是，我国地方政府是利益相对独立的经济主体，在政绩（主要是GDP）考核和分税制这样的制度安排下，追求地方经济增长和地方财政收入最大化就必然成为支配地方政府经济行为的最主要动机。在当前我国经济增长、财政收入和劳动力就业主要还是依靠传统产业的情况下，一些本应被东部地区淘汰和转出的边际产业，由于对该地区的经济发展和财政收入依然发挥着重要作用，一旦大量的劳动密集型产业转移出去，先进制造业和高新产业不能及时跟上，将导致地方税收减少和就业水平下降。为保证当地的财政收入和充分就业，地方政府不仅不愿意支持本地企业向外地转移，而且还倾向于通过税收减免和财政补贴等政策鼓励企业向本地的次梯度地带转移（周五七、曹治将，2010）。如东部某些地方政府出于对局部利益的追求，使用行政手段为竞争优势下降的劳动密集型企业给予直接或间接的支持，最终降低东部产业的成本，甚至还采取种种措施限制区域内的资源外流和产业外移（白小明，2007）。

中国是一个大国，各地区内部的发展是不平衡的，发达的高梯度地区有落后地带，欠发达的低梯度地区也有相对发达地带，这种情况客观上为地区内部产业转移提供了条件。显然，地方政府GDP竞争的结果，使得产业区内转移比产业区际转移更有动力，影响了资源在全国范围内的最佳配置。

此外，国内产业转移滞缓受到中央政府行政因素的影响（也）较大。中央政府某些政策和设施的推广与完善，无意中阻滞了东部产业的西移。十分典型的例子是“西气东输”“西电东送”“北煤南运”等工程，减缓了东部一些资源密集型、劳动密集型产业因成本上升转移的压力（雷佑新、雷红，2005）。国家指令性价格使东部资源型产业依靠从中西部获取廉价资源降低成本（刘嗣明等，2007）。

我们认为，产业转移需要市场的自主选择，也要由政府间的协作，尤其是相关的区域政府以及上级政府，甚至中央政府要协调建立区域性的产业转移园、区域的产业协作发展中心，有序地向本区区域（及国内有关区域）相对欠发达地区转移相关产业（或者合作共建某些产业），促进区域协调发展。

4. 一些发达地区创新主导产业尚未形成规模

一般认为，当处于高梯度发达地区的产业结构调整完成，创新主导产业的技术溢出就会促使产业在空间和规模上拓展，从而迫使低端产业向低梯度地区转移，成为产业梯度转移的内在动因（刘毅，2008）。因此，创新主导产业的形成是导致产业转移的内在条件，只有当创新主导产业形成一定规模时，产业梯度转移才有可能大规模发生。否则，当创新主导产业尚未形成规模，传统产业依然发挥重要作用的情形下，大规模的产业梯度转移是不会发生的。现在我国长三角、珠三角等东部沿海地区，产业结构调整还没有完全到位，一些地区产业创新并不是特别突出，创新主导产业尚未形成规模，创新活动还没有积聚成推动传统产业转移的内部力量，因此东部沿海地区产业主动向中西部地区大规模梯度转移的真正时机还没有到来，大规模的产业梯度转移是难以发生的（刘有金、吕正，2012）。事实上，目前我国长三角、珠三角等东部沿海地区产业转移的动因主要是来自原材料、劳动力、土地等生产要素成本的增加以及人民币汇率变化对“两头在外”经营模式的影响，这是由产业外部力量拉动的一种被动的产业转移，这种被动的产业转移很难从内部成长出新型的、更为高端的替代产业，大规模梯度转移的结果很可能导致产业空心化。可见，发达地区创新主导产业尚未形成规模使得产业梯度转移缺乏内在动力。

当前，国家与地方政府在推动沿海发达地区创新主导产业方面仍需持续发力，特别在研发投入、科技人员扶持等相关方面完善相应政策等，以推动发达地区产业有序化向中西部实施梯度转移。

5. 制度环境差异

制度环境差异导致产业转移滞缓，具体包括市场经济制度的发育状况、市场经济观念的差别、对外开放的程度、投资、税收等方面的政策、政府的结构及办事效率。落后地区基础设施薄弱、市场化程度低、政府效率低下和投资信息不畅等硬环境，以及落后地区公众观念相对落后，员工素质较差，社会诚信欠缺等软环境导致产业梯度转移滞缓（魏敏、李国平，2004；张存菊、苗建军，2010）。制度环境的优化在影响地区产业转移规模的诸多政府竞争变量中尤为重要，各地方政府在积极吸引外围地区高端产业进入的过程中需要更为注重本地区的制度等软件环境建设（张辽、宋尚恒，2014）。

基于此，我们认为，塑造良好的产业环境，包括各类便利的投资政策、完善基础设施、改进政府服务效率、进行技能教育与培训、提高员工素质等，是欠发达地区进一步吸引发达地区产业转移，推进本地产业与发达地区错位协调发展的重要基础。

基于上述，欠发达地区吸引发达地区的产业转移，需要在提升劳动力工资水平、推进产业集群、塑造产业环境，以及国家层面推进地方政府绩效考评设计、推动发达地区创新主导产业形成规模等方面持续努力。

尽管产业转移有上述阻滞因素，中国地区间产业转移仍然持续进行。尤其是在沿海发达地区与其毗邻的欠发达地区间形成的产业转移（如广东地区），这对推进欠发达地区与发达地区错位经济发展，优化发达地区产业布局起到了重要的作用。

三、传统产业错位的研究文献综述

国内探讨产业错位的文章主要聚焦在京津冀、珠三角、长三角地区产业错位发展问题[①]，但角度有所不同。

顾锦芳和朱悦怡（2005）从苏锡常都市圈产业发展的行为出发，探讨了产业错位发展问题，他们认为，一定程度的产业同构和错位竞争，有利于形成产业集聚优势和区域间的优势互补；正确的产业发展定位是都市圈内各市经济腾飞的保障，苏、锡、常都市圈应跳出各自为政、相互竞争的圈子，在区域内整合资源，优化资源，实现区域有一定“差异化”的共同发展，形成长三角地区有强大竞争力的次级都市圈。毛群英（2009）从宁、沪、杭三角区生产性服务业发展的角度探讨产业错位问题，其观点是，应在提升核心城市——上海生产性服务业的规模与等级的同

① 就目前中文文献来看，探讨其他地区产业错位的文献较少，主要有高杨和武英宇（2013）探讨辽东温泉旅游产业错位，以及周银珍和刘麟（2005）探讨三峡区域产业结构错位问题的文章，这些文章也没有对本文所探讨的产业错位层次等问题进行深入研究。

时，使区内二级城市接受上海辐射，并根据城市功能定位，发展自身有特色的生产性服务业，进而与上海形成有效的错位发展的格局，寻找新的战略空间。

于翠翠（2016）从京津冀经济圈发展的角度探讨了三地产业错位发展问题，认为当前制约错位发展的关键因素是京津冀错位发展面临的经济发展不平衡、政府协调基础薄弱、三地产业定位存在偏差等问题，为此应采取相应的协调对策。此外，纪良纲和晓国（2004）从产业梯度转移角度探讨了产业错位与合作发展的问题，认为区际产业转移是区际商品和要素流动之外的另一种区域经济联系的重要方式；整合京津冀地区的存量资源，积极推动京津冀形成基础设施衔接、支柱产业配套、新兴产业共建、一般产业互补的梯度开发模式与分工协作体系，是推进京津冀一体化中不可或缺的重要一环，也是提高区域竞争力的根本途径。

李三虎（2011）从珠三角地区新兴产业角度探讨产业错位问题，他认为广佛肇三地要坚持错位发展，提高整体性区域自主科技创新能力，在新能源、环保节能、新材料、新医药、农业生物技术、新一代信息技术等领域，共同构建具有国际竞争力的产业集群和价值链，但广佛肇应在战略性新兴产业方面尽可能避免同构，力戒竞相发展同一产业或同一产品，增强战略性新兴产业发展的区域联动性。梁小萌（2010）从产业一体化角度探讨产业错位问题，她认为，广佛肇经济圈内各城市间存在经济规模、发展水平、工业化程度的差异，使得产业由中心城市向外围城市逐级梯度转移成为可能，但在产业转移过程中要确立一种全新的、一体化的循环理念，以求通过不同产业的横向联合纵向连动及优化组合使产业间相互关联，最终形成地区产业一体化。深圳市委党校惠州市委党校联合课题组（2004）从石化产业布局、资源型产业的互补性问题探讨产业错位问题，课题组认为深圳和惠州是珠三角两个经贸关系紧密的重要海滨城市，建立深惠经济圈是珠三角总体发展需要和大趋势，应以环大亚湾为重点，加强石化工业的分工和协作；以珠江东岸为依托，全面加强互补性产业的错位合作；以东江为纽带，治理环境，切实保护水资源。

总结国内研究不同产业错位，主要存在问题是，多数研究探讨的主题是如何避免产业同构的梯度式产业错位问题，但对于其他多样化的产业错位（比如研究同产业内部部门错位、产品错位、产业间功能错位等）发展研究基本上没有涉及或者研究得不够深入。

从珠三角地区来讲，特别是珠江西岸地区即广（州）佛（山）肇（庆）地区[①]产业错位发展研究，尤其是针对欠发达肇庆地区如何多层面（即从不同类型错位）

① 虽然广佛肇经济圈，2015年已扩展为广佛肇清（远）云（浮）韶（关）经济圈，但是肇庆与广州佛山的产业错位规律没有变，本文主要基于肇庆与广州、佛山三地产业错位角度进行论述，所以本文仍沿用广佛肇经济圈这一传统说法。

实施与广佛地区产业错位发展、错位发展与合作发展等问题没有详细阐述等。

上述学者们研究的不足，也是本书尝试解决的地方。本书主要以珠三角（主要是广佛肇）地区为例，探讨产业错位的分类，各类产业错位发展的策略以及欠发达地区与发达地区产业错位发展方向等。

四、本书写作的出发点与主要意图

由上述可以看出，目前国内产业错位问题研究主要聚焦于对不同地区间基于资源禀赋、产业梯度级差所形成的互补性产业错位问题研究，但对于产业内部基于业务错位产生的衍生式产业错位研究不足，比如对配套发达地区先进制造业（如汽车制造业）的某类细分制造业（如发达地区发展汽车整车制造，而欠发达地区发展汽车零部件及配件制造）如何错位发展研究不足，对于先进制造业外包相关的生产性服务业（这类业务也是某类制造业以前需要自己做的，现在外包出去，这类业务从宽泛意义上讲也是归属于大类先进制造业内部业务，但是是属于衍生出去的业务），比如会计等业务如何在紧邻发达地区的欠发达地区协同（发达地区先进制造业）发展问题研究不多，或者研究不够深入；另外，对于同样产业的产品特色错位（产业错位的一种，即我们认为产业的错位实质就是产品的错位，产品特色的不同也是产业错位的一种表现），比如特色旅游业错位发展等，也缺乏研究。这些方面的研究应是今后产业错位发展研究的重点领域。另外，上述文章也普遍集中在某一角度，即没有全面探讨产业错位的概念、范围、实施步骤、难点及对策、未来发展趋向等。这也是本书努力试图完成的目标。

本书拟以欠发达地区肇庆市为例，探讨广佛肇经济圈肇庆与发达地区广州、佛山产业错位问题，即以广佛肇经济圈作为代表探讨珠三角欠发达地区与发达地区产业错位问题。

目前，传统产业错位有固有的局限，往往会使欠发达地区陷入产业低端锁定问题，如何借助发达地区的力量，在共赢的基础上通过产业（链）的共建方式，达到产业的高端化即与发达地区一起达到实现产业一体化的高水平发展，近几年在广东等地兴起的珠三角与粤东西北产业共建，开启了这方面的具体实践，这是欠发达地区与发达地区产业错位发展的新形态。本书中有些部分，特别是理论基础中探讨的发达地区间产业错位的发展问题，由于材料所限，本文并未对其进行深入探讨，有待后续研究补足。

五、研究思路和研究方法

（一）研究思路

研究思路即研究的主要框架内容。第一，我们拟对产业错位的原因与阻滞因素进行系统梳理，了解产业错位的逻辑前提。第二，对产业错位发展的相关文献进行系统梳理，并在此基础上根据产业错位发展实践，总结提出了产业错位的多层次内涵。特别提出、归纳了产业错位的几种类型及特点。第三，我们拟在对调研数据分析的基础上，进一步探讨珠三角欠发达地区与发达地区实施产业错位发展中现状、存在的问题。第四，我们根据产业错位中存在的问题，从政府政策等宏观层面，以及各类型错位产业的具体情况，探讨相应的对策。即对梯度转移传统产业错位、配套型错位、特色型错位等分别探讨针对性的对策。第五，在结论与展望部分，我们会探讨产业错位发展趋向，探讨政府与市场在产业错位发展问题的合理边界问题，特别是会集中探讨产业共建问题。

上述研究思路主要围绕以下主题（内容）开展：

（1）错位发展不等于产业完全不一样；错位可以产业内错位；错位最终走向竞争性合作。

（2）错位发展是产业梯度转移的一种延伸，但是作为区域一体化的广佛肇等地区，还有利益合作、一体化发展即合作共建产业、发展产业的公共使命，在合作中发展，在发展中共赢，在共赢中达到一体化发展，这是发展的主要趋向。

（3）目前推进的错位发展主要是发达地区自然禀赋好、产业环保、节能降耗等产业，未来更多发展基于产业内分工的配套制造与服务业性产业，以及休闲健康产业。即发展配套型与特色型错位产业。

（4）错位发展需要合作（特别是在欠发达地区发展产业园区），双方或几方的合作有利于产业的健康成长，当然这也需要考虑利润分成问题。某些产业无法发展，特别是牵涉环保问题，相关受益地区应积极探讨建立有效合理的生态补偿机制。

（5）产业间错位发展最终走向应以市场为主导，政府适度引导的路子。目前政府大力引导产业错位发展是在市场还不太成熟的条件下，为市场选择做更多辅助的工作。

（6）目前欠发达地区与发达地区产业错位的发展趋势是产业共建问题，这是实现欠发达地区产业高端化、实现区域协调发展的重要策略。

遵循以上研究思路，本书力求达到：较系统阐述产业错位发展的内涵、途径与方法，特别是从区域产业一体化角度阐述产业的选择与合作、竞争、融合等问题，以求理论上突破现有的某些结论框限，并使研究成果对于政府相关部门制定、落实产业规划有较好的参考价值。

（二）研究方法

在一般的“产业错位”研究部分，坚持以实践调研为主，配以文献梳理、理论总结的方法。相关课题组实地调研并搜集珠三角相对欠发达的肇庆市与发达的广州、佛山等城市实施产业错位发展的书面材料与访谈材料，并对调研资料进行图表分析、数字计算，根据错位发展中存在的问题（包括统计数据显示的问题），提出相应的对策建议。

在有关“产业共建”部分，继续采纳调研与文献梳理相结合的方法。针对2016年以来广东省大量涌现的“产业共建”问题，一方面，通过实地调研，找出产业共建中存在的问题与症结，并提出相应解决问题的基本对策。另一方面，搜集大量有关产业共建的文献资源，包括广东省有关促进产业共建的政策文件，并归类、归纳及整理，从理论上探讨产业共建的机理与运行机制等；通过总结国内外相关产业共建的实例与经验的文献，为在实践基础上设计可行的产业共建模式、机制提供依据。

在具体写作方法上，通过数据统计、图表处理等方法，凸显我们提出的对策方案有可靠支撑，具有现实可行性。

六、本书研究创新之处

本书是在广东省社科规划课题基础上拓展而来，相关主题的内容已发表4篇文章，独立撰写的相关内容论文分别在《改革》2012年第7期、《开放导报》2014年第1期、《商业时代》2014年第9期、《经济体制改革》2013年第1期发表。

本书研究的创新在于，一是对产业错位进行系统分类，并且分类总结产业错位的发展问题，以及探讨相应的对策，在国内类似的研究较少。二是系统总结实施《珠三角规划纲要》以来，肇庆在广佛肇产业经济圈如何推进与广州、佛山产业错位的实践与政策（对策），特别是根据《规划纲要》，结合《西江—珠江经济带发展规划》（2014）以及肇庆近年建设枢纽门户城市目标（2013）、融入“一带一路”倡议（2015）的背景下提出了相应的对策，以期有助于推动实施珠三角地区（及国内相似地区）间经济的合理分工与错位发展。三是在有关产业共建部分，在调研的基础上，较为全面总结了广东省产业错位发展的最新状态——产业共建的问题，提出了产业共建的主要原因、现状、面临的主要问题（困境），并针对性地尝试提出了完善制度设计、健全基础设施、完善营商环境以及加强对口扶持等对策思路。

第二章 产业错位的层次研究——产业错位的理论基础

一、产业错位概念与产业错位层次问题研究的不足

产业错位发展目前一般指经济发展水平不同的地区[①]或产业发展阶段不同的地区产业错开发展，实践中主要指欠发达地区产业推行与发达地区产业错开发展（即本书重点探讨主题）。具体来讲，产业错位发展，指不同区域之间根据资源禀赋、起始条件，发展具有自身优势的产业；对欠发达地区来讲就是根据自身资源禀赋发展对方（一般是发达地区）不具有优势、不拟发展或逐步消减的产业或产业中的某一业务。错位是产业升级转换的必然要求（特别对产业转出地）；错位发展也不等于一些地区某些产业一定不可发展，只是要考虑自身基础与条件，根据比较优势发展最有潜力的产业；产业错位发展，是力求实现地区经济集约发展与效益的最大化。

诚如绪论中所述，目前国内产业错位问题研究主要聚焦于从欠发达地区角度探讨欠发达地区与发达地区间基于产业梯度级差所形成的产业错位问题研究，但对于欠发达地区与发达地区其它种类的错位发展，比如，对欠发达地区如何配套发达地区产业推进错位发展以及特色型产业错位等问题研究不足。而对于发达地区的延伸型产业错位专门化研究的文献更少。

针对以上的问题，本章意欲从产业发展层次问题上，相对全面探讨欠发达与发达地区、欠发达与欠发达地区以及发达地区间各类产业错位的内涵，指出其发展的特征。通过以上问题探索以期对产业错位问题研究提供某些新的理论视角。

二、 产业错位发展的层次

（一）产业错位层次划分及其相互关系

我国的产业错位层次可从两类层面划分，首先，从错位的相邻地区的产业相关性看，有完全相异的产业型错位（指转移出去的产业与原产业地的产业比较）；密切配套（指与错位相对地区主导产业配套）的产业错位；相同产业（同一大类产业）特异产品型错位。从与比较地（参照地）的产业密切度看，体现从相异到一体

① 产业错位发展的区域一般指相邻的地区，下同。

化（同一）产业演进的过程（基于自然禀赋的特色产品类产业除外，详见下文）。

其次，从错位发展的发展阶段层面划分，主要有两个层次即基础性或显性的产业错位，以及延伸型或隐形的产业错位。基础性或显性的产业错位，主要由欠发达地区推进与发达地区以及欠发达地区间推进的产业错位发展。欠发达地区与发达地区产业错位有三个类别：主要包括梯度转移（传统）型、产业配套性、特色产品型等产业错位。欠发达地区间推进的产业错位，主要是特色产品型产业错位。以上三类产业错位发展，遵循市场发展循序渐进规律，处于产业错位的基础阶段，也是我们看到的经常呈现出来的产业发展业态。

延伸型或隐形的产业错位，是发达地区间推行的产业错位。这类错位是产业同构下基于综合因素所致的产品错位（即不同于纯粹基于资源禀赋的特色产品型错位），是根据市场竞争规律呈现的相对高级阶段错位发展，具有潜在的或自发的特征（当然需要政府必要的指导、协调，特别在当前市场不成熟的状态下），我们也称之为延伸性或隐性的产业错位发展。可分为细分产业（或产业的某些功能）错位[①]与差异化产品错位。

从两类层面产业错位的关系看，第一类层面完全相异的产业错位即第二类层面的基础类错位的产业阶梯转移类错位；密切相关的产业错位是第二类层面基础类错位的配套型产业错位；相同产业特异产品型错位分两个层次，基于资源禀赋的特色产品错位属于基础性产业错位，综合型产品错位属于延伸型产业错位。

产业错位发展的层次（GIDD）及相互关系如图2-1，图2-2所示。

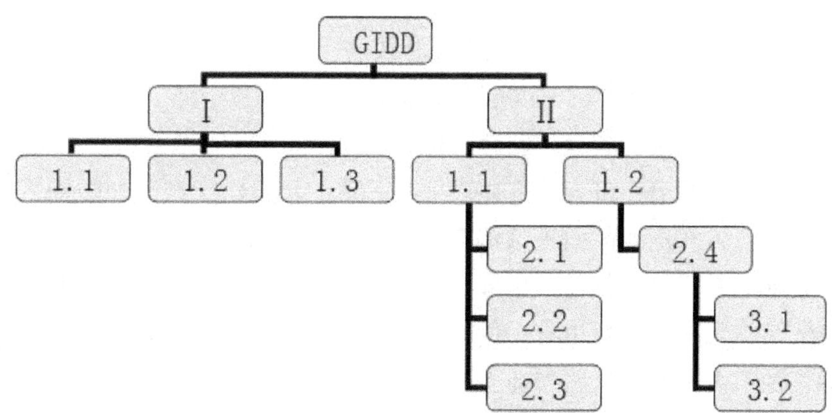

图2-1　产业错位发展的层次图

① 细分产业（或产业的某些功能）错位最终体现在产品差异上，所以我们把这类错位都称之为综合因素所致的产品错位。另外，为简化分析，下文中“细分产业（或产业的某些功能）”一般统称为“细分产业”。

Ⅰ代表产业相关性角度划分的产业错位，其中1.1、1.2、1.3分别代表相异、相关（配套）、一致（大类产业相同）类错位；Ⅱ代表以产业发展阶段划分的产业错位，其中，1.1、1.2代表基础层次、延伸层次错位；2.1、 2.2 、2.3、2.4分别代表传统、配套、特色、延伸型错位；3.1、3.2代表细分产业错位、差异化产品错位。

Ⅰ中1.1、1.2、1.3类错位与Ⅱ中2.1、2.2 、2.3、2.4错位是相互一致的。

（二）各层次典型产业错位分析

基于上述产业错位的相互关系（见图2-1，图2-2），第一类层面的产业错位完全可以由第二类层面的产业错位解释。同时，考虑第二类层面的产业错位可相对全面解释产业错位的状况，所以，我们对第二类层面各层次下典型产业错位进行分析。

1．基础性产业错位之一：欠发达地区与发达地区产业错位

第一，传统意义上的产业错位（梯度转移型）。产业错位发展，起始状态即是不同产业错开发展，主要指基于雁形模式等理论论证的产业梯度发展规律（赤松要，1956；小岛清，1962），欠发达地区（如肇庆市）承接发达地区（如广州市、佛山市）迁移来的、那些已在发达地区基于土地容量、劳动力成本约束无法发展的劳动密集型产业，或者欠发达地区发展自身特色的，发达地区无法发展的一些工业资源类产业项目（见表2-1）。这些产业大部分技术含量较低、劳动力投入较多、资源消耗量大，有些产业有一定的环境污染性，如陶瓷、水泥、化工等相关产业，欠发达地区引进这些企业需要对原有的产业进行进一步改造升级，即在原有基础上进行技术革新，比如，建筑陶瓷行业引进高技术、降能耗的磁砖生产线，降低污染几率。当然也有一些新兴战略性产业，比如，风能、生物能的开发等，其污染性不大，开发这些产业主要是基于欠发达地区某些工业类资源（风力、生物资源等）特别突出，由于发达地区现代城市建设与产业发展实际已无法发展此类产业，我们也把此类产业看成梯度转移的产业一种特例；发展这类产业更需要引进现代技术。欠发达地区发展上述产业需要大力引进技术人员，但由于地处相对偏僻地区，在人才引进上，需要有灵活的用人政策，比如“智力入股”、“人才租用”等方式。

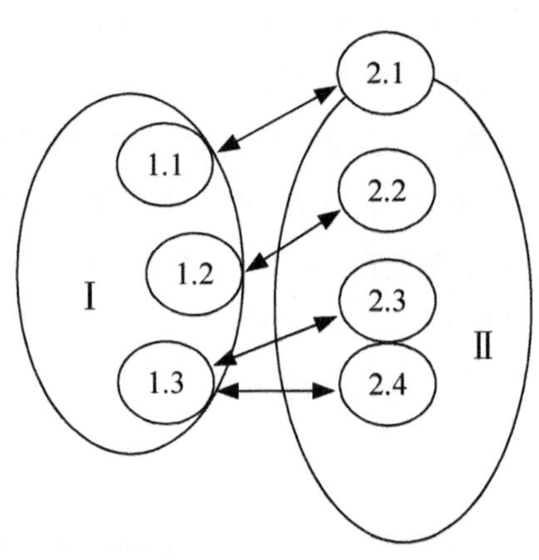

图2-2　产业错位关系图

表2-1　广佛肇经济圈①传统产业错位情况

传统产业类别	转出地	转入地	目前投产的代表性企业或形成的产业基地
陶瓷②	佛山市	肇庆市广宁县	广宁太和环保建材产业基地
家具板材	佛山市	肇庆市怀集县、广宁县	怀集县中山（大涌）产业转移园、广宁县板材工业基地
水泥	佛山市	肇庆市封开县	香港华润集团封开产业基地
金属制品	佛山市	肇庆市大旺国家级高新技术产业园区	亚洲铝业股份有限公司
林产化工	佛山市	肇庆市广宁县	吉林化纤集团竹浆粕产业基地
造纸	佛山市	肇庆市广宁县	广东鼎丰纸业有限公司
塑料等资源回收利用产业	佛山市、广州市	肇庆市广宁县	华南再生资源产业基地
其他工业资源类有关产业	佛山市、广州市	肇庆市广宁县、怀集县、德庆县、封开县	风能、水能开发，生物质发电等产业基地

资料来源：根据《肇庆年鉴》（2011）、《广东年鉴》（2011）、《广东统计年鉴》（2011）整理而得。

第二，配套型产业错位。随着地方经济发展水平的级差缩小，欠发达地区可能更多承接的是来自发达地区由于企业从事核心业务所外包出去的非核心业务，如产品配件生产以及会计服务等生产性服务业务。

上述第一种配套式错位，即欠发达地区基于产品配件生产衍生出的“附属性”制造业③与发达地区主导性大型制造业协作配套发展（错位发展），这是目前欠发达地区与发达地区配套式产业错位主要的形态。事实上，在珠三角核心地区，一部分非核心生产性业务由于转移，已初步形成紧邻的周边地区（主要在欠发达地区）生产分部。比如表2-2中，肇庆配套广州、佛山汽车整车生产（即汽车整车制造）所形成的汽车零部件生产（即汽车零部件及配件制造）基地，特别是提供汽车铝合金精密压铸件与发动机排气门而形成了汽车压铸生产基地、汽车发动机配件生产基地等。第二种，即欠发达地区承接发达地区服务外包（如会计等）业务，形成了配套性的生产性服务业，它们与发达地区相关产业相互依存，错位协调发展，这类产业错位将发展成为欠发达地区与发达地区产业错位的主要形态。欠发达地区承接发

① 即广州市、佛山市、肇庆市经济合作区，它和“珠（海）中（山）江（门）”、“深（圳）东（莞）惠（州）”经济圈共同构成珠江三角洲三大经济合作区。

② 本部分（即报告第二部分）包括陶瓷等产业分类，是传统分类方法。根据《国民行业分类》（GB/4754—2011），这些行业统计上的具体分类名称参见第四章的统计图表。

③ 虽然配套制造业属于大类制造业一部分，但由于是主导制造业衍生的，我们把它看作与原主导型制造业相异的“附属性”产业（如“汽车整车制造”配套的“汽车零部件及配件制造”），不同于下文延伸型错位指称的是属于同一类产业，但产品性能特色等有差异。

表2-2　广佛肇经济圈配套型产业错位发展情况

配套产业	典型企业名称	发展地	配套的主导型产业
生产性服务业	华南智慧城有限公司	肇庆市端州区	广州市、佛山市及其他珠三角地区工业制造业
汽车发动机精密压铸加工件配件产业	肇庆鸿特精密压铸有限公司、亚洲金属再生基地	肇庆市鼎湖区、四会市	广州市、佛山市汽车整车产业
汽车发动机进排气门产业	怀集登云汽配股份有限公司	肇庆市怀集县	广州市、佛山市汽车整车产业

资料来源：同表2-1。

达地区企业非核心外包服务，从大类上主要分为：信息技术外包服务（ITO）；技术性业务流程外包服务（BPO，如会计业务）；技术性知识流程外包服务（KPO）等。发达地区购买性服务应体现成本低、质量优的要求，为此应充分利用紧邻的欠发达服务外包地优良资源禀赋，相对低价的人力成本，较好的发展潜力，即多考虑与这些地区合作，促进类似的服务业等发展。事实上，我国多数紧邻核心区的周边欠发达地区，既有承接人才智力溢出的区位优势，又有相对宽松、优越的人居环境，有利于资源、人才的聚集，可以为主导性产业提供优质的产品配套服务，即集中提供生产性服务业务，对此，区域经济学的点-轴理论也有具体论述①。这些地区甚至可以建立某些服务业地区分部，比如结算中心等。珠三角欠发达地区由于与发达的核心区距离短、文化习俗相同等天然的优势，成为生产性服务外包的主要地区，随着无缝隙快速通道的建成，这种趋势日趋明显。

第三，特色型产业错位。特色型产业错位即特色产品型产业错位，是指基于地区资源（除工业资源之外）禀赋而生发的同一产业（如传统优势产业中的食品产业）特色产品的错位，由于产品特征不同程度上体现了产业发展特色差异，因此，我们把此类产品错位也看成一种特色化的产业错位。这种类型的错位即体现同一产业产品特色不同，但不一定体现地区性差距，可能是经济发展处于同一水平的地区产业差异与互补。比如，各地民族传统食品行业的地区口味、地方老字号；地区气候差异等所形成的同一产业不同地区特色，这种产业的错位，实际上是地区资源禀赋的错位，是产品特色的错位，它拥有梯度转移型产业错位的资源优势，又有配套

① 点-轴理论核心在于确定中心城镇和发展轴（发展轴即在一定的地域空间范围，选择若干比较优势明显的具有开发潜力的重要线状基础设施经过的地带，作为发展重点部位）的等级体系，重点开发较高级别的中心城市和发展轴，随着区域经济实力增强，开发重点逐步转移扩散到级别较低的发展轴和中心城镇，这些地区是围绕高级别的中心城市和发展轴主导性产业开展产业服务的，即高级别的中心城市和发展轴形成了增长极，而增长极周围区域的生产要素向增长极集中，以使增长极本身的经济实力不断增强，最终形成由不同等级的发展轴和中心城镇组成的多层次结构的点轴系统，进而带动整个区域的经济发展。

型错位的地区与交通等优势。

在肇庆地区，有裹蒸粽特色食品，有锦鲤鱼、西江鱼特色水产，有七星剑花与芡实特色干货特产（表2-3），这些食品，或这些特产采用本地特色的加工技艺生产的食品深受各地群众的欢迎。这些由于肇庆独特的地理气候所孕育的特色产品，加上百年来传承的技艺，所形成独具肇庆特色的食品，在群众中有良好的口碑；虽然广州、佛山等地也有类似的产品，但其在产品制作的口味上有明显的不同。由此可见食品类产业错位，主要基于地方特产与特殊加工技艺所衍生的错位。这种错位发展也凸现了中华文化，特别是食品文化的多样性，应该是各地大力提倡与发展的产业，也是各地旅游产业发展的重点内容之一。

肇庆地区由于与广州、佛山相邻，区位优势突出，近几年交通基础设施日益完善，广佛肇经济圈日渐雏形，肇庆特色的食品文化也日益吸引了广州、佛山的居民经常光顾，三地食品产业的错位发展，无疑有利于各地发挥专长，吸引游客，同时推进本地经济增长，当然，有些传统的食品制作也需要引进发达地区的现代技术，这一点凸显产业发展的现代性。

除了食品类，在文化、农业其他方面都有类似的错位发展问题。

表2-3 广佛肇经济圈特色型产业错位
（基于特色资源禀赋衍生的产品错位发展）情况

错位的产业（产品类别）	特色产品名称	产品发端地	产业（产品）错位的相邻地区
传统优势产业（特色食品类）	裹蒸粽，锦鲤鱼、七星剑花、芡实等特色食品制成品	肇庆市端州区、鼎湖区	广州市、佛山市
现代农业（特色水果及其他农产品类）	四会砂糖橘、德庆贡柑以及其他特色农产品	肇庆四会市与山区四县（广宁、怀集、德庆、封开）	广州市、佛山市
现代服务业（特色文化旅游类）	山水风光旅游、端砚文化、玉器文化产品	肇庆千里旅游走廊风景区、端州区、四会市	广州市、佛山市

资料来源：同表2-1。

2. 基础性产业错位之二：欠发达地区间的产业错位

欠发达地区产业发展主要遵从市场的选择，即选择资源禀赋好的、与发展阶段相适应的产业。由于欠发达地区都处于向发达地区学习、向发达地区引进产业的过程中，相邻的欠发达地区间自然形成的梯度转移或配套型的产业错位很少见。主要错位类型是由于资源的差异而形成的上述特色产品型产业错位。当然，由于地区间发展水平（虽同处于欠发达地区，但发展的水平也不一样）不同而产生的梯度转移性、配套型产业错位也在不断呈现出来，特别是紧邻发达地区的两个欠发达地区间，比如，广西梧州市与广东肇庆市某些产业的错位就是如此①。由于总体发展阶段相似，两个地区的产业类型也类似，所以目前欠发达地区间产业错位发展问题表现并不明显。这需要地方政府，特别是跨地、跨省的地方政府合力推动，在遵循市场选择的基础上推行产业错位发展，以优化相邻的两地或多地产业结构（吴忠、卢润德，2011）。由于欠发达地区间产业错位与欠发达地区推行的与发达地区产业错位类似②，所以这类产业错位相关问题合并在后面的“欠发达与发达地区产业错位”章节中进行论述，这里不单独列出。

3. 延伸型产业错位：发达地区间的产业错位

这类产业错位主要体现在发达的地区间，是在产业同构下的细分产业或产品的错位，特别是产品的错位，它是产业水平分工的结果，不同于基础性层次主要基于资源禀赋的产品特色型错位，此类错位是综合考虑地域功能定位、产业基础、资源禀赋等因素，选择“产业同构，产品不同构的发展模式”。

就发达地区间而言，由于这些地区产业趋同化趋势明显，产业同构系数高③，所以，一般认为很少存在产业错位发展问题。但我们认为，这类地区之所以在产业高度趋同的情况下仍然会有序发展，很少出现恶性竞争——不少学者事实上也坚持认为产业同构并不一定导致产业恶性竞争，这些地区产业仍然会有良好的发展（陈建军，2004；王志华，2007），原因在于这些地区都在走“产业同构，产品不同构”，即走异质性同构、差别化竞争的延伸型产业错位之路。即考虑地区间由于产业基础、区位优势、资源禀赋等不同，选择在同样产业内挖掘产品特色即走特色化产品发展之路④。即虽然大类产业一致，但是产业间的细分产业，或者是同一产业下产品的发展是有差异化的，这是产品水平分工的结果。由于产品的发展是产业的主要体现（细分产业差异最终落实到产品上），差异化的产品促进了产业同构状况下的产业合理竞争，促进了产业的持续发展。我们把这类产业同构下基于产业协作、联合、互补等致使的产品差异化发展状态，即具体体现在产业同构下的“细分化”产业或产品上的错位发展状态（冯帮彦，2010；邱风等，2005），称为延伸式错位或互补性错位，它是产业错位的一种高级状态。这是我国东南部不同发达地区产业错位的常态。这种错位现象可能是未来地区间产业错位的常态，特别是随着地

① 袁绫，韦石明. 肇庆梧州签署战略合作框架协议[N]. 西江日报，2011-12-17（3）.

② 即欠发达地区和发达地区产业错位，与相对不发达的欠发达地区和相对发达的欠发达地区产业错位规律是类似的。

③ 产业同构系数即产业结构相似度衡量公式为：$S_{ij}=\sum_{k=1}^{n}(X_{ik}X_{jk})/\sqrt{\sum_{k=1}^{n}X_{ik}^{2}\sum_{k=1}^{n}X_{jk}^{2}}$。即从某个大的产业行业，如，从制造业角度衡量，$i$，$j$是两个相比较的区域，$n$是制造业包含的产业数，$X_{ik}$是区域$i$中第$k$个产业占制造业比重，$X_{jk}$是区域$j$中第$k$个产业占整个制造业的比重，$S_{ij}$的值在0到1之间变动，其值越大，说明两个地区间制造业结构的相似度越大。

④ 细分产业错位一般也会体现在产品上，所以本处特标注发展特色化产品。

区经济发展水平差距越来越不明显的今天，尤其值得关注。

第一，“细分产业”错位（见表2-4）。即主要指产业同构下的同一大类产业，例如生产性服务业，根据产业所在地区区域功能或城市的发展定位，选择相应的“特色化细分” 产业或功能。虽然从严格意义上讲，这属于产业同构研究的问题，但是由于同一大类的产业“细分”下的产业或功能具有不同的发展特色，所以从宽泛的意义上讲，本文也将其归为一种产业错位发展类型。

表2-4　延伸型产业错位（1）：上海与南京、杭州等城市生产服务业“细分产业”错位发展情况

地　区	城市发展定位	与相对（次级或核心）城市的产业（细分产业）错位发展情况	与相对（次级或核心）城市比，错位产业（产业功能）的特征
上　海	核心城市，与南京、杭州等次级城市产业互补发展	优先发展的主要有离岸金融、证券市场、港口物流、跨国航运、会展旅游等大型服务业； 2020年要建成国际经济、金融、贸易、航运中心	服务对象主要面向大宗客户与外国投资者。总体特征是大型化、总部化，服务长三角及全国
南京、杭州、苏州、无锡、宁波等长三角主要城市	次级中心城市，与上海产业互补发展	侧重发展中小型服务性企业或大型生产服务企业的分支；优先发展针对中小客户的金融交易、风险投资、区域物流中心等	服务对象主要为中小型客户、风险投资者、本地化企业和居民。总体特征是本地化、中小型化，服务地区市场为主，为上海服务业龙头带动提供信息等方面支撑

资料来源：根据毛群英（2009）以及《上海统计年鉴》（2011年）、《杭州市统计年鉴》（2011年）、《南京统计年鉴》（2011年）等相关文献整理而得。

第二，差异化产品错位。即产业同构下产品间错位发展。这不同于上文基于地区资源禀赋的特色产品型等产业错位发展，这类产品错位发展主要是考虑地区发展的综合发展水平，比如，同样是汽车产业，不同地区考虑自身综合条件，发展不同层次客户需求的高中低档轿车系列产品等。这也使各地虽发展同一大类产业，但体现差异化分工、合理化竞争之格局。珠三角九市间产品差异化发展特色已很明显（冯帮彦，2010）。

长三角地区间此类产品错位情况也较为突出（见表2-5），即表面上产业同构严重，但实际上产品差异化趋向增强。正如邱凤等指出，长三角地区以制造业为例的产业相关系数近些年虽然稳中趋降，但仍在高水平徘徊；而从产品层次的结构差异系数①来看呈现增大的趋势，这则说明“基于产品差异而产生的地区产业结构”

① 两个地区产业结构产业差异系数即产品层次的结构差异系数为：$Y_{i,j}=\left|\sum_{k=1}^{n}(\frac{X_{ik}}{X_{i+j,k}}-\frac{X_{jk}}{X_{i+j,k}})\right|$，其中$i$，$j$代表两类地区，$X_{ik}$，$X_{jk}$代表$i$地区和$j$地区$k$产品产量，$X_{i+j,k}$代表两地区$k$产品的区域总产量，$n$为两地区产品种类数，$Y_{i,j}$代表两地区产品层次的结构差异系数，其数值越大，说明两地的产业结构差异越大。

趋异倾向愈发明显。产业同构，但产品不同构（错位）越来越明晰，也说明长三角产业的发展分布更趋合理，科学性增强。

表2-5　延伸型产业错位（2）：长三角地区差异化产品错位发展情况

大的产业行业	地　区	错位的差异化产品
传统机器制造	上海	大型机械类产品
	浙江	中小型机械产品
传统纺织业	江苏	毛纺织业类产品
	浙江	化工原料类产品
现代汽车业	上海	中高档汽车
	浙江	实用型百姓车（中低档汽车）
机电产业	浙江（杭州市萧山区）	规模化的汽车零部件产品
	江苏（苏州市昆山区）	中档机电一体化产品

资料来源：根据陈建军（2004）；邱风，张国平，郑恒（2005）；许明（2008）等文章内容整理而得。

（三）产业错位层次性发展现状与总体趋势

当前产业错位主要关注点在欠发达地区与发达地区产业错位即传统型、配套型与特色型产业错位。其主要呈现以下基本特征：传统型错位，欠发达地区承接的产业主要是拥有自然资源禀赋、劳动力密集、在本地未来一段时期有发展的产业；配套型错位，发展的产业主要是配套发达地区某些产业的零部件生产行业或者生产性服务业；特色型错位，是基于区域自然禀赋（除工业资源）不同而生发的产品特色上差异所形成的产业发展区域特色的错位等。另外，还应该指出，对传统型产业转移，目前作为产业转移承接地的欠发达地区，有自由选择产业的权利；产业选择应体现产业发展的当代规律，即不要“饥不择食”，要体现或通过努力能尽快达到低碳、环保、高科技的要求，这些要求特别对肇庆这样对珠江下游负有环保责任的地区尤为重要。

延伸型产业错位，是我国沿海发达地区间产业发展的常态。我们认为，随着地区间的经济发展水平趋近，特别是随着工业资源型产业能源的渐趋枯竭，以及资源类产业的节能环保以及高科技要求等，产业发展多数也会走向沿海发达区域之间“产业同构趋向越强，产品特色越鲜明”的发展道路。

广佛肇三地产业错位发展，主要包括欠发达地区与发达地区产业错位即传统型、配套型与特色型产业错位。基于不同的错位应采取相应的对策，并且应根据三地的实际，不断调整对策思路。

第三章 实践发展篇（一）

——珠三角欠发达地区与发达地区产业错位的原因探析

一、珠三角欠发达地区与发达地区产业错位发展必要性分析

需说明的是，于前文所述，珠三角欠发达地区与发达地区产业错位主要指肇庆与相邻的广州、佛山产业错位，所以，本处是指在广佛肇地区肇庆与广州佛山产业错位。下文珠三角欠发达地区与发达地区产业错位所指与此同。

（一）资源互补

广佛肇三地资源互补主要体现在以下几方面：

1. 自然资源

广州、佛山、肇庆三市山水相连。根据表3-1数据显示，目前肇庆经济总量与广州、佛山之间存在着落差。但肇庆的土地资源、矿产资源、森林资源等在珠三角九市中处于明显优势。肇庆具有丰富的土地资源，1.5万平方公里的肇庆，其土地面积居全省第三，是广州、佛山加起来的土地面积总和的1.3 倍，比广佛的总和还大3845平方公里。而人口密度却只相当于广州的18.5%，佛山的16.8%。由于山区面积广，还具有丰富的矿山与森林资源，以上资源可以弥补广佛的不足。由于肇庆与广州、佛山之间在自然资源方面存在着很强的互补性，对于建设广州、佛山、肇庆经济圈也提供了契机与基础性条件。肇庆与广州、佛山错位发展，最终将形成三地竞合格局。三地携手后，肇庆通过广州、佛山带动可逐步缩小与经济发达地区的差距。

表3-1 广州市、佛山市、肇庆市基本数据对比（2012年）

项目地区	土地面积/平方公里	常住人口/万人	生产总值/亿元	全社会固定资产投资/亿元	社会消费品零售总额/亿元
广佛肇	26155	2393.38	19958.08	6056.19	7564.14
广州	7287	1275.14	12423.44	3412.20	5243.02
佛山	3868	723.10	6210.23	1933.96	1931.41
肇庆	15000	395.14	1324.41	710.03	389.71

资料来源：表中数据来源于《广州市统计年鉴（2013）》、《佛山市统计年鉴（2013）》和《肇庆市统计年鉴（2013）》

肇庆还具有良好的生态优势，有着驰名中外的自然风光。对广佛而言，肇庆的生态优势还在于它的水源保护地和生态屏障区。肇庆的鼎湖山堪称珠三角乃至广东

的“省肺”，空气、水、自然生态资源具有无可比拟的优越性。肇庆的这些生态优势除自然孕育之外，也与肇庆的工业发展相对滞后导致的污染少有关。肇庆可以继续发展这些基于自然人文环境的特色旅游业，与广佛相关产业错位发展。

根据《广佛肇经济圈发展规划（2010—2020）》所述，“肇庆的生态环境好、发展空间大，有丰富的旅游资源，已开发面积只占全部国土面积的5%。肇庆山区板块包括封开、德庆、怀集和广宁四县，面积占整个广佛肇经济圈的41.9%，但人口规模仅占经济圈的8.3%，生产总值、全社会固定资产投资额和社会消费品零售总额均不超过经济圈总量的3%（表3-2）。面积广阔的肇庆山区板块，其投资不足、发展滞后的状况，成为经济圈内部巨大差异的根本原因，也制约着经济圈的一体化和进一步发展。重视和解决山区经济问题，是经济圈整体竞争力提升的关键”。

我们认为，这种巨大差距也是实施产业阶梯式发展即传统意义上梯度转移产业错位的基础，而特殊的生态与旅游资源又是发展与广佛特色产业错位的基本条件。

表3-2　肇庆山区板块对广佛肇经济圈的影响

2010年	面积/平方公里	常住人口/万人	生产总值/亿元	全社会固定资产投资额/亿元	社会消费品零售总额/亿元
肇庆山区	11012.29	197.78	319.99	166.56	98.00
广佛肇经济圈	26282.89	2381.32	17321.90	5608.40	6496.40
山区比重	41.90%	8.31%	1.85%	2.97%	1.51%

资料来源：广佛肇经济圈发展规划（2010—2020）。

2. 人力资源

肇庆具有丰富的劳动力资源。根据《肇庆市统计年鉴（2013）》数据统计，2012年末全市常住人口为395万，与2000年全国第五次人口普查相比，大约增长54万人，增长了16.31%，年平均增长率为1.51%，比全国年均0.57%的增长率高，人口增长速度较快。肇庆丰富的劳动力资源很多到广佛就业，弥补广佛企业劳动力的总量的不足。此外，从技能人才输送上，肇庆是广东省教育厅首个批准建设的职业技术教育培训基地，中专职业类学校较多，与广佛地区职业教育、相关企业合作紧密，技能培训经验丰富，培训学生技能突出，每年都为广佛地区输送了大量的技术人才（职业技术教育和技能型人才）。

从广佛地区来看，广佛则拥有大量高技术人才，也可以对肇庆形成一定的“外溢”效应，以各种方式进入肇庆，促进肇庆各类产业尤其是传统的产业技术升级以及优势产品品牌打造。

3. 交通条件

根据《珠江三角洲地区改革发展规划纲要（2008—2020）》（以下简称《规划

纲要》），为了打造珠三角最具活力的联合体，广州、佛山、肇庆三地提出了“一小时经济圈”的近期规划，打破交通阻隔成为其中关键要素之一。肇庆东临穗、深、港、澳等经济发达地区，又背靠大西南，地处沿海与内陆的交通要冲，城区距广州不足100公里，是珠三角核心产业转移的重要承载地。随着南广铁路、贵广铁路、二广高速、城市轻轨和珠外环高速的建成通车，一个内外贯通、水陆一体的立体式交通网络正在肇庆形成。特别是开通二广高速公路怀集至三水段以及广佛肇高速公路（肇庆段）之后，怀集、广宁、德庆、封开、四会、大旺与广佛深等中心城市之间的时空距离瞬间被缩短了，后发优势也越发明显。这些高速公路通车将进一步推动肇庆将资源优势变为发展优势、产业优势、经济优势，进一步改善交通条件和投资环境，并为广佛肇三市的产业交流、错位协同、共赢发展提供强有力的交通便利，对加速肇庆经济成长有着不可估量的作用。其他在建的高速公路如佛肇更紧密的对接公路、珠三角环线公路等，建成后则会进一步缩短三地时空距离。当然相比之下，肇庆的交通与广佛在运输能力、交通密度上还是存在一定的差距，这也为三地交通互补发展奠定了基础。

（二）经济发展具有层次性

经济互补是产业互补即错位发展的基本动因。

虽然近几年肇庆经济发展水平快速提升，但三地经济发展的差距较大。实施《规划纲要》以来，肇庆经济社会发展突飞猛进，成就十分显著，但是与广州、佛山相比仍存在着较大差距与不足：如表3-3所示，2015年，肇庆经济发展呈现强劲的势头，全市经济总量达到1970.01亿元，比2007年增长近2倍。但从广佛肇经济圈2007—2015年总体发展情况看来，三个城市存在着较大的落差，缩小经济差距是肇庆推动产业发展以及与广佛产业错位发展的基本动因。

表3-3　广州市、佛山市、肇庆市GDP 占三市总GDP 的历年比重情况（2007—2015）

年份	GDP/亿元			GDP的绝对差额/亿元			GDP占广佛肇GDP的比重/%		
	广州	佛山	肇庆	广州与佛山	广州与肇庆	佛山与肇庆	广州	佛山	肇庆
2007	7140.32	3660.18	619.69	3480.14	6520.63	3040.49	62.52	32.05	5.43
2008	8287.38	4378.30	760.50	3909.08	7526.88	3617.8	61.73	32.61	5.66
2009	9138.21	4820.90	862.00	4317.31	8278.21	3960.9	61.67	32.53	5.80
2010	10748.28	5651.52	1088.39	5096.76	9659.89	4563.13	61.46	32.32	6.22
2011	12423.44	6210.23	1328.38	6213.21	11095.06	4881.85	62.24	31.11	6.65
2012	13551.21	6613.02	1467.68	6938.19	12083.53	5145.34	62.64	30.57	6.79
2013	15497.23	7010.17	1673.37	8487.06	13823.86	5336.8	64.09	28.99	6.92

续上表

年份	GDP/亿元			GDP的绝对差额/亿元			GDP占广佛肇GDP的比重/%		
	广州	佛山	肇庆	广州与佛山	广州与肇庆	佛山与肇庆	广州	佛山	肇庆
2014	16706.87	7441.60	1845.06	9265.27	14861.81	5596.54	64.27	28.63	7.10
2015	18100.41	8003.92	1970.01	10096.49	16138.40	6033.91	64.47	28.51	7.02

资料来源：表中GDP数据来源于2006—2016年《广州市统计年鉴》、《佛山市统计年鉴》和《肇庆市统计年鉴》，GDP的绝对差额、GDP占广佛肇GDP的比重是经过计算而得。

（三）产业定位具有差异性、互补性

1. 广佛肇产业发展互补

经济发展水平的差距，除了经济总量外，也体现在产业结构发展层次合理化方面。产业结构合理化主要是指各产业部门协调发展并取得较好结构效益的产业结构优化过程。如2005—2015年广州市、佛山市、肇庆市三大产业结构变化情况如表3-4所示，广州市的三大产业结构比例逐渐走向合理化、高级化趋势，2015年广州市三大产业结构比例达到了发达国家水平（发达国家三大产业结构比例大约为3：36：61）；佛山市第二产业比重偏高，第三产业比重偏低；肇庆市第一产业比重偏高，第二、第三产业较不成熟。总的来说，广州市产业结构水平高于佛山市，佛山市高于肇庆市。一个地区的产业结构与该地区的经济发展状况密切相关，也就是说一个区域的产业结构水平高低，影响到这个区域的经济发展质量和水平。可见，尽管肇庆三大产业的产值比例从2007年的27.4：31.8：40.8发展为2015年的14.6：50.3：35.1，发展趋势渐渐接近科学，但是与广州、佛山相比仍存在较大的差距，即从产业发展的角度上看，第二产业要学习佛山，第三产业要学习广州，即应推行与佛山制造业、广州的服务业配套协作（错位）发展策略。这也为产业错位发展提供了基本的前提。

表3-4　2005—2015年广州市、佛山市、肇庆市三大产业结构变化情况

年份	广州市	佛山市	肇庆市
2005	2.5：40.7：56.9	3.5：60.4：36.1	31.2：25.6：43.2
2006	2.4：39.9：57.7	2.6：62.9：34.5	28.1：28.8：43.1
2007	2.3：39.9：57.7	2.2：64.9：32.9	27.4：31.8：40.8
2008	2.0：38.9：59.0	2.2：65.6：32.2	22.7：36.7：40.6
2009	1.9：37.2：60.9	2.0：62.9：35.1	19.5：36.6：43.9
2010	1.8：37.2：61.0	1.9：62.7：35.4	17.5：42.1：40.4
2011	1.7：36.8：61.5	1.9：62.3：35.8	17.1：44.3：38.6
2012	1.6：34.8：63.6	2.0：62.2：35.8	16.3：45.8：37.9
2013	1.5：33.9：64.6	2.0：61.9：36.1	15.5：47.7：36.5
2014	1.4：33.6：65.0	1.9：62：36.1	14.7：50.0：35.3
2015	1.3：31.6：67.1	1.7：60.5：37.8	14.6：50.3：35.1

资料来源：表中数据来源于2006—2016年《广州市统计年鉴》、《佛山市统计年鉴》和《肇庆市统计年鉴》。

2. 产业分工互补为产业错位夯实基础

产业分工互补，主要体现在广佛肇城市产业定位不同，且资源相互补充方面。根据《规划纲要》等重要性文件，广州城市功能定位是省会城市，优先发展高端服务业，加快建设先进制造业基地，率先建立现代产业体系；提高辐射带动能力，携领珠三角地区打造布局合理、功能完善、联系紧密的城市群。佛山具有双重区域功能定位，即珠江口西岸城市的节点城市、广佛同城效应城市以及“智慧佛山”，重点发展先进制造业，推进信息化带动工业化。肇庆城市功能定位是代表传统优势产业转型升级集聚区、广佛肇经济圈的新兴产业区、广东宜居城乡建设先行区、国际化旅游休闲之都等。从以上分工中，广佛肇产业发展呈现出较强的互补关系。

同时，根据《规划纲要》以及《广东省珠江三角洲地区产业布局一体化规划（2009—2020）》（以下简称《产业布局一体化规划》）、各市自身的地理位置与产业发展基础，三地都确立了自己的主要产业发展方向与城市发展定位（见图3-1，图3-2，图3-3）。不同侧重点的产业定位格局也凸显三地错位的必要性。

即三地根据资源禀赋与现有的基础发展优势产业，遵循市场选择，同时也是近几年广东省产业发展规划以及广佛肇经济圈建设的基本要求。不同的特色优势主导产业的发展，为产业错位合作发展奠定了坚实的基础。

（1）广州市

首先，广州市已被确定为现代服务业中心。根据《规划纲要》，广州市要着力发展国际产业服务中心功能。即应重点发展金融中心、产品交易中心、空港物流中心、现代服务业中心等，增强高端要素集聚、科技创新、文化引领和综合服务功能。

其次，应发挥产业联动的区域协调功能，即应发挥区域协调发展的主轴作用。根据《规划纲要》要求，应按照主体功能区定位，优化珠江三角洲地区空间布局，以广州为中心，以珠江口西岸为重点，推进珠江三角洲地区区域经济一体化，带动环珠江三角洲地区加快发展，形成资源要素优化配置、地区优势充分发挥的协调发展新格局。为此广州要发挥国家区域中心城市的辐射带动作用。即强化广州国家中心城市、综合性门户城市和区域文化教育中心的地位，提高辐射带动能力，强化广州佛山同城效应，携领珠江三角洲地区打造布局合理、功能完善、联系紧密的城市群。

（2）佛山市

佛山市是国际产业制造中心。要“重点发展佛山机械装备、新型平板显示产业集聚区和金融服务区”功能（《规划纲要》）。同时通过与珠江西岸城市的联动，提升珠江口西岸地区发展水平。即“以佛山、江门、中山、肇庆市为节点的珠江口西岸地区，要提高产业和人口集聚能力，增强要素集聚和生产服务功能，优化城镇体系和产业布局。重点发展佛山机械装备、新型平板显示产业集聚区和金融服务

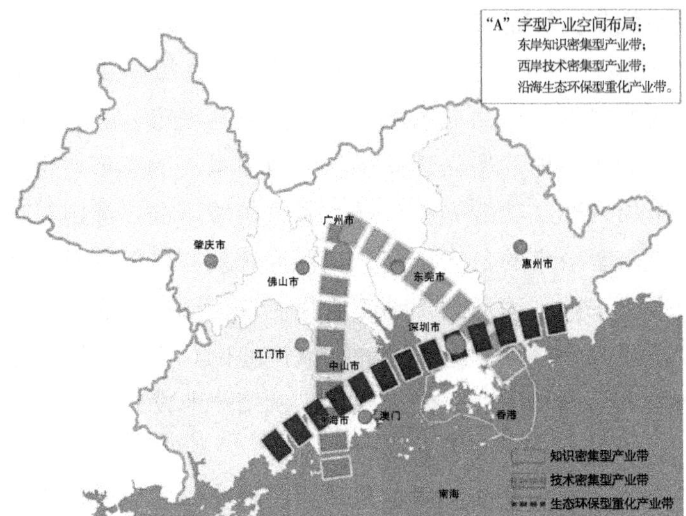

图3-1 《广东省珠江三角洲地区产业布局一体化规划（2009—2020）》中的珠三角产业总体布局

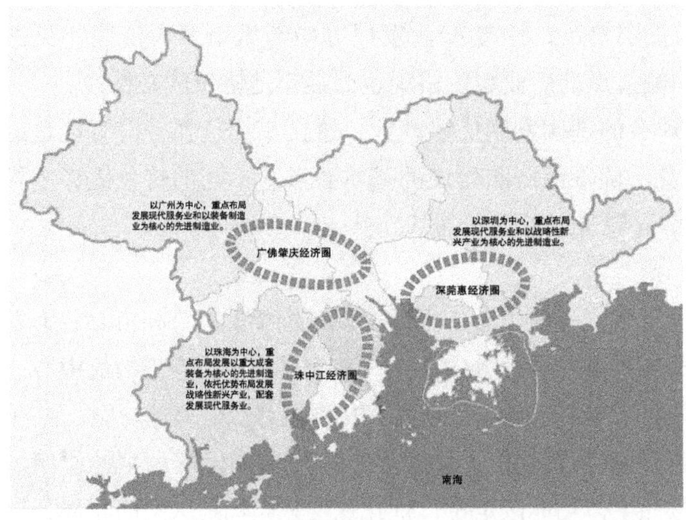

图3-2 《广东省珠江三角洲地区产业布局一体化规划（2009—2020）》中的珠三角三大经济圈产业定位

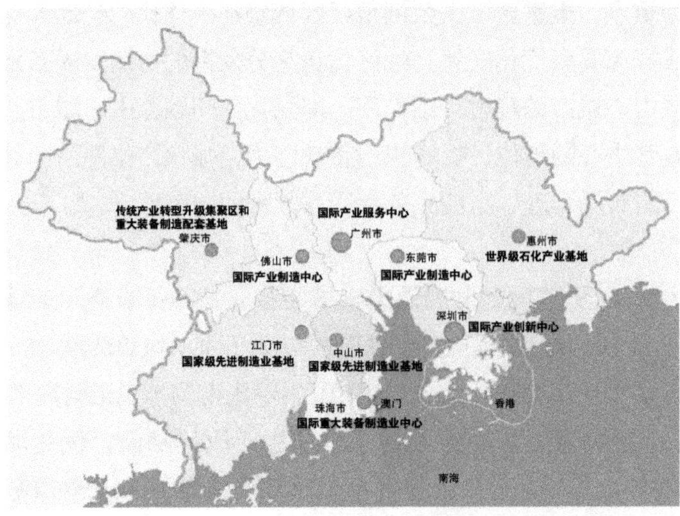

图3-3 《广东省珠江三角洲地区产业布局一体化规划（2009—2020）》中的珠三角各市产业定位

区……珠江口西岸地区要规模化发展先进制造业，大力发展生产性服务业，做大做强主导产业，打造若干具有国际竞争力的产业集群，形成新的经济增长极”（《规划纲要》）。

根据《规划纲要》的定位，佛山市着力打造以下制造业基地或发展以下重点产业，即汽车产业、平板电视、家用电器、高端陶瓷等。

实体经济是佛山的命脉，实体经济兴则佛山兴，实体经济强则佛山强。佛山工业能够从无到有、从小到大，在资源相对缺乏的地方成长并建立起今天在国内外都享有盛名的家电、陶瓷、铝型材、家具等一大批产业集群，就是因为善于捕捉市场机会，形成了较为完善的产业链。然而，佛山众多产业目前仍然处于全球产业价值链低端，自主创新能力和高端制造能力都有待提高。在现有土地、能源等各种资源受到限制的情况下，佛山要保持充足的发展后劲，必须走出一条新路。

佛山要建设成为广东制造业大市和华南重要的现代服务业集聚区，过去的老路已经行不通，必须依托现有产业，做大做强做优产业链条。

表3–5　佛山市“3+9”特色产业基地表①

目标定位	特色产业基地
世界级产业基地	白色家电之都
	平板液晶显示产业基地
	陶瓷之都
国家级特色产业基地	专业机械装备产业基地
	医药与保健品产业基地
	金属材料加工与制品产业基地
	家具产业基地
国家级特色产业基地	新材料产业基地
	汽车及零配件产业基地
	食品及饮料产业基地
	纺织服装产业基地
	节能环保产业基地

平板显示、汽车制造、半导体照明产业、新一代信息技术、新能源、生物医药、装备制造、家用电器和新材料产业等九大产业链被确定为未来该市重点主攻的对象。该市将以这九个主要产业链为突破口，统筹兼顾补链、建链和强链，全力打

① 李文波.我市出台实施方案，到2015年基地工业总产值预计超2.2万亿元[DB/OL].http://www.citygf.com/news/zt_news/zt024/zt24002/200906/t20090602_59932.html

造满足该市经济发展需求的产业集群（见表3–5）。产业链招商的总体目标是找准重点发展的战略性新兴产业进行“建链”，围绕现有产业链条的缺失环节进行“补链”，对现有优势产业链，从科技、金融、信息化提升以及品牌引领入手进行“强链”。通过对针对性的项目引进，推动产业、科技、信息化、文化、金融相融合，增强佛山产业的核心竞争力，实现经济做大做优做强。

（3）肇庆市

首先，《规划纲要》对肇庆的产业发展定位是：“传统优势产业转型升级集聚区”。在肇庆产业发展细化定位上，广东省委、省政府在《关于贯彻实施〈珠江三角洲地区改革发展规划纲要（2008—2020）〉的决定》、《广东省委、省人民政府关于加快建设现代产业体系的决定》、《广东省现代产业体系建设总体规划（2010—2015）》、《产业布局一体化规划》、《关于加快先进装备制造业发展的意见》（2014）、《珠江西岸先进装备制造产业带布局和项目规划（2015—2020）》等文件中作了较为详尽的部署。

其基本要求是：“肇庆作为西岸腹地，重点要延伸沿岸产业链，成为重要的配套产业基地”；“广佛肇经济圈以广州为中心，重点布局发展现代服务业和以装备制造业为核心的先进制造业”；“肇庆依托区位优势和国土资源优势，着力打造传统产业转型升级集聚区和重大装备制造配套基地”、“肇庆（主要指鼎湖、大旺、高要、四会）纳入珠江西岸先进装备制造产业带规划范围”，明确肇庆市主攻方向为发展智能测控装置、积极推进传统行业自动化生产、培育发展高效节能电机技术和设备以及重点发展汽车发动机精密铸件和汽车电子。

其次，产业定位需要把握三个要点：一是发挥已有“传统优势”。“传统优势产业转型升级集聚区”定位要求必须做大做强已有传统产业，这是肇庆经济的“底盘”。为此，一方面在扩大规模基础上，着手自身转型升级，淘汰落后产能，降低能耗，向低碳环保目标迈进；另一方面，可以引进战略投资者帮助改造落后技术、提高管理水平，推动肇庆传统产业的总体层次提升。二是“配套广佛”。按照省委、省政府关于打造广佛肇经济圈的总体布局和要求，充分利用广佛地区先进制造业和高新技术产业扩张的机遇，形成与广州、佛山产业优势互补、错位发展的格局。这既要肇庆在“入珠入圈”后，产业发展需全面配套广佛，特别是在装备等先进制造业、现代服务业方面需要按“错位发展”的原则，主动承接广佛的辐射，又要按省《产业布局一体化规划》及相关协议做好广佛产业配套工作，在延伸西江沿岸产业链过程中，规划重要的配套产业基地。先进制造业方面主要发展城际轨道交通设备、汽车机车制造及其零部件、光机电一体化、核电设备等。与先进制造业紧密相关，需要发展高新技术产业和战略性新兴产业。高新技术产业方面要大力发展电子信息、生物医药、新材料、软件开发等；战略性新兴产业方面创造条件加快发展新能源、新材料、再生资源等。现代服务业方面要积极发展港口物流、信息服务等。通过上述努力，力求打造广佛肇经济圈新兴产业区，并寻求高新技术产业和战略性新兴产业等也能与广佛地区紧密合作，错位（生产的某个方面或环节等）发展。三是“依托区位优势和国土资源优势”。“区位优势”，应包括地理位置的优势（连接大西南，沟通珠三角核心区的中间站）；布局交通站点（已经或即将布置）优势；紧邻广佛接受技术溢出的优势（上文已述）。“国土资源优势”，包括拥有大片待开发的土地，特别是大片国有土地资源；包括国土上的特色资源，如林业、矿山、农产品、自然旅游景点等，也包括（广义上来讲）在现有资源基础上已发展起来的优势传统产业。肇庆除了利用广阔的土地资源与广佛合作建立产业园区外，还要注重继续发展基于自然与地区资源发展起来的一些优势产业，如旅游、文化、农业、教育等。依托肇庆得天独厚的自然环境和人文景观，按照《规划纲要》关于“建设全国旅游综合改革示范区”的要求，优化配置文化、生态、旅游资源，重点发展休闲度假旅游、生态观光旅游、商务会展旅游、健康养生旅游，建设国际化旅游休闲之都。围绕建设文化强市目标，推进文化产业发展，发掘广信文化潜力，打造岭南文化重要展示基地、中外文化交流展示基地、文化创意产业基地。大力推进特色农业的规模化、现代化发展，打造现代都市农业示范区。肇庆是华南地区特色农业和农产品较为丰富的地区，按照《规划纲要》关于“积极发展现代农业”的要求，大力发展优质高效农业、绿色生态农业、休闲观光农业，积极发展柑桔、南药、淡水养殖等优质农业产业，建设珠江三角洲地区农产品供应保障基地，努力成为广东省重要的现代都市农业示范区。充分利用原有的传统职教优势，并进行现代化改造，打造南方职业教育基地。其他如矿山、林业也要优化发展。即充分发挥资源与传统优势，通过采用高新技术、先进适用技术和现代管理技术，特别是谋划在山区县转型升级林浆纸一体化及林业、矿产资源开发、环保建材、传统中药（南药）等产业。

再次，肇庆根据产业定位确立了发展目标。事实上，肇庆也围绕《规划纲要》和省委、省政府提出的要求，制定出台了关于贯彻落实《规划纲要》的实施意见，明确了实施《规划纲要》的指导思想、基本原则和主要目标，确立了建设成为“代表广东科学发展成果的城市、广东传统优势产业转型升级集聚区、广佛肇经济圈的新兴产业区、广东宜居城乡建设先行区、国际化旅游休闲之都、广东现代都市农业示范区”六大战略定位（2012年），“打造国家低碳绿色发展示范区和珠三角宜居理想城市”等目标（2015年）。这既与《规划纲要》和省委、省政府的要求相衔接，又体现了肇庆特色。根据城市战略定位与发展目标，在产业布局上，提出：按照珠江三角洲地区产业一体化发展规划和打造广佛肇经济圈的战略部署，以及构建“大肇庆”发展新格局的要求，肇庆市产业发展既要充分重视全市现有产业基础和产业发展趋势，提高科技水平和信息化水平，延伸产业链，做强做大特色优势产业，发展和壮大新兴产业；又要充分重视与珠江三角洲其他地区，特别是广佛地区的产业对接，在突出差异化（错位）发展的同时，尽快融入珠江三角洲地区产业体系。提出要进一步调整产业结构，优化产业空间布局，提高产业集聚度，发挥产业集群效应，逐步形成“一核三带”产业空间布局，以经济发展中心区一体化发展为核心，积极建设城市轨道经济带，优化提升西江经济带，促进绥江经济带发展。

在产业发展重点上，肇庆按照《规划纲要》关于珠三角现代产业体系建设的定位，规划上确立了以“优化第一产业、壮大第二产业、提升第三产业”为产业发展主线，坚定不移地实施工业主导战略，大力推动传统优势产业转型升级，加快发展先进制造业和高新技术产业，积极培育发展现代服务业和现代农业，有力促进产业结构优化升级。

在产业发展载体上，肇庆坚持传统优势产业集聚升级与发展先进制造业、发展战略性新兴产业和高新技术产业、发展现代服务业和现代农业并举的方针，提出了通过实施“三个一批”，即打造一批产业发展基地、培育一批支柱产业集群、引进一批重大产业项目的产业发展策略，全面提升肇庆产业竞争力的战略构想。

特别是对发展先进制造业，肇庆市近年突出了以发展装备制造业作为核心目标。珠江西岸先进装备制造产业带的形成将为肇庆做大做强汽车装备等传统优势产业、引入发展缺失配套产业、实现先进装备制造业差异化有序发展指明方向，推动肇庆市向装备制造强市转变。根据广东省发展装备制造业的整体部署，2015年肇庆市在装备制造业方面做出了本市工作发展的战略部署，提出“结合区域先进装备制造业产业基础、配套能力和发展方向，统筹考虑区域产业结构，优化产业空间布局，加强区域内产业专业化分工与协作，实现差异化有序发展；以产业链为纽带，促进产业链上下游企业和相关保障要素集约建设，形成若干主导产业明确、关联产业聚集、资源设施共享的先进装备制造业产业基地。”

（四）三地产业合作实践的经验积累为产业错位提供了前提

1. 肇庆推进实施与广佛间产业错位发展政策文件日趋完善

目前广佛肇经济圈合作已经历了三个阶段：一是从2009 年2月到3月的广佛同城化概念阶段，其标志是《规划纲要》将“广佛同城化”看作珠三角一体化发展的突破口，以及广佛两市签署《广佛同城化建设框架合作协议》（2009年3 月）；二是从2009年2月到6月的广佛肇经济圈概念阶段，其标志是三地共同签署《广佛肇经济圈建设合作框架协议》（2009年6月）；三是从2009年6月以后至今的广佛肇经济圈合作操作阶段，随着《规划纲要》及《关于贯彻实施〈珠江三角洲地区改革发展规划纲要（2008—2020）〉的决定》（2009年4月）、《产业布局一体化规划》（2010年7月）等先后公布实施，广佛肇加快了产业合作的步伐。特别是通过并实施了《广佛同城化发展规划》（2010 年1月），《广佛肇经济圈发展规划（2010—2020）》（2011年6月），《广佛肇经济圈产业协作规划（2010—2020）》（2011年5月）以及《广佛肇（怀集）经济合作区发展总体规划（2013—2030）》（2014年1月经广东省政府审核通过），广佛肇合作进入了更深层次、更广领域。尤其是《广佛肇（怀集）经济合作区发展总体规划（2013—2030）》公布实施，标志着广佛肇合作区建设正式上升为省级发展战略，广佛肇合作区由此开始全面建设，广佛肇三地进入全方位定点合作阶段。广佛肇经济合作区的设立，有利于三市的产业整合和“双转移”，也是珠三角核心地区经济深化到边缘地区的表现。广佛肇合作区规划也体现了《规划纲要》、《广佛肇经济圈建设合作框架协议》、《广佛肇经济圈发展规划》的总体要求。截至2015年7月，在产业合作方面，广佛肇（怀集）经济合作区建设累计引进项目达到75个，总投资达到107亿元[①]。

2014年7月，国务院批准了《珠江—西江经济带发展规划》，两广合作区获两省政府支持，广佛肇等西江沿岸（广东省的广州、佛山、肇庆、云浮4市）各市合作进入新阶段。

此外，2015年1月广东省发布实施了《珠江西岸先进装备制造产业带布局和项目规划（2015—2020）》，佛肇两市同步纳入，彼此在装备制造业的合作也掀开新的一页。2016年4月发布实施了《珠三角国家自主创新示范区建设实施方案（2016—2020）》，进一步推进了广佛肇及其他珠三角地区的国家高新区的合作发展。

总之，相关规划及产业合作的文件出台与实施，推动了广佛肇在产业协作与融合等领域陆续展开，进一步推进了广佛肇产业向分工明确、优势互补、合作共赢的错位发展目标迈进。

2. “双转移”推动三市产业互补和融合

随着广佛地区加强对肇庆产业转移的规划引导，三市的产业链正在进一步双向延伸融合，肇庆的劳动力大军也在源源不断地进入珠三角，特别是在广佛地区就业，一个全范围的产业融合互补格局正在形成。双转移过程中，三地特别是肇庆大力推进了以下战略：发挥广佛基础工业强大的辐射力，加强先进制造业和传统优势产业发展合作；加大推进实施“双转移”战略力度，以肇庆市优质的土地资源为依托，以战略性新兴产业、低碳经济为建设导向，将产业协作与扶贫开发工作结合起

① 杜娟.广佛肇城际佛肇段年底通车[DB/OL].http://gz.southcn.com/content/2015-12/26/content_139633524.htm.

来，在用地指标、环保指标和税收政策等安排上探索创新。目前三地已在肇庆范围内规划建设三市共建共享的产业合作园区。

在推进广佛肇一体化的过程中，肇庆市多方面承接广州、佛山的产业转移，已形成与广州、佛山产业错位发展、携手发展的竞合格局。配套完善的肇庆高新区是肇庆承接产业转移的典型样本，重点是引进金属加工、汽车配件、家电家具等产业，延伸产业链，推进产业集聚，形成产业集群。同时，亚洲铝业、新中亚铝业、世为服饰、华润水泥、石井水泥、新明珠新型建材等大型项目已竣工投产并产生了良好的效益。总的来说，肇庆在广佛肇经济圈中具备产业转移的良好态势。随着广佛肇一体化的实施，肇庆加大了“双转移”和招商引资的力度，一大批珠三角特别是广佛的投资者已来肇庆发展，产生了良好的效益，形成了广佛肇产业错位发展一体化的基本格局。

目前，肇庆围绕建设珠三角连接大西南枢纽门户城市和实施工业发展366工程[①]的战略目标，正致力于承接广佛等发达地区的优质产业溢出，推进与广佛等地在新形势下多层次产业错位发展。

二、珠三角欠发达地区与发达地区产业错位发展可行性分析

根据上述广佛肇产业错位的必要性分析，我们同时也得出了珠三角欠发达地区与发达地区（本处即指广佛肇地区）产业错位发展的可行性。

（一）从城市发展定位看产业错位互补可行性

1. 地理位置与产业定位

肇庆，处于连接大西南沟通珠三角的中间地区，经济发展欠发达，产业发展传统产业居多，承接珠三角产业转移（传统产业）比重在山区县域中排名第一，近两年着力建设枢纽门户城市，打造“一带一路”节点城市，以及建设珠江—西江经济带、粤桂黔高铁经济带、珠江西岸先进装备制造产业带等“三个经济带”，进一步做强做大本地产业基础，为此需要通过对接、承接广佛产业，同时辐射带动大西南产业升级，即作为“廊道效应”城市发挥功能作用。肇庆市现有定位为承接产业转移，即为与广佛产业错位发展提供了基础。尤其是2014年1月，《西江—珠江经济带发展规划》上升为国家战略，地处广西与广东交界的突出地位的肇庆，更凸显其

① 2016年，肇庆市提出《实施工业发展“366”工程五年（2017—2021）行动方案》，即着力打造新能源汽车、先进装备制造业、节能环保3个超千亿元产业集群，力争未来五年引育6家产值超百亿元企业，新增600家超亿元工业企业。

在承接产业转移与扩散发展中突出的地位。在两广交界处的广佛肇合作区、粤桂合作特别试验区等重大发展平台上，承接广佛的优质产业并就地转移升级发展，成为这些地区产业发展的主要工作。

广州，现代服务业中心，国家中心城市，华南地区经济文化中心，强大的服务业、制造业等，可以带动佛山、肇庆，尤其是肇庆的产业发展，即其产生的“溢出”效应，可以带动肇庆发展相关的延伸产业、配套产业，特别是有关的汽车配套产业。

佛山，中心城市，中国制造业基地，特别是白色家电等领域具有超强的能力。肇庆紧邻佛山，具有承接佛山转移产业的天然地域优势，现肇庆有三个省级产业转移园，其大量的家具、建材产业都是承接来自佛山的产业。

以上看到广佛产业向肇庆的转移对肇庆发展起到重要的推动作用，但同时我们也看到肇庆广阔的发展空间、比较充沛的资源以及处在珠三角与大西南交通要道的地位为广佛产业的发展提供了更大的延伸空间、提供了更广泛的获利机会。因此，肇庆与广佛产业的互动式错位发展（产业转移只是错位发展的一种模式即梯度转移错位）对双方的发展都有重要的意义。

2. 区位交通

即以交通为节点推进彼此产业发展的互补性。连接大西南需要肇庆，进入珠三角核心区需要肇庆。肇庆处在珠三角连接大西南节点位置上，广佛需要大西南广阔的腹地提供各类生产与人力资源，大西南的物流与人流也需要通过肇庆源源不断进入广佛，广佛支持肇庆各类基础产业发展，提升肇庆在经济圈中的辐射带动功能即打造肇庆枢纽门户城市建设，对于三地产业，特别是广佛本地产业发展有重要的现实意义。

肇庆利用优势交通地位，发展与广佛错位有关（区域物流、特色旅游等）产业对于推动本地经济发展也具有重要的现实意义。

近年来，肇庆交通基础设施发展很快，除了先行通车的广肇高速外，先后修建开通了二广高速、珠三角外环线（江肇高速、肇花高速等），广佛肇高速（肇庆段）也已于2016年12月建成通车，汕昆高速、汕湛高速在建，怀阳（罗）高速已完成论证，于2015年底已开始建设。铁路方面，除了三茂铁路，先后开通了南广、贵广铁路，广佛肇轻轨也建成通车，柳肇（延伸到广州）铁路在论证。水路方面，拓宽了西江航道等。目前一个连接大西南，沟通珠三角核心区的水路、公路、航空交织的枢纽门户中心即将建成，这对于广佛地区的发展也有重要的推动作用，一定程度上可以弥补广佛交通（到大西南）的短板。

（二）从产业基础看产业错位互补可行性

对于广佛技术优势产业，肇庆由于发展基础较弱，一时很难得到较快发展，所以可以发展相对资源耗费较多、土地需要量较大等产业；广佛向肇庆转移（资源耗费较多，土地需要量较大）产业也势在必然。对于广佛着力发展的优势产业，肇庆可以发展其中产业链的某一环节，走配套（错位）协作发展之路。总之，不管是传统产业的梯度错位发展，还是现代技术密集型产业的配套发展，三地的密切合作，尤其是政府间的合作推动都起着至关重要的作用，特别是在珠三角产业一体化规划的精神下更需三地的合作与协调，这不管对肇庆产业发展，还是对广佛产业拓展空间都有很大的好处。

（三）从发展资源看产业错位互补可行性

肇庆拥有优良的自然资源（工业用地、各种矿产、特色的农业、良好职业技术教育下培养出的合格企业人力资源等）；而广佛拥有大量的科技资源与市场推广能力、高端人力资源等。资源互补为产业配套与错位形成奠定了一定的基础。借助于广佛，肇庆的自然资源得以充分开发、利用，特别是特色的农产品、优秀的旅游资源以及优势的传统产业得以升级改造，焕发新的活力。广佛借助肇庆广阔的产业发展空间（土地资源）与传统优势资源拓展自己的产业发展空间（广佛肇合作区）与产业发展深度（推进资源深加工、传统产业发展需要的技术研发拓展等）。

第四章　实践发展篇（二）

——珠三角欠发达与发达地区产业错位的具体实践

如同上文所述，珠三角欠发达与发达地区产业错位主要是指广佛肇经济圈的肇庆与广州、佛山三地的产业错位，所以本章以肇庆产业发展作为主要视角进行分析。

应该说，在广佛肇地区，三类产业错位有政府合作中出现的问题，也有各类产业自身发展存在的问题。

一、产业错位中政府合作现状、问题——基于宏观（政府政策）层面分析

（一）广佛肇政府合作推进产业错位的基本情况

产业错位需要政府合作，从广佛肇三地产业错位的必要性分析中，我们看到，自从《规划纲要》实施以来，三地政府先后通过了地区合作的规范性文件10多个，特别是《广佛肇经济圈建设产业协作协议》以及落实省《产业布局一体化规划》所做的一些合作，对于三地产业的布局调整，促进各地产业优势互补、错位发展起到重要的推动作用。可以说在当前，市场机制尚未完全建立，产业发展不能完全随着“市场脚步”走，特别是欠发达地区引进产业，仍需要政府间的合作与必要的过滤机制（消除市场的盲目），欠发达地区与发达地区政府的有效合作，是当前产业错位能够有效推进的必要保障。

（二）广佛肇产业错位政府合作目前存在的问题

随着广佛肇经济圈产业错位的不断推进发展，区域间实施产业互补与合作必定会因为市场资源配置的局限性、社会利益的最大化及经济的稳定与增长等因素，在欠发达地区与发达地区之间展开一场各方基于利益之间的博弈，博弈的过程也将区域产业错位中存在的问题充分显示出来，这些问题需要积极解决。

1. 政府的合作机制不健全

在广佛肇协作产业错位中，政府扮演着关键作用，良好的政府合作机制建立，可以制定并切实保障实施各项协作规则与利益协调机制，解决产业错位中产生的合作纠纷，实现地区间利益最大化。目前广佛肇政府合作，总体上多处在宏观计划层面，具体产业与产业合作区合作细则方面，则由于利益共享、责任分担、生态补偿等问题需要多方面调研才能制定完成，所以多数机制仍需进一步完善。

2. 生态补偿机制尚需完善

在产业实施错位的过程中，如果放任各地根据自身利益最大化原则无序发展，很容易产生恶性竞争、产业雷同、生态破坏等现象，这样不仅减慢广佛肇经济圈中产业的发展步伐，对区域经济社会和谐也会造成不良影响，还会对生态环境和自然资源产生不可估量的破坏。因此需要三地政府合作引导产业错位发展，以争取达到产业的最优布局。与此同时，我们也应看到，地处上游地区的肇庆，一方面为相邻的下游地区的广州、佛山饮水安全、空气洁净树立了生态屏障，同时也牺牲或部分牺牲了以环境消耗为基础的资源禀赋好的产业，这无疑对于政府财政收入、群众的收入等都有一定的制约作用，因此肇庆按理应获得下游地区广州、佛山一定的生态维护、建设等补偿费用。但这方面补偿机制仍待完善。

3. 错位发展路径有待优化

首先，肇庆的产业等级较低。20世纪八九十年代以来，肇庆一直注重传统型产业。传统型产业，大部分为劳动密集型产业，其技术含量比较低，资源消耗量大，占地面积广，而且还具有一定的环境污染性，如陶瓷、水泥、林产化工等传统产业。随着科学技术日新月异，肇庆市传统产业税收不断加重，导致企业自我积累能力下降，企业扩张和转型升级的阻力更大。而这些年肇庆推进的传统型产业错位（梯度转移型产业错位）引进的产业主要仍是传统性的产业，自然面临转型升级压力。所以肇庆在集合广佛的技术资源，（三地政府）协作推进传统产业的继续升级方面仍有很长的路要走。

其次，随着经济的发展，特色产品成为人们追求的时尚，即区域经济发展中应发展特色型产业，特色型产业是指地区基于自身资源禀赋优势而发展的生产特色产品产业。如前文所述，区域间这类产业的错位主要指特色产品错位。肇庆在错位发展过程中，有些方面仍没有充分结合自身特色优势，或者仍没有与广佛进行有效合作（特别是各级政府及职能部门的有效合作），发展与广佛错位的某些特色产业领域。

二、各产业错位类型下的产业发展现状与存在的问题——以肇庆推进与广佛错位发展的产业为视角微观层面的分析

本节主要探讨各类型错位下肇庆推进与广佛错位发展的具体产业发展现状与存在的实际问题。需要说明的是，本节图表相关统计数据主要来自于《肇庆市统计年鉴（2010—2017）》，在文中相关部分不再标注数据来源。相关产业产值等主要按国民经济行业分类（GB/T 4754—2011）二位码进行分类统计。各县区产业发展的现状主要参考各县区《政府工作报告》以及各县区统计局相关年度统计数据（2010—2017），也不另标出处。

（一）产业错位发展类型概述

广佛肇三地产业错位中，主要有理论基础部分探讨的梯度转移型、配套型与产业特色型的产业错位。作为产业转移的核心，传统的梯度转移错位促进了肇庆工业的发展与壮大，但同时也带来了一定的污染，如何做好产业的优化发展是产业错位的关键。而配套、特色产业错位，则是肇庆利用独特的地理条件发展配套制造与服务产业、特色农业与特色食品行业等的有效契机。背靠广佛，日益完善的交通也为这些产业的发展奠定了一定的基础。

（二）产业错位实践发展情况与问题

2008年以前，肇庆产业发展总体上结构不合理、产业关联度低、产业布局不规范等，由此所造成肇庆产业总体竞争力不强，因此也使得国民经济总量偏低，与广佛等城市的发展有较大的差距。与此同时，广佛肇地区虽有松散的合作，但整体的合作规范性文件少，合作的规模小，层次低。肇庆的发展现状与肇庆优越的自然资源、良好的发展条件不相适应。全市上下都有一种紧迫感，提出向东看，往东赶，加速融入珠三角的口号，力求使本身的产业发展体系更科学、社会各项事业发展更迅速。

2008年12月国家发改委通过了《规划纲要》，把肇庆整体纳入珠三角范围，为肇庆的发展提供了千载难逢的机遇。肇庆通过贯彻落实《规划纲要》，确定“两个尽快（尽快实现GDP超千亿元，尽快成为名副其实的珠江三角洲城市）”、“两个成为（努力把肇庆建设成为未来广东发展新增长极，成为能够代表广东科学发展成果的城市）”的发展目标，着力实施“五大战略”（即工业主导战略、重大项目带动战略、东引西连战略、科教兴市和人才强市战略、区域协调发展战略），加速发展“四大经济”（即工业经济、城市经济、县域经济、港口物流经济），与此同时，肇庆整体纳入珠三角之后，与广佛合作也逐年增多，经济总量不断扩大、主要经济指标增速大部分位居全省前列的同时，通过调整和优化产业结构，使经济发展走上了又好又快的科学发展轨道。

对于《规划纲要》实施之后的错位发展，我们根据三类产业错位的特点，总结这些类型下各产业发展的现状、探讨发展中存在的问题，并寻求解决的措施。

1. 梯度转移下的传统产业发展

在梯度转移为基础的传统产业错位上，肇庆以园区为载体推动产业错位的全方位实施，三地政府合作领域与产业规模逐年增多、增大，合作的形式多样。

梯度转移产业错位主要指从广州、佛山转移过来的一些基础性的工业制造业，比如水泥、金属压铸、塑料回收、纸品制造、新型建材、板材与家具加工等。肇庆境内怀集县的中山大涌、德庆县的顺德龙江、大旺高新区的中山（大旺）三个省级产业转移园，以及拟在争取立项建设的广宁省级产业转移园，连同在大旺国家级高新区支持建设的各县产业园区即聚集了大量来自珠三角核心区，特别是广佛的产业（广佛转移的企业数量占产业转移总量的70%以上）。这些产业转移园，承载了珠三角核心区发展不了的传统制造业，并在本地得以升级改造，对于推动各县区经济增长、工业化进程以及群众的收入都起到了重要的作用。如来自南海的亚洲铝业搬到大旺后通过升级改造已成为大旺国家级高新区技术制造业的龙头，产能每年达40万公吨以上，产品覆盖建筑、运输、包装、印刷、汽车、航空航天等行业，目前是中国铝工业百强企业（排名第34），带动上下游企业为大旺每年带来约400 亿元的产值①。

当然这些传统产业带动当地产业发展的过程也会带来一定环境压力，如何推进节能降耗、清洁生产成为这些地区在发展过程中需要不断解决的共同问题。即我们认为传统的产业梯度转移式的产业引进，特别是有一定污染的企业引进一定要就地转移升级，实行清洁生产，这需要技术上的不断革新。可以借助广佛的力量来推进这方面的工作，即实行错位合作中环保技术的引进、吸收，促进本地梯度转移产业的就地升级改造。这是今后类似产业错位必须要解决的核心问题之一。在微观产业发展上，这类传统型产业错位，作为欠发达地区需要对产业进行选择，也要同时发挥相邻欠发达地区与发达地区政府间的合作作用，一方面推进相关产业的转移发展，另一方面解决因不能发展某些产业、维护良好的生态的生态补偿问题（下文详述）。

（1）建材水泥

第一，发展现状：产（量）值日益增大，品牌效应凸显。基于利用丰富石灰石资源与西江水运的便利，从佛山转移来的封开华润水泥有限公司得以迅速发展，2010年产值达7.2亿元，是封开县规模以上工业总产值的44.3%，2014年产量达849.43万吨。德庆石井品牌（“石井”牌普通硅酸盐水泥获得省名牌产品称号）水泥，2014年产量达99.2万吨。另外，还有在这些大型水泥厂带动下成立的小型水泥公司与相应的配套产业（公司）也蓬勃发展起来，如2009年广宁的东乡水泥首期60万吨技改项目启动建设，2014年广宁水泥产量达32.8万吨；2014年高要水泥产量达104.5万吨；2014年四会水泥产量达到158.96万吨，怀集达到94.9万吨。肇庆各县区对优质水泥厂的引进、就地进行改造后生产，保障了本地基础建设的优质水泥供应。同时优质水泥（华润水泥等）的出口，也带动了当地老百姓收入的提高。

从2009年以来各县区水泥产量的情况看（见图4–1），除了封开县迅速增长以外，都在平稳地增长（基于环保要求，端州区2015年停止水泥生产）。

① 尽管近年来亚洲铝业在行业整体发展不利环境下受到一定的困扰，并经历重组改造的阵痛，但是在促进地方传统产业升级改造中仍起到一定领航作用。

从肇庆市建材水泥等产值发展看，2009–2015年也是稳步增长（见图4–2）。

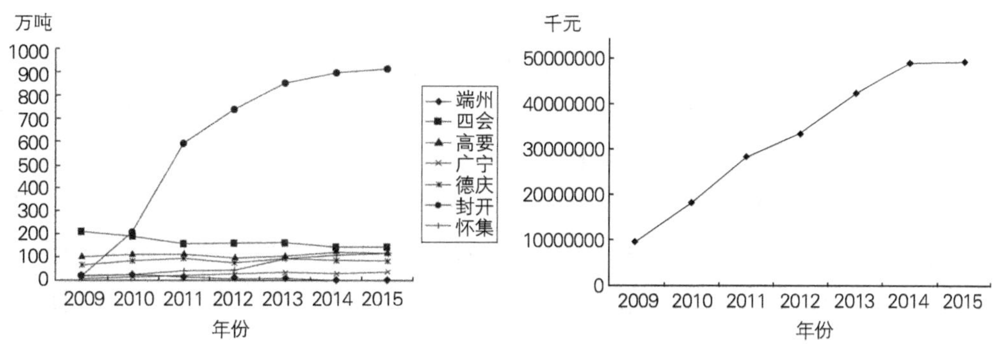

图4–1 肇庆市各县、市、区水泥生产量　　图4–2 肇庆市非金属矿物品制造业产值

注：国民经济行业分类表中非金属矿物品制造业包括水泥、建筑陶瓷等产业。另肇庆市非金属矿物品制造业产值（当年价，下同）主要指规模以上企业（下面图中所指企业，皆指规模以上企业）产值。

第二，存在的主要问题。水泥生产需要大量的能源，同时排放的废气、废水也对大气、水源造成一定的污染，这从封开县节能降耗数量（见图4–7）任务艰巨程度可以看得出来，基于封开水泥产量在肇庆地区最大，节能降耗的任务也最重。肇庆今后无论是继续发展已有水泥产业，或者引进水泥产业都要注重节能降耗（煤改气等），注重环境保护等，这是肇庆各县区，尤其是山区县能够持续发展的根本之策。目前，华润水泥注重完善脱硫技术等清洁生产流程，有效降低了水泥生产的污染性，类似的技术今后仍需要通过与广佛等地企业合作，从广佛地区不断引进。

（2）林产化工

第一，发展现状：松脂、油墨等林产化工产业发展迅速，优势明显。肇庆市自然资源丰富，林产化工行业在国内有一定的领先优势，特别是松香、松节油产品生产在国内有一定品牌优势。仅德庆县，至2012年，已有十多家规模以上林产化工企业，投资额超过5亿元人民币。肇庆市林产化工企业总体规模逐年扩大（见图4–3、图4–4）。

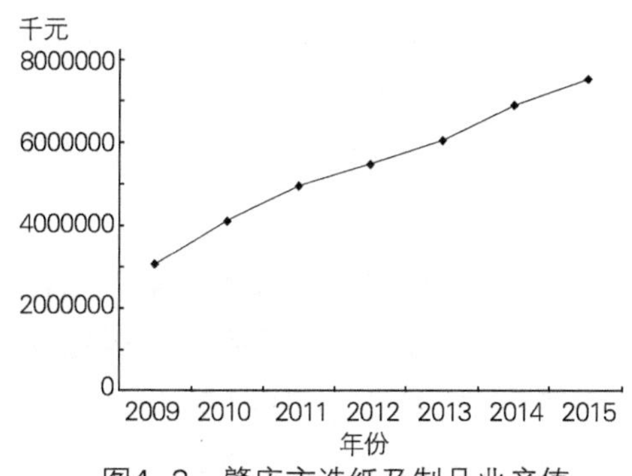

图4–3 肇庆市造纸及制品业产值

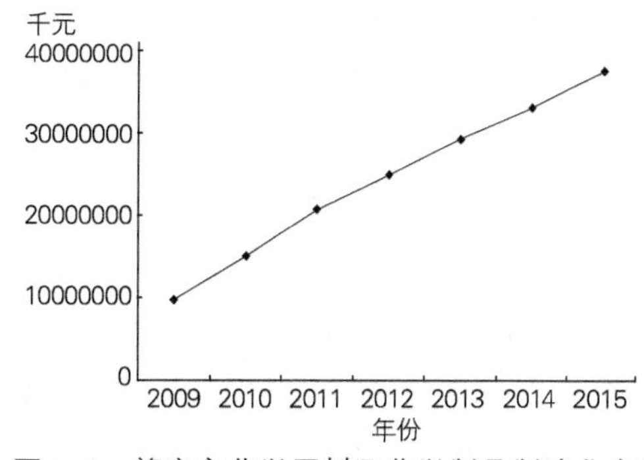

图4–4 肇庆市化学原料及化学制品制造业产值

注：松节油、油墨在工业行业归类中主要归为化学原料与化学品制造业，所以本图列示的是化学原料与化学品制造业企业产值，反映了松节油、油墨等产业发展情况。

各主要县市林产化工发展的情况如下：

德庆县：2010年，精细化工产业加快集聚发展，落户企业25家，总投资107亿元，建成投产后产值160亿元，创税8.65亿元。2011年，大道化工、扬光油墨、中元高新材料、明亮树脂等精细化工项目动工建设。2012年，5000亩精细化工基地加快调入顺德龙江（德庆）产业转移工业园。精细化工基地初具规模。2014年，天龙化工投产，华林化工基地威斯达、海蓝松脂深加工生产车间达标投产，中试中心运转正常；劳特化工等多个重点工业项目实现投（试）产，新增产值8.4亿元，创税5900万元。英克斯化工等36个重点项目加快推进。华林化工公司脂松节油成为省名牌产品。

广宁县：2009年鼎丰公司产量达到11.7 万吨，创历年新高。中盛纸业二期投产及完成并购，年产能扩至12万吨。“广东省造纸产业基地”通过复评，林浆纸一体化加快推进，成为全市山区县首个省级产业集群升级示范区。全县纸业产值17.1亿元，增长7%。2010年，林浆纸产业不断壮大。在鼎丰公司的带动下，林浆纸产业集聚发展，总量不断壮大，成功创建省县共建林浆纸一体化产业技术创新示范基地，成为全国林浆纸产业示范县。江南纸业、广东油墨被认定为国家级高新技术企业。2014年，相关企业服务平台建设升级，国家中小企业公共服务平台网络窗口平台（广宁县林浆纸一体化产业集群窗口）建成并与省、市平台实现互联互通、协同服务。2016年，林浆纸一体化、华南再生资源、高新产业和太和环保建材四个工业园区的工业企业实现工业总产值107.5亿元，工业增加值25.8亿元；鼎丰公司年产5万吨高级生活用纸项目成功投产，实现产值2.12亿元，创税1440万元。

四会市：2013年江谷精细化工基地正积极申报广东省产业转移园，基本完成首期用地2500亩征地拆迁工作，已落实用地指标1392亩，已供地576亩，已落户佳和化工、快事达等项目20多个，其中洛德化工、中达化工等8家企业已全面动工建设。2016年，江谷精细化工基地获批广东省5000万元扶持资金，启动基地消防站、智慧园区管理信息系统等基础设施建设。新增开发面积430亩，新建厂房14万平方米，园区累计引进科技含量较高的化工项目38个，投（试）产项目4个。

高要区：2015年、2016年瀚和精细化工园区、活道精细化工产业园加快建设，一批新的林产化工项目陆续进驻投产。

第二，发展中面临的主要问题。肇庆林产化工行业目前存在技术创新不足，核心企业规模小，产业链短，产业集聚度不高（分散各个县市区，特别是纸板主要分布在山区广宁和封开县（见表4-1）等问题。今后除了注重发挥德庆封开等山区县林产化工原料丰富的优势，引进有实力的企业，推进现有的企业增资扩产，促使本产业做大做强之外，还需要注重借助广佛技术支持进行技术的改造提升，特别应注重产业的清洁化生产，即做到节能降耗、环境保护等问题的有机结合。

表4-1 2009—2015年肇庆市主要县市部分林产化工相关产品产量情况

区域（产品）		2009年	2010年	2011年	2012年	2013年	2014年	2015年
端州	化学药品原药/吨		4681	4345	2457	1950	2091	1353
	机制纸及纸板/万吨							
四会	化学药品原药/吨	79						
	机制纸及纸板/吨						10.62	66.3
广宁	化学药品原药/吨				14270	16910	19970	22811
	机制纸及纸板/吨	16.36	22.18	25.86	27.43	26.05	24.68	24.6
封开	化学药品原药/吨							
	机制纸及纸板/万吨	1.51	0.72				1.14	1.6
全市	涂料/吨				9667	10636	47698	45589.7

（3）木材加工、家具制造

第一，发展现状：木材加工、家具制造产业分布在广宁、怀集、德庆等山林资源丰富的地区，近几年随着产业转移园的进入，产值增长较快。

2009年以来全市木材加工、家具制造产值持续增长（见图4-5、图4- 6），自2009年到2013年，木材加工从29亿元增长至85亿元，年均增长24.81%；家具制造从16亿元增长到45亿元，年均增长22.99%。但木材加工与家具制造各个县域发展不均衡，主要分布在四个山区县（具体数据见表4-2）。其基本原因在于木材加工、家具制造需要丰富林产资源，而这类资源主要集中在山区县。尤其是2013年，木材加工与家具制造生产量增速迅猛，此后处于低速发展时期（特别是人造板材）。

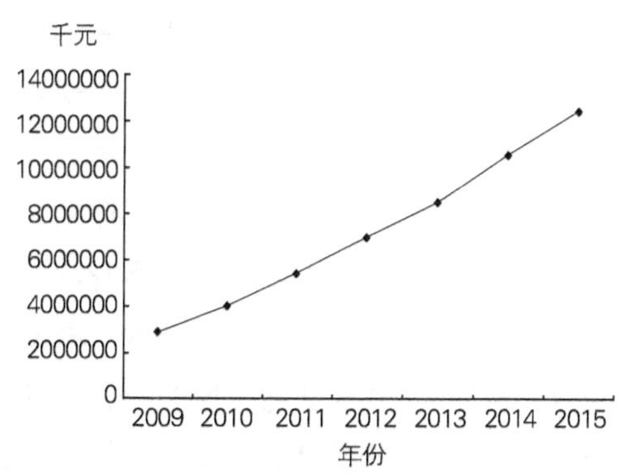

图4-5 肇庆市木材加工及木、竹、藤、棕草制品业产值

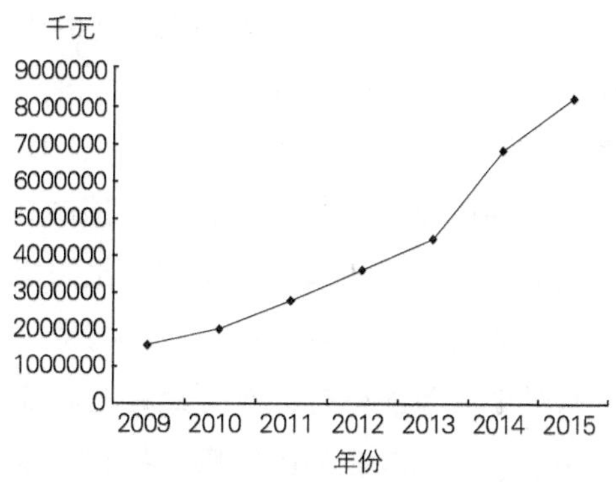

图4-6 肇庆市家具制造业产值

比较出名的木材加工、家具制造业企业有：广宁县万众竹木公司，其生产的竹砧板被评为广东省名牌产品（2010年）；德庆亚木业公司，其薄型中（高）密度纤维板被省认定为资源综合利用产品（2013年）等。

表4-2 2012—2015年肇庆主要县市（区）木材加工、家具制造业产量情况

地区（产量）		2012年	2013年	2014年	2015年
端州	人造板材/m³	7555.17			
	家具/万件				
广宁	人造板材/m³	18903	2	19777	24173
	家具/万件				
德庆	人造板材/m³	304197	22	623706	664124
	家具/万件	22.19	55.46	105.74	127
封开	人造板材/m³	313651	33	798463	832290
	家具/万件	17.9	23.12	28.46	34.2
怀集	人造板材/m³	11826	42	549592	841472
	家具/万件	1.19			
高新区	人造板材/m³				
	家具/万件	1.08	1.19	81.96	104.5

第二，发展中面临的主要问题：木材、家具业生产会带来一定的环境污染，需要在加工环节注重清洁生产，注重多生产环保型家具，减少化学粘合剂的使用。木材、家具业生产应有计划，不能盲目，特别应注重对原生树木节约利用。同时可以与广佛合作，学习先进的种养技术，即注重人工林、次生林的种植与养护工作，为木材、家具业生产提供持续的材质供应。注重节能降耗、环境保护与人工植树造林的有机结合。

（4）新型建材（陶瓷等）

第一，发展特点：各县区全面布点，注重节能环保，清洁生产。新型建材主要指建筑瓷砖的生产。由于环境容量的限制，近几年佛山等地的陶瓷业搬迁到毗邻地区较多。就肇庆地区而言，高要、鼎湖、广宁最为集中，高要、鼎湖有上百家规模以上陶瓷厂家。生产上去了（表4-3），对于促进当地经济的发展起到重要的作用。但作为污染性比较强的行业，目前节能减排效果并不理想（见图4-7，图中可见降耗总体缓慢）。例如，如何节能减排，比如煤改天然气、脱硫化生产、提升瓷砖本身的环保技术等需要大力探索。目前肇庆陶瓷主要集中地为高要白土、小湘，鼎湖永安陶瓷工业园等地区节能减排任务更重；在高要、鼎湖等地作为市政府重点监控的陶瓷企业就有50家。而如果能利用广佛，特别是能与佛山合作，不管在陶瓷生产技术还是环保技术方面都会得到一定的提升，毕竟佛山在陶瓷生产与环保技术上领先一步。

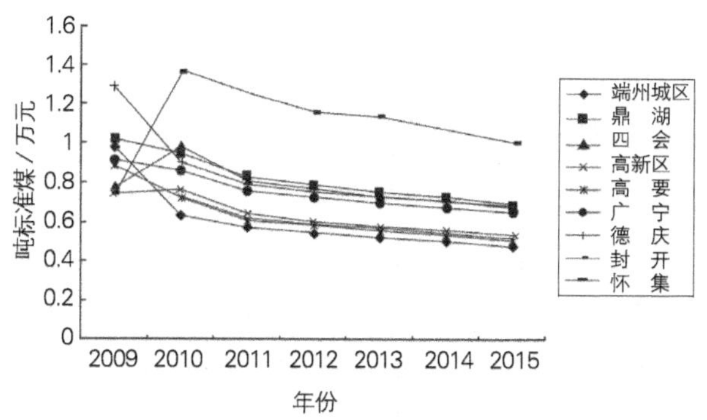

图4-7 2009—2015年肇庆各县区节能降耗（单位GDP能耗下降）情况

表4-3 肇庆主要县区陶瓷生产基本情况 单位：万平方米

年份	2009	2010	2011	2012	2013	2014	2015
鼎湖	1820.62	1996.47	2507.47	7706.46	7286.23	8168.28	7503.8
高要	16731.86	23725.82	43497.57	47117.16	39383.27	41749.53	37623
广宁			42.84	93.4	148.75	194	377.7

目前，各地也开展了瓷砖生产相关的环境治理，但有待进一步加强。广宁县2013年以来坚持推进“工业园区化、园区产业化、产业特色化”，大力开展“生态建设年”活动，加强生态环境保护。其中华南基地、太和基地环保工作日趋完善，华南基地28家企业全部通过环评，太和基地5家企业通过停产整治已完成环评并通过验收，正在试生产验收阶段。2014年，广宁对陶瓷行业、矿产资源开发、造纸和制革行业进行了环境专项整治，加强了淘汰造纸落后产能工作，节能减排工作取得明显实效。2015年初，设立“环保警察”，对环保违法行为 “零容忍”查处。关停重污染和落后产能企业30家。2015年12月广东科达洁能股份有限公司与肇庆市签订了广宁县环保建材产业基地清洁煤气集中供气项目，陶瓷企业广泛使用的传统水煤气给肇庆的地下水、大气等都带来了一定环境安全威胁，选择到广宁县发展清洁能源项目，即签署清洁煤气集中供气项目，可以就此促进当地陶瓷产业节能减排、转型升级。

四会市2014年以来转型升级继续加快，产业转型升级走在省、市（肇庆市）前列，率先完成全市7家陶瓷企业“油改气”、“煤改气”，成为肇庆年度考核唯一获得“优秀”档次的县（市），全年共有34家企业实行“油改气”、“煤改气”，其经验和做法在肇庆已得到推广。2015年，40家企业实行“油改气”、“煤改气”，累计88家企业被认定为广东省、肇庆市清洁生产企业。

2012年高要市（2015年5月份，高要市改为高要区）开始全面开展陶瓷企业升级改造，编制了《高要市五金产业发展规划纲要》，规定了陶瓷产业节能减排的标准等。2016年，投入空气综合治理专项资金1.7亿元，关停取缔污染企业11家，完成48台高污染燃料锅炉整治，空气质量逐步改善。

肇庆建筑瓷砖生产产值统计在工业行业统计中主要体现在非金属矿物品制造业产值上，由上文可见，肇庆市每年的瓷砖生产产值在逐渐上升，对当地的经济发展有一定助推作用。而且由于地域交通等关系，瓷砖生产主要集中在鼎湖、高要和广宁等区县。这一点从表4-3主要县市区的产量上也可以看出来。

第二，发展中面临的主要问题。诚如上述，建筑陶瓷耗能量高、环境污染大，是近几年肇庆空气污染的主要排污来源。目前肇庆一些地区已实行煤改气等措施，但成本高，如何节能降耗仍是这些企业面临的艰难问题。目前对企业煤改气补贴如何执行，也仍有些争议。即怎样给予相关企业补偿，以补贴其煤改气成本支出，确保与国内其他地区企业在不等成本下竞争？由于争议较多，补贴措施全面实施仍面临一定的困难，这确实需要集中各方面智慧。我们认为传统的产业引进，特别是污染较大的企业引进时一定要实行清洁生产，这需要技术上的不断革新。对于陶瓷的节能降耗，可以借助国内行业经验与广佛的力量，尤其是佛山的陶瓷生产技术来推进这方面的工作。

（5）风能、生物能以及其他循环性产业

基于前述，在梯度转移类型的产业中，也有一些新兴战略性产业，比如，风能、生物能的开发等，对环境影响较小，开发这些产业主要是基于欠发达地区某些工业类资源（风力、生物资源等）特别突出，由于发达地区现代城市建设与产业发展实际已无法发展此类产业，这是梯度转移产业的一种特例。在肇庆，这类产业主要有风能、生物能等，另外也有一些污染不大但未来潜力巨大的产业，如一些循环回收类产业也是引进转移的产业主要目标。

第一，发展现状：刚起步，发展规模有待提升。塑料、金属回收利用等循环经济产业对肇庆的未来发展至关重要，解决了一些工业生产原料不足、价格昂贵的问题。而发展风能、生物能作为清洁能源，对肇庆未来清洁生产会起到持续的支撑作用。

肇庆类似产业基地与相关项目主要有：广宁华南再生资源（塑料）基地；肇庆亚洲金属资源再生工业基地；广宁生物秸秆发电、德庆风力发电等。

2009年，广宁燃料乙醇项目布点已获国家批复，秸秆环保热电项目正开展前期工作。2014年，广宁肇庆华南再生资源产业基地被评定为肇庆市循环经济教育示范基地，与浙江大学合作建设华南再生资源联合研发中心。

2012年，德庆6家风机配套企业建成投产，风机产业基地加快发展。2014年，总投资4.5亿元的中广核德庆大顶山风电项目获得省发改委核准批复。

肇庆废弃资源综合利用（循环产业）产值（图4-8）以及塑料（回收）产业产

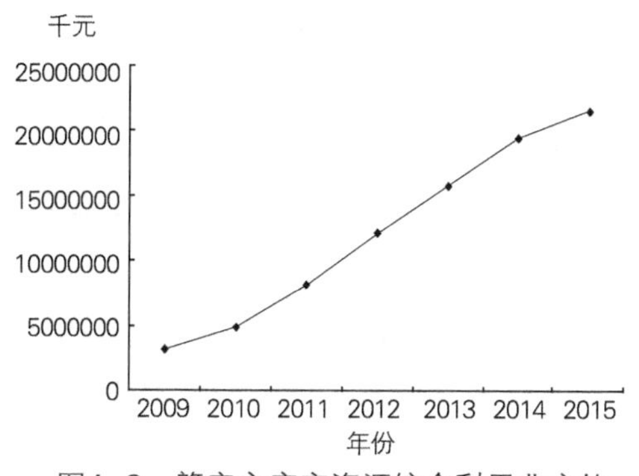

图4-8　肇庆市废弃资源综合利用业产值

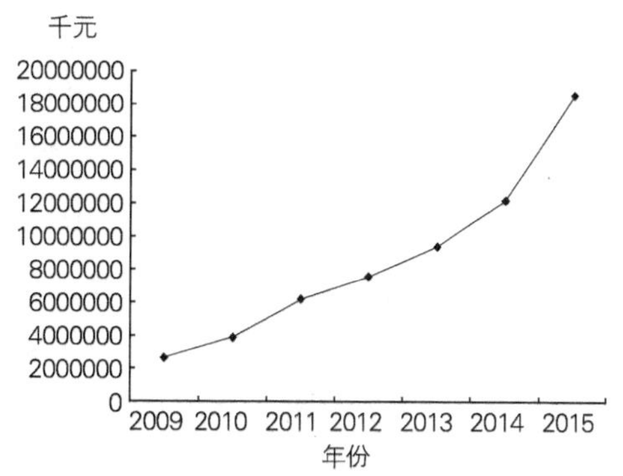

图4-9　肇庆市橡胶与塑料制品业（包括轮胎制造）产值

值（图4-9）在2009年以后一直稳定上升，风能、生物能也在不断发展①。

第二，主要问题：与广佛技术合作问题。循环产业与风能、生物能需要大量现代产品生产提取技术。事实上进入肇庆开发生物能、风能等企业主要也是来自广佛地区，今后如何提升肇庆本土的企业发展，特别是能与环境保护等问题有机结合起来，促进这类产业可持续、稳定发展，并带动肇庆更多相关产业发展，这需要三地政府、企业有更好的合作渠道、方法，但是这方面的协作活动目前仍较缺乏。

2. 配套产业发展

肇庆由于紧邻广佛的优势，有利于发展与广佛现代产业紧密结合的一些配套产业，如与广州、佛山的现代汽车产业（汽车整车制造业）协作，发展相应的配套制造业——金属压铸、汽车配件等产业（现在纳入装备制造业范畴），并努力使其逐步做大做强。此外，还应发展与广佛紧密联系的生产性服务业等。这类产业发展的关键是需要注重信息的搜集，了解广佛的产业需要配套的关键环节，另外，也需要本地的配套产业联合做大做强，还需要发挥错位发展的相邻政府在推动具体产业发展方面进行合作等。

（1）汽车配件

第一，发展现状：上市公司增多，发展规模越来越大。目前高要汽车配件形成省级基地，每年吸引大量来自省内、国内外的客商投资、洽谈，与珠三角的广州、佛山汽车产业已形成紧密的战略合作关系。怀集登云汽配、四会亚洲金属、鼎湖鸿特公司等也与广佛汽车产业紧密结合发展与整车生产配套的气门、金属配件等。

肇庆汽配产业目前发展特色在于：

一是实施多元化经营，研发自主品牌。肇庆市汽车零部件制造业作为广东省重要的汽车零部件产业的一部分，目前已形成一定的产业规模，成为该市六大支柱

① 要说明的是，这方面的产值，在肇庆统计年鉴中目前尚查不到具体数字。

行业之一。肇庆市汽配产业目前有20多家规模较大企业，其中肇庆动力技研、广东鸿图、广东鸿特、四会连杆、怀集登云是行业的“领头羊”。近年来，20多家企业的工业总产值以整倍增长的态势在发展，2011年达到74亿元。2012年，国际经济形势复杂多变，国内汽车零部件市场显得有些低迷。尽管如此，该市汽车零配件行业1—10月工业增加值仍有大幅增长，达18.43亿元，同比增长44.9%。这主要归因于近年来该市汽配企业大力调整产品结构，向多元化、中高端产品转型。例如在高要，原来只有以广东鸿图为龙头的3家核心精密压铸企业，如今通过行业性的自主创新和技术进步做大做强，吸引了同行企业和配套企业落户，已发展到现在的20多家，成功打造“中国精密压铸产业基地”。又如，怀集登云汽配股份有限公司年产2500万支拥有自主知识产权的气门生产能力，产量位居全国同行业前列，是国内汽车发动机进排气门行业的领头企业，首批国家级“高新技术企业”，出口量连续24年位居全国气门行业之首。2012年，该公司积极增资扩产，新建一条年产2000万支气门的全自动生产线，目前项目已顺利投产。广东鸿图、广东鸿特2012年以后先后上市，2014年怀集登云汽配成为肇庆市山区县首家上市公司，羚光电子成为全市首家“新三板”上市企业。肇庆作为华南地区重要的汽车零部件生产基地，其汽车配件主要面向广佛的整车生产，与广佛的汽车整车生产配套并行发展。

二是注重外向合作，推进产业发展。高要是国内压铸行业的龙头和国家汽车零部件出口基地，汽车生产配套企业有20多家。2012年3月，长春一汽四环集团高层到高要考察投资环境，并就加快推进汽配产业发展达成意向：一汽大众四环及关联企业将落户高要。2012年4月23日，中欧汽车零部件高峰会在北京举行。高要地方领导应邀参加，在会上作专题发言，推介高要汽配产业，与国内外汽配企业谋求合作，以进一步拓展企业发展的空间。

目前，作为省市共建汽车发动机零部件先进制造业基地，肇庆市汽车零部件产业已形成一定的规模和实力，规模以上企业15家，拥有鸿图科技、鸿特精密技术、登云汽配3家上市公司和鸿泰科技、鸿兴精密铸造、动力技研、实力连杆、骏驰科技、丰驰精密金属、合普动力、本田金属等一批骨干企业，共有相关企业100多家，加快了汽车制造产业发展步伐（见图4-10）。2016年

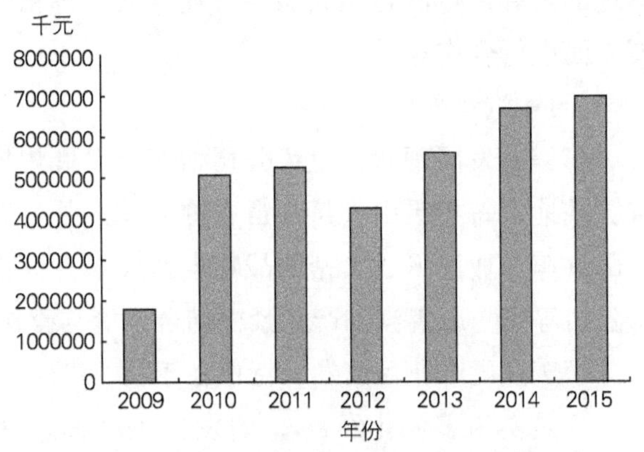

图4-10 肇庆市汽车制造业产值

注：本图中的汽车制造业（国民经济行业分类代码-2011:C36）产值主要是其中的汽车零部件及配件制造产值（即代码C3660的行业）

肇庆（高要）汽车零部件产业园被纳入广州国际汽车零部件产业基地拓展区，首期填土工程已完成，肇庆汽车零部件产业发展迎来了新的契机。

第二，主要存在问题。目前，肇庆汽配产业企业较分散，集聚效应低，企业间、产业内资源不能有效共享；产业规模小，产业链条短。肇庆汽配产业在广东虽有一席之位，但其产值规模与广州、佛山等地汽车产业相比，差距较大，而且汽配产业在肇庆整个产业体系所占比例并不高。肇庆市2012年1—10月汽车零配件行业只占全部规模以上工业增加值的3.3%。肇庆市汽配产业链条的上下、左右关联度也较低，没有形成有序的上下游产品的生产协作关系，即整体产业链条短；反观广州、佛山各有整车车厂，作为汽车产业的最上游，就能够聚拢从发动机到车外壳的系列供应商。

佛山这几年大力推进汽车产业的发展。肇庆作为华南地区重要的汽车零部件生产基地，两市的产业纵深合作还有巨大的空间。

（2）金属加工

第一，发展特色：地域分散，但产能逐年提升。金属加工往往与汽车配件生产是相连的。比如，高要是“中国压铸产业基地”，之前引进的一批压铸企业已形成规模，广东鸿图科技、鸿泰科技等已不断壮大发展。其良好的业态发展，吸引了汽配“龙头”长春一汽四环集团的关注，该集团计划投资3.8亿元在高要建设华南一汽四环汽车备件工业园。同时，与之配套的长春顺华汽车实业、长春众鑫汽车零部件等关联企业亦将落户高要，联手做大做强高要汽车配件产业，力推广佛肇经济圈汽配产业对接发展。

金属加工行业龙头企业，如四会亚洲金属资源再生工业园，高新区亚洲铝业等产业在技术创新、人才引进等方面不断有新突破，产业产值与技术水平不断上升，已跃居国内同行业前列。

在四会市，2011年，肇庆亚洲金属资源再生工业基地完成一期开发，引进企业80家，实现产值150亿元，创税1.5亿元。2012年，四会龙甫循环经济金属产业基地引进企业80多家，形成了集金属拆解、深加工、汽配销售于一体的完整产业链。

2014年，肇庆被纳入珠江西岸先进装备制造产业带，九大主导产业增加值占比提高到65.6%，金属加工产业成为首个年产值超千亿元的产业集群。年主营业务收入超10亿元企业达68家，累计有21家企业被认定为省高成长性中小企业。

金属制品业总体发展情况，具体可以参见表4-4有关“装备制造业（包括金属制品业、相关设备制造业等）”情况。其产品产量情况见表4-5，产值发展情况见图4-11、图4-12。

从金属加工行业来看，2013—2015年产量、产值基本上在逐步上升。

第二，目前存在的主要问题。目前金属加工行业存在的主要问题是：产业分散，行业企业合作较少，集群化发展不足，这些问题不利于整个产业快速发展；同时产品科技创新与名优品牌创立方面也存在不少问题。如何借助广佛发展金属制品产业，以及通过装备制造业基地的平台更好发展，尚需进一步探讨。

表4-4　肇庆装备制造业情况（2014年数据）

行 业	规模以上企业		产值超亿元企业		先进装备制造企业		“工作母机”类装备制造企业	
	企业数/家	产值/亿元	企业数/家	产值/亿元	企业数/家	产值/亿元	企业数/家	产值/亿元
合 计	279	877.91	190	849.63	100	198.19	39	68.39
金属制品业	139	456.53	99	435.83	27	49.1	0	0
专用设备制造业	26	45.46	15	40.38	16	24.75	23	41.89
通用设备制造业	30	41.6	15	33.17	21	30.11	13	18.49
交通运输设备制造业	17	70.48	13	68.23	16	37.16	1	3.23
电气机械及器材制造业	21	32.52	12	27.39	14	14.87	0	0
仪器仪表设备制造业	4	7.4	4	7.4	4	7.4	2	4.68
计算机、通信和其他电子设备制造业	42	286.92	32	282.23	2	4.8	0	0

表4-5　2013—2015肇庆市主要金属产业产量基本情况

产品产量（全市）	年 份		
	2013	2014	2015
包装专用设备/台	249	242	194
铝材/万吨	67.59	74.2	84.7
单一稀土金属/kg	336318	380109	563666.4
金属切削机床/台	232	190	133

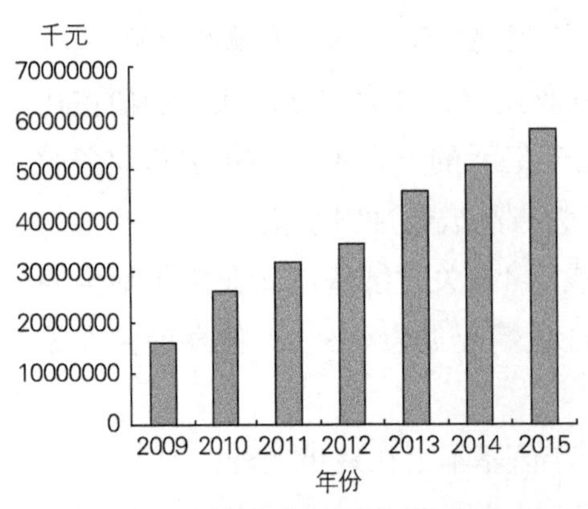

图4-11　肇庆市金属制品业产值

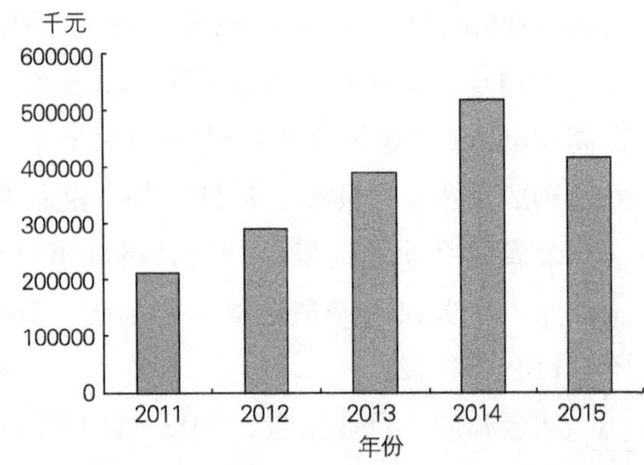

图4-12　肇庆市金属制品、机械和设备维修业产值

续上表

产品产量（全市）	年份		
	2013	2014	2015
泵/台	6158	6137	6006
日用不锈钢制品/吨	3606	4462	17258

（3）生产性服务业

第一，发展现状：刚起步，规模小。华南智慧城、唯品会等企业，承担的是珠三角企业的外包业务与基础服务，以及电子商务、会展业务等与广佛产业配套的业务。此外，端砚文化村（深圳德业基集团出资兴建）为珠三角的企业提供文房四宝，尤其是端砚等艺术品交流、技术培训等业务。

由于电子商务发展起步比较晚，当前肇庆并没有大型的电子商务企业，借助外部资源，比如唯品会等进驻肇庆的时机，借力发展电子商务，特别是农村地区的电子商务，促进农产品的销售，是当前迫切的任务。

另外，要借助融资、研发、服务于一体的服务性企业（如科海公司）推进智慧城市建设，同时为广佛企业提供信息与研发服务——可以通过承接技术外包形式，也可以通过对接形成其产业链的一个配套环节。

第二，主要问题：与广佛相配套的生产性服务业，比如会展、电子商务、会计服务、金融服务目前仍较弱小，影响了三地在这方面的错位合作发展。

3. 特色产业发展

肇庆特色产业主要是指理论基础部分提到的特色旅游、特色农产品与特色食品产业等，本节还根据肇庆特色列出健康休闲、医药制造与南药等特色产业（产品）。这些具有地域特色的产业可以与广佛错位发展，即根据自身存在的优势发展有特色的产品等。这类产业的发展总体上需要合理开发并保护好传统的地区资源，比如合理保护并有节制地开发历史旅游景点；注重特色农产品品牌的建设与推广；注重特色食品在保留原有口味基础之上的现代化加工技术提升等。而这些也要相邻政府的合作等。

（1）特色旅游与文化

第一，发展现状：特色景点丰富，旅游人数与收入逐年增长。肇庆可以利用其特色的旅游资源，与广佛开展形式多样的合作关系，推进旅游产业发展。特别是合作开发各县独特的旅游资源，保护独具特色的岭南文化建筑，创作文艺作品宣传广府文化等。另外，借助广佛的企业进行特色旅游产品的包装与营销等。

2009年以来，各县区对自身的自然景区与文化景区（见表4-6）进行改造，增添更多文化的内涵，并且与招商（如燕岩活动节、龙母纪念节等）结合起来，推动景点旅游、文化遗产保护、自然景区开发融为一体的特色化旅游体系，旅游收入不断提升（见图4-13），旅游景点影响日益扩大，特别吸引广州佛山的客人周末旅游度假活动，广佛肇三地联系更加密切。

表4-6　肇庆主要特色风景旅游景点或文化旅游景点

端州	阅江楼（叶挺独立团团部旧址纪念馆）、梅庵、披云楼、包公井、水月宫、崇禧塔、宋城墙、端砚村、七星岩、星湖、北岭山公园
鼎湖	鼎湖山、九龙湖、藏龙沟、黄金沟、紫云谷
广宁	竹海大观，碧翠湖宝锭山、大屋村、螺壳山、古水画廊、江屯革命烈士纪念碑
怀集	世外桃源村、燕岩风景区、燕山风景区、燕峰峡、蓝钟温泉、六祖禅院文化旅游区
德庆	盘龙峡生态旅游区、悦城龙母祖庙、德庆学宫、德庆孔庙、玉龙寨景区、三洲岩、桃花源
高要	广新农业生态园、神符岩与西流浲、烂柯山风景区、万有国家森林公园、乌榕旅游风景区、高要名塔、大鼎古庙
封开	国家地质公园、岭南奇境、龙山风景区、黑石顶自然保护区、莲都十里画廊风景区、杏花村、大斑石景区、千层峰景区、状元草堂
四会	六祖寺、银带瀑布、古法造纸村、石寨村、贞山景区、奇石河景区

德庆县：2009年，龙母祖庙、盘龙峡、德庆学宫三个景区晋升为国家4A级旅游景区，该县荣获“中国十大休闲胜地”称号，盘龙峡景区被评为“2009年森林生态旅游示范基地”。2011年，“悦城龙母祖庙景区”当选珠三角十大特色景观，悦城“龙母诞”庙会列入国家级非物质文化遗产保护名录，彰显文化旅游新魅力。2012年，成功举办广东·德庆龙母文化节，孔庙祭孔、“龙母诞”庙会等节庆活动精彩纷呈，该县知名度和影响力显著提升。先后荣获“中国最佳休闲度假旅游目的地”、“中国最佳生态宜居宜游旅游名县”等称号，龙母诞庙会再添“最具影响力广东县域民俗文化节庆”殊荣。2013年，广东德庆龙母文化品牌在全国影响力进一步扩大。悦城龙母祖庙获得“海外华人最喜爱的广东历史文化景区”称号。该县荣获“中国最美生态文化旅游名县”称号，连续三年荣登“广东县域旅游经济十强县排行榜”。全年接待游客达612万人次，旅游收入38亿元，分别增长10%和12.5%。2014年，德庆荣获“第20届金旅奖·十大文化魅力旅游目的地”称号，悦城龙母祖庙荣获“第20届金旅奖·最具中华文化特色旅游景区”称号。全

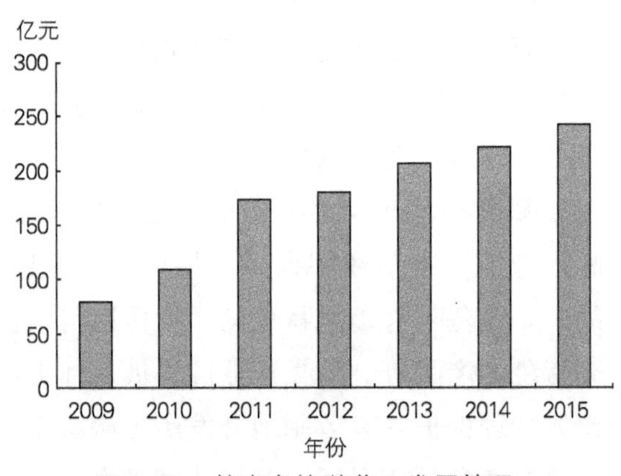

图4-13　肇庆市旅游收入发展情况

年接待游客679.68万人次，同比增长11%；相关旅游产业收入42.59亿元，同比增长12%。

广宁县：2009年，整合资源，特色旅游呈现新貌。竹海大观升级改造首期工程、竹博馆、玉器街等一批旅游项目相继建成，宝锭山景区被评为全国科普教育基地。2014年，全县接待各类游客185万人次，旅游综合总收入4.08亿元，分别增长12.8%和16.5%。2016年，推进建立广宁智慧精品农业和生态旅游度假项目；规划并动工建设了七星山特色农林养生旅游和长隆休闲旅游项目。

怀集县：2014年，探索发展农业生态休闲旅游，怀集燕都国家湿地公园被国家林业局批准列入试点。六祖禅院文化旅游区项目一期主体工程顺利封顶。全县主要旅游景点接待游客303.7万人次，旅游总收入11.5亿元。

封开县：积极完善各旅游景点配套，旅游人数、旅游收入不断上升。2013年，省内外50多家旅行社到该县开拓旅游线路；2014年，全县旅游接待总人数198.5万人次，实现旅游收入10.5亿元，分别增长5%和6%。

四会市：2014年主要景区（点）接待游客185.20万人次，全市全年旅游总收入增长5.1%。

第二，主要问题：旅游景点分散，服务水平与景点设施不足或不完善，规模效应差。需要通过各种协作形式借助广佛的力量在旅游形象推广、旅游景点的开发与保护等方面进行密切合作，毕竟在景点文化建设等方面广佛肇同宗同源，有类似的经验、技术，也有比较雄厚的资金支持与投入。肇庆借助广佛的力量推广旅游服务，有利于借势发展自己。

（2）生物制药、健康休闲产业

第一，发展特色：起步晚，发展迅速。生物制药产业方面，这几年大力开发生物工程药物，配套发展生物工程食品，形成生物医药产业集群。以星湖科技、大华农生物药、焕发生物等企业为龙头，重点培育发展了基因药物、生物疫苗等生物医药等，产值每年迅速增长（见图4–14）。

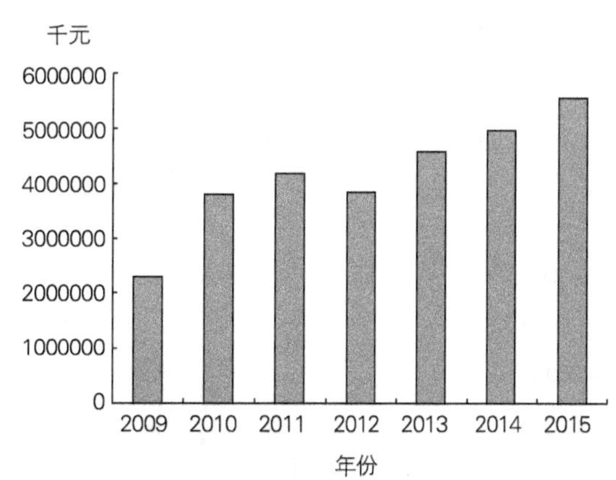

图4–14　肇庆市医药制造业产值

健康产业方面：引进国内大型企业，推进技术创新并形成集群效应。比如， 2012年3月，北大未名生物工程集团高层到高要考察投资环境，并就加快推进健康产业发展达成意向：北大未名生物工程集团计划分期投入100亿元，首期投资15亿元，建设健康产业前沿技术应用园。以高要规划建设的50平方公里生态旅游休闲度假基地为载体的健康产业前沿技术应用园建成后，将与广新农业生态园、仲盛生态园、高尔夫度假村、棕榈谷等特色生态项目形成集聚发展格局。

休闲产业方面：2014年怀集探索发展农业生态休闲旅游，怀集燕都国家湿地公园被国家林业局批准列入试点，大岗镇被评为省休闲农业示范镇，秀林山庄被评为省休闲农业与旅游示范点。

第二，主要问题：分散，规模化较小。佛山这几年大力推进生物医药产业的发展。肇庆作为华南地区重要的南药生产基地，也拥有不少制药企业，两市的产业纵深合作还有巨大的空间，如何借助广佛力量，需要进一步探讨。另外，健康休闲产业总体发展质量不高，如何同旅游产业有机结合需要进一步整体规划。

（3）食品饮料、特色农产品（产业）

第一，发展现状与特点：优势行业，产值每年迅速增长。肇庆有独特的山水资源与优良的气候条件，有独特的地方特产，特色食品加工业较多。近年来，肇庆市食品饮料这一传统优势产业，以鼎湖山泉、星湖科技、蓝带啤酒等龙头企业引领，全市企业不断进行技术改造，生产效益与产品质量逐年提升。另外，不断加大引进国内外先进龙头企业加盟，推进食品饮料行业的总体发展（见图4-15 ~ 图4-18）。

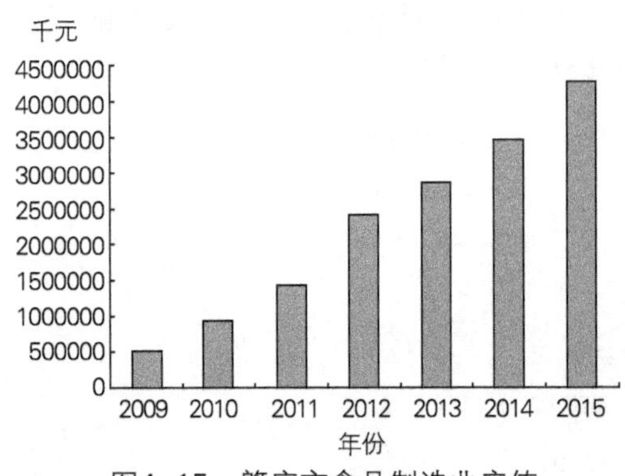

图4-15　肇庆市食品制造业产值

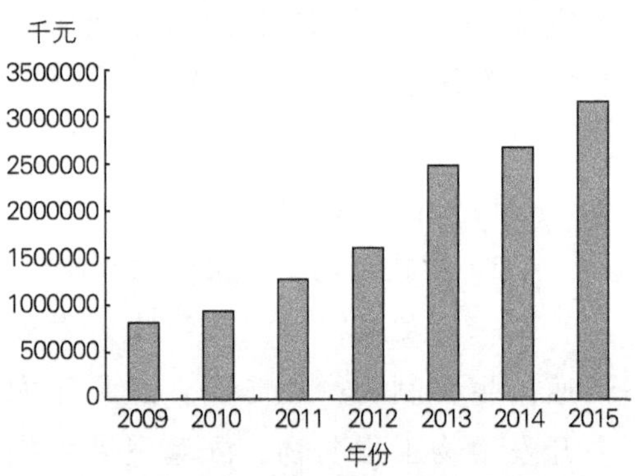

图4-16　肇庆市饮料制造业（包括酒、饮料和精制茶制造业）产值

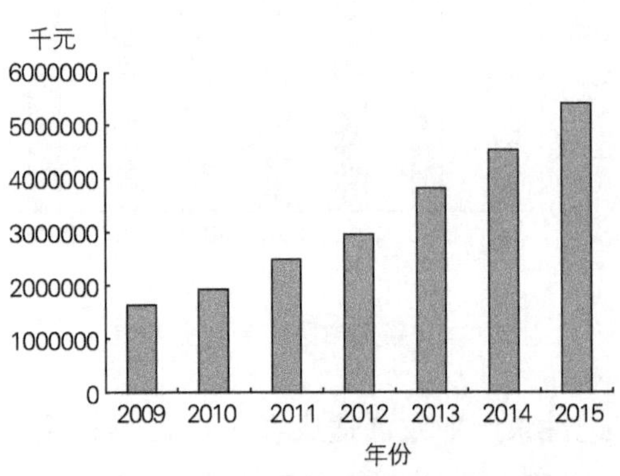

图4-17　肇庆市农副食品加工业产值

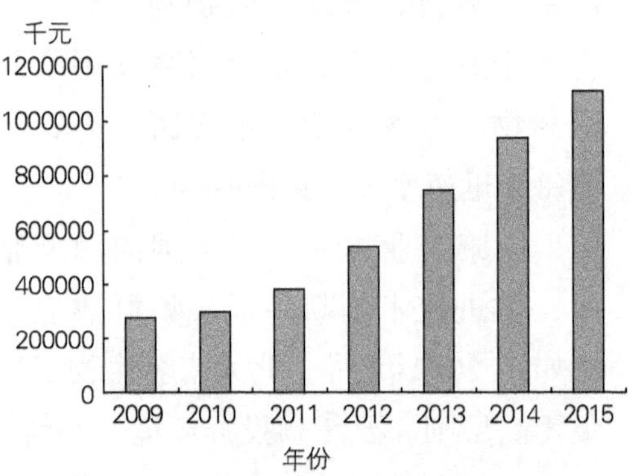

图4-18　肇庆市水的生产与供应业产值

如总投资22亿元的广东达利食品有限公司已成功投产。该项目建筑面积13万平方米，安装了4条国内最先进的饮料生产线和2条食品生产线，2012年实现年产值4亿元，创税1500万元；全面达标投产后预计年产值50亿元，年创税2亿元。

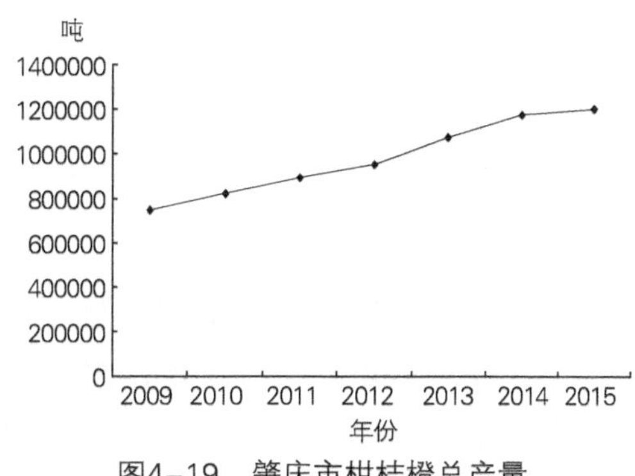

图4–19　肇庆市柑桔橙总产量

肇庆市特色农产品、食品较多，几乎各个县区市都有分布（典型的见表4–7），尤其是砂糖桔、贡柑（见表4–8、图4–19）；以及粉葛、茨实等都成为远近闻名的知名特色农产品，裹蒸棕成为特色食品等。至2016年肇庆拥有“端砚”“怀集茶杆竹”“肇庆裹蒸”“麦溪鲤”“麦溪鲩”“封开油栗”“文山乃鲤”“文山乃鲩”“广绿玉”“活道粉葛”“高要巴戟天”“汶朗蜜柚”“桥头石山羊”“谭脉西瓜”等产品获得了国家地理标志保护产品称号，其中11个是特色农产品类。

表4–7　2015年肇庆市各县区柑、桔、橙（特色水果）面积及产量

面积、产量	年末面积/亩	总产量/吨
端州	80	56
鼎湖	5864	5070
四会	126693	97444
高要	94374	113498
广宁	181066	131394
德庆	290127	385974
怀集	90485	177730
封开	188897	262864

表4–8　肇庆市主要特色农产品与食品

产地	特色农产品或食品
鼎湖	沙浦茨实，砚洲粉葛、鼎湖山泉水、文山乃鲤、文山乃鲩
广宁	优质沙糖桔、竹子、现代林业、食用油茶、有机蔬菜、优质生猪、竹园鸡、大肉山楂
怀集	华天达沙糖桔、新岗高山冻顶茶、威州怀集油粘米、莫氏大蜜李、汶朗蜜柚、桥头石山羊、谭脉西瓜
四会	四会沙糖桔
德庆	德庆贡柑，南药（肉桂、巴戟、广佛手、何首乌），优质蔬菜

续上表

产地	特色农产品或食品
高要	麦溪鲤、罗非鱼
端州	裹蒸粽、七星剑花
封开	封开油栗、杏花鸡、“贺江”牌优质米

以下是典型县市区特色产品近几年发展情况。

鼎湖区：2011年，鼎湖积极构建农业服务体系和绿色安全食品体系，搭建农超对接、农产品销售服务平台，农产品供应保障能力不断提高。“砚洲”牌粉葛成为广东省农业类名牌产品。至2014年，农民专业合作社增至166家，广利砚洲粉葛合作社被评为“2014年国家级农民合作社示范社”，威龙公司生产的茨实获得“广东省绿色食品茨实产品、产地”认证。

高要区：至2016年，拥有无公害农产品产地认证38个、无公害产品认证58个（蚬岗蔬菜、活道大米等）、国家地理标志保护产品4个（大湾麦溪鲩、大湾麦溪鲤、活道粉葛、高要巴戟天）、省级名牌产品3个、绿色食品1个。

德庆县：2011年，德庆贡柑位列（获评）“岭南十大佳果”之首，德庆沙糖桔荣获特色产业发展大奖，全县九成以上农户种植柑桔，总面积达30万亩，投产面积约27.5万亩，总产量达12亿斤，农民人均柑桔收入超6000元，占农民人均年纯收入的55%以上。2013年，全县农业实现总产值37.5亿元，增长6.5%；农民人均纯收入14311元，增长13%。以柑桔特色产业为主导，稳定粮食生产，推进农业多元化发展，形成了71.5万亩南药（肉桂、巴戟、广佛手、何首乌）种植规模，5500亩优质蔬菜种植基地。2015年，巩固贡柑产业，大力发展紫淮山、何首乌、巴戟等“大红大紫”特色绿色农业，全县种植紫淮山3万多亩。2016年，柑桔产业继续巩固发展，建成年产20万株的柑桔无病毒苗圃，德庆贡柑和德庆紫淮山“双轮”驱动助农增收新格局基本形成。

广宁县：2010年，广宁大力发展特色农业，优质沙糖桔、竹子、现代林业、食用油茶、有机蔬菜、优质生猪、竹园鸡七大特色农业基地建设不断推进。广宁县被授予“中国沙糖桔之乡”称号，沙糖桔有机化生产示范基地达到9.8万亩，广宁沙糖桔被评为“中国十大名桔”，第一吉牌有机沙糖桔获得广东省名牌产品称号。至2014年，食用油茶、大肉山楂、有机蔬菜等特色农业产业逐步形成规模。2016年，推进实施一镇一农业园特色农产品项目，目前共有10个镇8个主题品种，规划面积3.65万亩，完成建设面积2.62万亩，初步形成油茶、南药（何首乌）、清桂茶等特色农业基地。江屯镇毛叶山桐子大型标准化工业育苗和种植基地初具规模。

怀集县：2014年，怀集县华天达沙糖桔、新岗高山冻顶茶、威州怀集油粘米获“广东省名牌产品”称号，莫氏大蜜李再获“绿色食品”认证。至2016年，拥有怀集茶杆竹、汶朗蜜柚、桥头石山羊、谭脉西瓜等4项国家地理标志保护产品 。此外，怀集县还有广东省名牌产品7个、“绿色食品”认证6个，共有12个产品列入“广东省名特优新农产品目录库”。

封开县：2012年，封开杏花鸡荣获“2012年全省十大最具人气土特产”称号，“贺江”牌优质米获“绿色食品”认证，益信公司被评为“省重点生猪养殖场”“全国生猪标准化示范场”和“国家级创新核心基地”。2013年“贺江”牌优质米获国家绿色食品认证。封开油栗成为国家地理标志保护产品，并入选“广东十件宝（旅游土特产类）”。2014年，油栗种植省级标准化示范区获省批准立项。杏花鸡申报国家地理标志产品保护工作已启动，杏花鸡被评为“广东名鸡”。

四会市：2015年兰花种植面积超3500亩，石狗兰花种植专业镇成为珠三角最大的兰花种植基地，传统优质砂糖桔经过产品改良，抗虫害能力得到进步增强。四会玉器产业历史悠久，虽然不是农业产品，但是多年的发展已经形成具有地域特色的优势产业，且由于很多当地农民从事这一产业，也成为重要的涉农特色产业。而近年来，随着电子商务的发展，四会玉器产业进一步壮大。2015年、2016年四会蝉联“广东电商十佳县”“广东省大众电商创业最活跃十佳县”，2016年电商成交量超5亿元。成功与阿里巴巴集团联合打造“文化中国——四会翡翠馆”，49家玉器企业入驻“闲鱼拍卖——四会玉器产业带”。

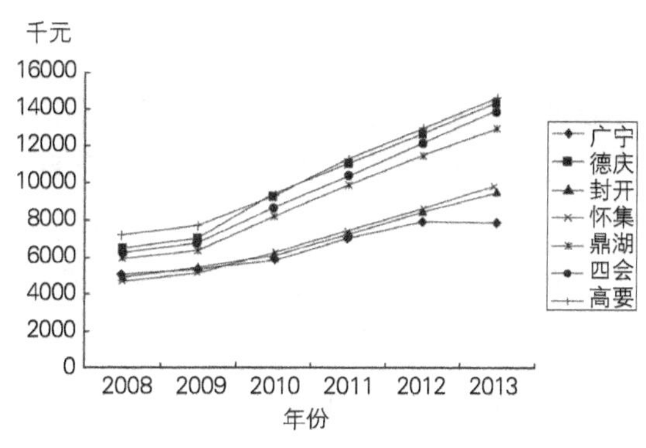

图4-20　肇庆农村人均（纯）收入

特色农产品种植、加工、经营，促进了农民的收入增长（见图4-20，表4-9）

表4-9　2014—2015年肇庆各县区农村居民可支配收入

单位：元

地区	2014年	2015年
广宁	10056.5	11537.6
德庆	13924.4	15331.2
封开	10521.1	11532.4
怀集	11121.8	12569.4
鼎湖	16672.3	18133.5

续上表

地区	2014年	2015年
四会	16628.4	18097.6
高要	14113.7	15798.0

注：由于肇庆市统计部门2014年开始正式对外发布农村常住居民人均可支配收入，不再发布农村居民人均纯收入。指标改革前后，农村住户调查在调查范围、调查方法和统计口径均有一定的变化，2014年发布的农村居民人均可支配收入与2013年前所发布农村居民人均纯收入指标不完全可比。2014年增长按可比口径计算。

第二，主要问题：食品饮料、特色农产品行业的主要问题，仍在于产业规模小，自有品牌特别是特优名牌少。截止2015年8月肇庆全市创建了20个省级农业名牌产品，111个农产品获得无公害农产品认证，14个种植业产品获得绿色食品认证，名特优新农产品正成为拉动全市农业经济增长的新引擎。①相比广佛，尽管广佛农业发展产值占整个国民经济比重小，但两地2015年省级农业品牌仍有31个②，肇庆作为农业大市创优品牌仍有很大的改进空间。因此，肇庆今后发展仍需要大力引进大型企业（特别是广佛地区的企业）项目进驻，同时加强资源整合，注重产业整体技术改造与技术升级，创新与提升自主产品品牌。

（4）南药药材产业

第一，发展现状：药材种类多，药性好，产量逐年上升。肇庆地区山林茂密，特种药材齐全，是华南地区重要的药材来源地，即著名的南药基地。肇庆种植的何首乌、巴乾、茨实、肉桂等特色药材，具有非常好的疗效，是国家药典重要的药源基地。特别是广宁的南药基地，每年出产大量的原生药材，对于促进广东省、华南地区，乃至中国的传统中医药药物制剂制造做出了重要的贡献。2012年德庆县肉桂、巴戟、广佛手、何首乌等南药产业形成70多万亩的种植规模，成为广东中药主要产业化基地。

第二，主要问题：南药基地总体上分布散，规模化与人工化种植相对不足。目前要下大力气做好原生药材的保护与可持续利用，同时也要注意人工培育。特殊的地理位置与气候条件对于人工药材的成长起到重要的作用，这些方面需加大经费投入，进一步研究如何做到适温适土促进药材生长。目前，人工药材的种植、养护，无论从数量上还是质量上都需要提高，在这方面，广佛地区相关科技力量的介入与合作推动至关重要。

① 杨缮铭.肇庆120个名特优新农产品集中亮相[DB/OL].http://www.qb.gd.gov.cn/tzcy2010/201508/七20150821_673037.html

② 广东省农业厅：关于对2015年广东省名牌产品（农业类）予以公示的公告[DB/OL].http://www.gdagri.gov.cn/zwgk/tzgg/201510/t20151015_524249.html

第五章 珠三角欠发达地区与发达地区产业错位发展对策分析

珠三角欠发达地区与发达地区产业错位对策主要探讨肇庆与广佛地区产业错位中存在的问题对策。

根据广佛肇地区产业发展的定位分析，可以看到三地产业各有特色，梯度发展规律明显，错位发展是现实要求。

根据三市产业发展的优势与定位，肇庆发展的错位产业（本章主要视角），应促进本地与广佛优势互补，资源共享，产业一体化发展。但对产业错位过程中存在的问题，要积极加以解决。这些问题，既有宏观政策（政府）层面的问题，也有微观具体产业的发展（其中也会牵涉政府的合作）问题。在发展过程中需要聚焦资源性产业的转移升级、配套型产业的信息搜集、传统产业的优化特色发展等问题。

下面从宏观政策以及微观传统、特色、配套等具体产业错位角度分别探讨广佛肇产业错位对策，并延伸开来探讨整个珠三角（以及国内）欠发达地区与发达地区产业错位一般可以采取的措施。

基于产业错位中三地政府合作出现的问题以及各类产业错位下各产业出现的问题前文已述，下面主要探讨相应的对策思路。

一、产业错位中政府的角色定位——基于宏观政策视角

广佛肇产业错位的发展策略，既要重视微观层面的探讨，也要注重宏观方面策略，而宏观的策略往往以微观为基础的。笔者在探讨各类典型的错位产业对策的同时，对于三大类别的产业错位（整体上存在的问题）也给予相应的宏观政策对策探讨，这不仅适用于广佛肇地区，而且对于珠三角、乃至全国欠发达地区与发达地区推进的产业错位都有一定的启示意义。

微观的探讨，蕴含在各类产业错位中，在下文探讨。本节首先探讨宏观政策，即总体上政府在产业错位中的合作角色，之所以探讨政府在产业错位中宏观政策协调者的角色，笔者认为，当前产业错位政府推动作用仍很明显，市场作用需要经济发展更成熟时才能体现其主导的作用。

（一）市场引致的产业错位存在局限，需要政府的引导参与

不同产业错位主要应由市场主导，这是遵循资源配置的市场法则体现。市场引导的产业错位一般应体现：第一，遵循产业的资源优势发展原则。即要运用资源禀赋发展产业，这些资源禀赋不仅是指人力资源，也包括自然的工业资源与其他生态资源等。第二，利润最大化的原则。产业错位要实现产业发展最大化利润要求。

但在实际产业发展过程中，尤其是某些欠发达地区，如无政府等公共部门的引导，一味跟随市场的牵引，往往会导致发展的盲目无序，不仅不能促进本地产业发展，而且会阻断本地产业的未来成长。其主要表现在：①发展某些不可持续的产业。特别是那些不顾环境、巨额耗费资源、损伤后代发展基础的短期产业。②不按经济规律办事。不顾地区经济发展的实际，盲目与发达地区攀比，争抢上自己并不具备发展条件（科技实力）的大项目，而不愿做与发达地区先进制造业“配套”的或辅助的产业，结果可能要么“拔苗助长”，产业快速消亡，要么出现“滥尾工程”，留下难以消化的后遗症。③不愿在产品特色上下功夫。特别是不注重特色产品加工工艺的改进，“吃老本”；不注重对生态资源精细化的保养（包括盲目引进污染性项目等）。总之，以上完全由市场引导形成的产业错位极易生发不注重产业发展阶段性、可持续性、整体协调性等弊端，会损害产业健康发展。

基于上述，笔者认为，完全市场化的产业发展，尽管也会注重发挥企业（产业）核心竞争力、力求使产业利润最大化，但是由于过于注重自身一时利益，往往不注重资源长期利用，难以使社会资源达到最优配置效果，也难以实现互助合作，即发挥合作共赢的优势，以及充分践行社会责任等。所以笔者主张，产业错位发展是要尊重市场的基本法则，但过度的市场化（况且，目前一些市场规则发育仍不健全），往往会损害产业发展，这对于欠发达地区尤为明显。也就是说，过多市场化“试错”的结果往往会损伤产业发展的公平原则，难以实现资源最优配置效果，所以需要政府的大力参与。

因此，当前地方政府在产业合作与选择上仍担负重要责任，可以说，目前政府多方面恰当的参与过程事实上是政府与市场共同发挥最大优势的过程，即做到政府引导市场、市场在合理的规则框架内充分利用市场法则实现经济与社会效益的最大化。这个过程是政府与市场互动的过程，这个互动过程的优良演绎，就是产业错位发展的最优路径。而这个过程从显性角度看，主要体现在两地（或多地），即相邻地区政府对产业错位“合作推动”上，因为它比一般基于纯粹市场作用缓慢引发出来可能不规范（如上述）的产业错位实践更容易被公众看到。也就是说，当下产业错位路径的科学性，在市场不健全的当代中国，一定程度上要看政府引导的合理性与否，因此，政府通过合作不断优化改进推动产业错位发展的过程，就是根据市场

需求，使产业错位路径不断走向科学化的过程。

（二）推进产业错位发展亟需政府间多层面合作

1. 建立合作机制

根据产业发展需求，目前，两地（或多地）政府推进不同产业错位主要有两个方面任务，即通过有关协作机构[①]，合作推进产业错位发展；协调解决有关利益冲突等。因此，毗邻的欠发达地区与发达地区政府合作能够推进合作机制的完善，引导产业转移与产业合作建设，解决合作中的利益分享与补偿等问题。

合作机制建立主要达到区域合作目标，即通过政府主导的行政力量的干预，消除区域间政策壁垒，以达到促进区域要素流动，实现资源有效配置的目的。政府应推进建立一种既有制度制约又有利益驱动作用的区域产业合作机制，这样保证区域内各方利益诉求，又提升区域产业的整体竞争力。这种合作机制建立，既要注重宏观引导，也要注意可操作性。具体建议有以下两方面。

第一，加强规划引导与政策支持。广佛肇三地应在体制上进行大胆创新，出台可操作性具体政策支持三地经济及产业的发展，规划产业分工与定位，促使区域产业错位协同发展，使广州的优势产业链在佛山、肇庆得到延长，佛山的传统产业在肇庆得到转移和承接，肇庆则利用其资源优势，使高新技术产业和战略性新兴产业得到培育和发展，推动产业价值链向高端延伸。

第二，建立合理的利益共享原则。区域经济发展中很重要的一点是做好区域各地利益协调。广佛肇三地正在努力建立有效的利益协调机制，即制定互惠的产业发展规划，以自身发展为前提和长远利益为目标，通过合理科学的分工，充分发挥各方优势，达到利益共享。以广佛肇产业错位发展来看，三地政府均可根据自身优势，确定自身发展方向，实现资源的有效配置，更合理进行利益分配。

2. 合作解决产业错位发展中利益纠纷

建立合作机制，其最核心的工作就是解决产业错位发展中可能产生的利益纠纷。

各类产业错位有合作，也有利润分成方面产生的纠纷；还有某些产业无法发展带来的利益补偿诉求，这些诉求一旦无法满足，会出现各种利益纠葛，或导致产业重归无序开发等。这需要两地、多地政府聚集力量戮力合作，解决难题。

---

① 如落实常规化市长联席会决议的政府间合作组织等。目前广佛肇每两年一次的三市市长会议，探讨彼此的关切问题，特别是探讨合作推进产业发展问题，这对于推动三市产业的错位发展起着重要的作用，特别是统筹推进大项目与建立产业合作区的问题。三市政府间有协调组织（通过设在各市政府机构中专门组织协作开展日常工作）合作推进市长会议决议的落实。此外，也有通过跨地的行业协会等建立民间常态的协调机制，配合政府做好企业生产方面的合作与指导，完善相应的处罚与救济机制。

首先，根据上述合作机制建立的目标之一即利益共享原则，完善利益分享机制。不管合作建设产业园区，合作培植"转入企业的根植性"，合作推广欠发达地区产品等，都需要长效机制的建立。在这些地区，特别是广佛肇三地政府有合作，但如何协调具体的利润分成标准，则需要三地政府、相关企业多方面探索，需要根据产业发展的制约因素，综合成本，科学测评盈利空间，订立规范的又有一定弹性的利润分享、入股分成等规范合约。比如，合作共建期间，引进项目投产后新增的增值税、所得税地方留成部分，各方可按一定比例分成，地区生产总值等主要经济指标按比例分别计入。对于一时无法界定或发展不明朗的朝阳产业盈利空间尚需要实践中因时、因地、因合作事项酌情确定利益分享比例。

其次，健全合理化的补偿机制。这特别对于传统型产业错位发展（如在肇庆地区推进与广佛梯度转移错位发展）尤为重要。各个地区都想发展利润丰厚的产业，在国家、省基于主体功能区规划而推行产业一体化分工政策指导下，各地从大局出发可以暂时推进错位发展，但很难阻止一些违规的行为。尤其是在某些有生态保护责任的欠发达地区，其症结之一在于有些基于环保要求无法发展或无法充分发展的产业，在没有或没有充分实施相应的生态补偿①情况下，政府合作协调（即杜绝发展或限制地发展某些产业）有一定的难度，而在目前生态补偿问题操作起来因为牵涉因素较多，难以短期建立起各方认可的制度规范情况下，无疑加大了这一难度②。

目前相关地区都在探讨两地或多地生态补偿机制建立中的一些细节问题，特别是如何确定补偿标准的问题。作为河流上游地区（如肇庆），为相邻的下游地区（如广佛地区）饮水安全、空气洁净，树立了生态屏障，同时也牺牲或部分牺牲了以环境消耗为基础的资源禀赋好的产业，而这无疑对于政府财政收入、群众的收入等都有一定的制约作用。那么，下游受益地区如何给予上游地区一定的补偿？即在

---

① 应该说，基于产业错位实施的生态类补偿和一般的生态补偿有一定的区别。一般的生态补偿，是对维持（保护、防治）原生态以及对本地不能发展与资源保护密切相关的资源类产业其可能带来的损失（机会成本）给予的相应补偿；而产业错位类的补偿，除了考虑一般的补偿外，还有一种情况，即发展的产业是在维持原生态基础上与其他地区不一样（错位）并有一定限制的生态类产业（如生态旅游产业等），但这种产业往往不如利用本地某种资源（这类资源的利用可能带来生态破坏）发展的工业获利更多，这类资源型产业超出生态类产业的多余机会成本，或讲可能带来更多的收益，相应受益地区应给予一定的补偿。

② 尽管目前全国有些地区如福建、浙江等省，对河流中上游区域生态补偿有一定的制度规定，如福建省《实施江河下游地区对上游地区森林生态效益补偿》（2007年）；江苏省《江苏环境资源区域补偿办法〈试行〉》（2008年）；浙江省《浙江生态环保财力转移支付试行办法》（2008年）；山西省《实施地表水跨街断面水质考核生态补偿机制》（2009年），等。但实际上由于补偿标准动态变化、监督机制等不健全，实施起来有一定的难度。此外，基于产业错位角度针对河流上中游予以多层次补偿的理论研究或实践探索，则基本上处于空白。

哪些区域、哪些产业、是年度或季度补偿等问题上都进行了细致的探索。但目前由于没有国家层面相应细致化的法规政策（如《生态补偿条例》等）作为参照，加上补偿资金来源缺乏；各欠发达地区发展水平不一样，对补偿范围、补偿标准多处于探索阶段等，因此生态补偿实际上很难操作。这有待于各地政府根据地区发展实际积极寻求有效解决之道。笔者认为在当前各地发展经济、改进民生作为政府主要工作的社会背景下，这些补偿应更多体现在对欠发达地区的产业发展优惠帮扶上，即不论从节能环保技术、产品优质生产、产品包装营销等方面，发达地区应给予欠发达地区更多实际的帮助。而广东省推进实施的产业转移、劳动力转移的"双转移"战略，以及推进实施的发达地区对欠发达地区"规划到户，责任到人"的扶贫开发战略无疑对这一问题提供了较好的诠释。

（三）不同产业错位下政府角色应展现不同特点

即在传统梯度转移、配套以及特色产业错位下，政府如何合作是各有差别的。从这个角度上，政府合作虽总体是宏观政策层面的内容，但在具体产业上（下文在微观对策相应部分详述）也体现微观（即个体产业发展）推动者的角色，即体现微观性一面。

二、完善产业错位发展路径——基于产业发展微观视角

在广佛肇产业错位合作与发展中，肇庆市应利用下辖各县（市）、区产业发展优势，以创新为先导，以体制创新为保障，以资源整合为手段，以提升区域产业竞争力为方向，以梯次推进、优势互补、合作共赢为目标，实现梯度产业合理发展，清洁生产；配套产业协调发展，特色产业互补协作发展，打造合理的富有竞争力的广佛肇区域产业集聚区。这个产业发展的进程中，需要进行体制机制创新，优化产业错位发展的路径。

（一）梯度转移型产业错位发展对策分析

1. 应持续推进传统产业错位发展

梯度转移（传统）的产业错位，承接转移的产业主要是一些传统的产业。肇庆五大优势传统产业分别是建筑建材业、食品加工业（在特色产业部分详述）、纺织业、化工业和森林造纸工艺品业。2010年肇庆传统优势产业总产值是823.89亿元，占规模以上工业总产值比例的69.88%，五大传统优势产业增加值是194.77亿元，占规模以上工业增加值比例的67.73%，占地区生产总值比例的22.60%（古学彬，2012）（见表5-1、图5-1）。但与工业发达的佛山比较，五大传统优势产业的总产

值和增加值分别相当于佛山的13.2%和11.3%的水平。由于用地困难与环境约束，一些传统型产业在广州、佛山已渐渐失去了发展的优势，欠发达地区肇庆应发挥自然禀赋比较优势，抓住时机，推进与广佛产业错位（梯度转移即传统型产业错位）发展，打造成为传统优势产业转移升级基地，这对于壮大经济总量、提升产业发展质量，减轻自身赋税压力和融资压力，缩小与广佛之间的差距具有重要的意义。

表5-1 2010年广佛肇三市及全省的传统产业指标数据表

	肇庆	佛山	广州	全省
增加值占规模工业的比例 / %	67.73	62.14	57.54	53.65
增加值占GDP比例 / %	22.6	54.98	12.01	17.34

资料来源：《广州市统计年鉴（2011）》、《佛山市统计年鉴（2011）》和《肇庆市统计年鉴（2011）》

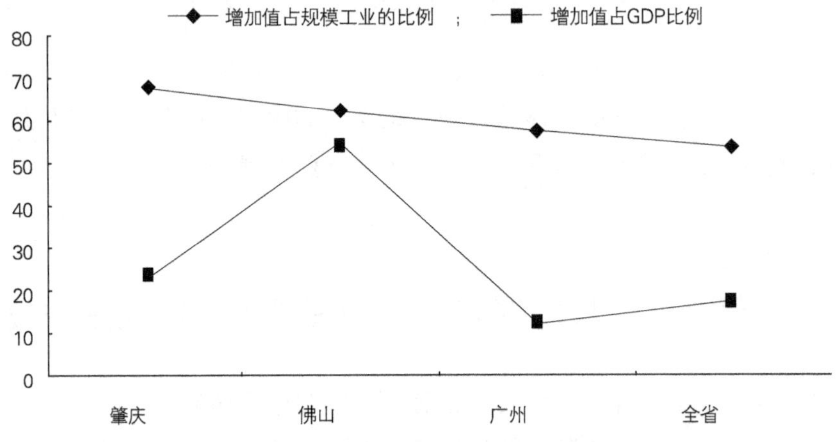

图5-1 2010年广佛肇三市及全省的传统产业指标比较

对于实践中如何推动传统产业错位，三市合作主要表现为两个方面：一是通过产业协作进行，重点是推进三市接壤区域产业协作（如花都与三水、三水与大旺、高明与高要等重要地区周边产业协作），加快推进白鹅潭经济圈、东平新城等建设，形成若干共同发展区域。二是推动传统制造业梯度“转移”（主要转移到肇庆）。

为解决用地不足问题，广佛部分产业已经将产业链延伸至肇庆，比如，从佛山转移至肇庆的广东鼎丰纸业有限公司和亚洲铝业股份有限公司，这类的金属制品与造纸业，恰恰就是利用肇庆土地面积优势及完善配套设施发展起来的。三市合作的两个方面，前者有利于广佛肇经济圈的区域协调发展，后者通过制造业的产业链延伸有利于广州、佛山对肇庆的辐射和带动，使得三地传统产业错位发展实现合理分工，优势互补。

2. 进一步促进传统产业错位发展的主要战略思考

应说明的是，本处传统产业是指梯度转移产业。我们从肇庆市错位产业的自身问题以及珠三角欠发达地区与发达地区[①]（乃至国内相类似的地区）两方面寻求相应对策。

（1）广佛肇梯度转移产业具体发展的对策

即戮力解决各种类型传统错位产业发展中存在的问题，推进各产业适度发展。

水泥产业注重地区布局优化，注重优质化、品牌化发展；建筑瓷砖产业注重引进技术设备，改进生产排放标准；木材家具行业注重资源的合理利用；林产化工业注重规模化生产，形成完整产业链，并努力延长产业链等。风能、生物能、循环经济–塑料产业等注重借助广佛的技术力量，推进产量提升与技术符合国家国际标准。但总的来说，这些各行业需要（借助广佛的力量等）推进传统产业的升级与节能减排。

如上所说，肇庆各类传统产业发展促进了经济增长和人们就业。但除了资源类产业，比如风能、生物能等污染小或者无污染外，大部分产业的发展都带有一定的污染性（水泥、瓷砖、家具等）。

尽管发展梯度转移的产业有一定的污染性，而且“工业生产过程中需要大量使用物质资源并消耗不可再生的能源，有时还会排放各种有害物质（废气、废水、废物）；但是经过改造，‘转移的产业可能优于源地产业’；同时我们也必须看到，不可能以不发展实体产业的方式解决资源环境问题。相反，只有更先进更强大的工业才能应对资源环境压力。也就是说，只有工业化才可能奠定解决资源环境问题的物质技术基础。只要有科学技术的支持、先进发达的工业，所有物质都可以成为资源，‘废物’也可以造福人类。工业创造了人类可以生活的环境，但也给环境造成了压力，不适当的国内工业开发可能会导致环境破坏，但只有更先进的工业技术才能保护和改善环境。所以，根本的问题是要提高工业的绿色化程度，并以更发达和更先进的工业技术才能保护和改善环境。总之，虽然工业生产对自然环境可能产生不利的影响，但从全局的和长远的眼光来看，工业发展可以从根本上发挥保护和改善环境的积极作用（金碚，2013）。”

也是基于以上考虑，肇庆发展相关工业有其必然性，但是，完成技术改造升级需要投入与多方参与。肇庆在注重发展梯度转移产业规模，形成上下游完整产业链以及对区域分布进行合理规划以后，如何提高发展的质量，即升级改造成为各市面

① 实际上也主要指推进产业错位的肇庆与广州、佛山地区（以下2类产业错位与此相同），因为正如上文所说，在珠三角地区肇庆是典型的欠发达地区，山区多，收入低，是珠三角各市引入转移园最集中的市。珠三角相比较经济水平靠后的地市如江门、惠州等，接受来自相邻市产业转移的较少。

临的重要难题，也是亟需解决的问题。不管是煤改气还是脱硫技术都需要资金、技术的配套与支持。在企业的发展过程中，既需要企业自身（为排污）“买单”，也需要政府的支持，即：出资、出政策、提高准入门槛等帮助企业节能生产，限制低劣企业进入；或者与其他毗邻地政府的合作，即通过更多与广佛合作，争取广佛技术资源的支持或者提供补偿性的支持。[①]

当然，对于风能、生物能则要利用广佛等地的科技力量，合理开发利用，补充石化能源的不足，并且保证这类能源的未来有可持续利用空间。

（2）梯度转移产业中政府密切合作——目前珠三角欠发达地区与发达地区（及国内相关地区）产业错位发展一般规律

肇庆梯度转移产业的发展除了克服自身成长的一些特有的问题外（诚如上文所述），也应注重欠发达地区推行与发达地区错位发展中的该类产业出现的一般性规律的问题，着力解决一些共性的问题。

推进传统梯度转移产业发展，除了各产业自身的发展以外，还要注重发挥政府的作用。

毗邻地政府的合作（如广佛肇地区），推进相关产业的发展主要有两类活动，即：在欠发达地区（如肇庆）合作建立产业园区（梯度转移产业目前主要分布在各类产业园区）；合作培养产业的根植性。作为欠发达地区肇庆各级政府应更多担当主动协调的角色；发达地区广佛各级政府也不应担当“被求的”角色，而应当认识到，与欠发达地区肇庆的合作，是帮扶，但更是增加财政收入、扩大影响、推进自身产业升级的措施。

首先，合作建立产业（主要是传统产业聚集区）园区。传统产业错位政府间的合作主要体现在发展欠发达地区的各类产业园区上，目前在各类产业转移园总体发展处于起步阶段时，主要是合作完成产业园区的路网、水电等基础工程。即两地（或多地）政府应就上述产业园基本建设问题进行磋商与合作。肇庆的怀集县是个典型的山区县，怀集工业园是中山市大涌镇帮助建立的产业转移园。由于资金不足，产业园区的基础设施建设等部分是由中山市政府及牵引的企业单独或帮助建设的，而对于园区建成后如何使用，即未来的利润分成问题，双方也有利益共享的有关约定。两地政府合作建设产业园区，大大促进了产业园区基础设施的建设速度以及吸引优质企业的进驻。合作的利润分享有关协定也有利于中山充分利用怀集的丰沛自然资源，发展自身相关产业。此外，怀集县还利用佛山南海区力量建立“飞地”产业园区[②]，这也是发达地区引导欠发达地区产业发展的有效举措。

---

① 如何解决梯度转移产业的环保问题，在本节（3）中详细探讨。

② 即南海市政府及关系企业出资合作开发怀集某些地域的资源，合作建设资源类产业园区。

其次，合作培养产业的根植性。产业转移园欲进一步做大作强，需要两地政府密切合作，培养引进产业的根植性。建设产业转移园，引进相关企业只是产业转移的第一步，只有把引进企业的“根”留住，园区产业才有持续的发展。这需要政府推动或合作。

欠发达地区政府（如肇庆）应与发达地区政府（如广佛）密切合作，通过发达地区政府有关部门（及相关企业）了解转入企业的原产品销售渠道、原材料的采购环节以及政府的配套政策等，从而采取切实措施，确保转入企业的配套企业、配套项目及时跟进，或积极牵线给予项目实施提供便利条件，在此过程中，特别要在本区域内部充分调动本地企业主动与进驻企业形成上下游关联企业，即主动抱团，以使迁入企业所在的产业能逐步形成上下游配套齐全的产业链，以此培养外来企业深入本地化发展的“感情”与“激情”，即有利于引进企业（产业）根植式地发展。

发达地区（如广佛）对欠发达地区（如肇庆）的合作帮扶主要体现在帮助转移来的企业变成“本地”企业上，这个过程需要政府（及其牵引企业）大力推进，特别在资金注入、技术培训、产品推广等方面给予大力支持，使入驻企业尽快克服员工使用、生产与销售等环节难题，促进企业融入欠发达地区产业链中，并尽快能起到领头羊作用。发达地区由于与这些企业多年的合作，对这些企业的支持也会使它们承担起发达地区与欠发达地区之间桥梁纽带作用，一方面促进欠发达地区的企业整体质量提升；另一方面，这些企业及逐步发展起来的关系企业，也会为发达地区的高端企业提供优质原材料、半成品生产基地，并会带动一批相对固定并不断壮大的原发达地区产品消费群，即这些企业及关系企业会成为发达地区产品的“营销师团”，促进发达地区产品推广。

当然，发达地区对欠发达地区的产业帮扶也需要两地政府对于合作帮扶的利益分成问题认真协商。

（3）梯度转移产业发展的核心问题（环境保护问题）——珠三角欠发达地区与发达地区（及国内类似的地区）转移产业生存之根本

目前，肇庆地区利用自身的良好自然条件，发展并吸收、引进了大量来自广佛地区的“工业资源禀赋”类产业，由于这些产业对土地、人力、能耗要求较多，与当前整体经济的低碳化、可持续等有一定的背离，所以，在“既要金山银山也要青山绿水”成为欠发达地区的共识情境下，肇庆需要对于产业进行“低碳化”过滤，即对这类产业今后发展与引进需要设置环保门槛、需要升级改造等。此外，应争取完善区域合作制度，夯实走产业低碳化的长效机制，力争与广佛地区错位的产业尽可能符合“低碳化”发展要求。

具体来讲，肇庆等欠发达地区应遵循国土功能区划对环境容量的要求，对产业进行甄选、改造与转移升级。也即产业错位下的产业成长需要遵循以下基本的原则：引进的产业要按照低碳化发展要求精心选择；已进入的产业应按照低碳化方向不断转型升级；健全有利于生态持续保护的制度规范。当然在实施上述战略过程中，临近地区（如广佛肇，必要时需要省级政府参与）应合作推进产业低碳化并制定落实利益共享机制，这也是肇庆产业低碳化发展战略的拓展与必要组成部分。

①产业发展应体现国土区域功能区划对生态保护的要求。

根据国家国土功能区划，2012年制定的《广东省主体功能区规划》（见图5-2）中，广东省域范围主体功能区包括优化开发、重点开发、生态发展和禁止开发四类区域[①]。其中优化开发区域24379平方公里，占全省的13.55%；重点开发区域37438平方公里，占全省的20.81%；生态发展区域118086平方公里，占全省的65.64%（其中，重点生态功能区61146平方公里，占全省的33.99%；农产品主产区56940平方公里，占全省的31.65%）。优化开发区域和重点开发区域合计占全省的比重为34.36%。优化开发、重点开发、生态发展三类区域合计占全省的比重为

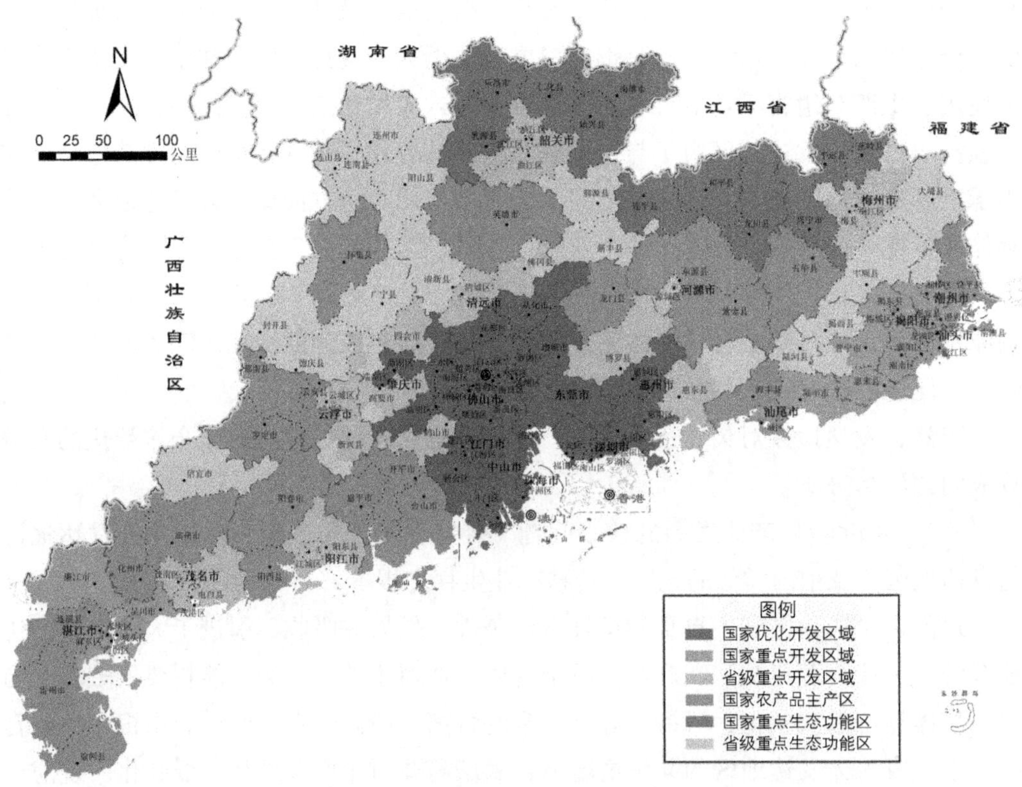

图5-2 广东省国土功能区划图

① 优化开发区域是指国土开发密度已经较高、资源环境承载能力开始减弱的区域；重点开发区域是指资源环境承载能力较强、经济和人口集聚条件较好的区域；生态发展或限制开发区域是指资源承载能力较弱、大规模集聚经济和人口条件不够好并关系到全国或较大区域范围生态安全的区域；禁止开发区域是指依法设立的各类自然保护区域。

100%，另有点状分布在这三类区域的各类禁止开发区域面积共25646平方公里，占全省的14.25%。[①]

本书从产业错位发展的角度论述的欠发达地区，主要指珠三角外围优化开发区域、重点开发区域与生态发展区域，尤其是生态发展区域（包括重点生态功能区与农产品主产区），这是主要欠发达地区集中的地方——特别对肇庆地区而言，全部地域中两区属于优化开发区域，两个县级市是重点开发区域，四个县域是生态发展区域。

优化开发区域、重点开发区域与生态发展区域，都需要对资源进行保护。在产业错位发展进程中，要修订现行产业结构调整指导目录，进一步明确不同主体功能区鼓励、限制和禁止的产业，即按照主体功能定位合理规划产业布局。编制专项规划和布局重大项目，必须符合各区域的主体功能定位[②]。特别对适合在重点生态功能区和农产品主产区发展的特色优势产业，在资源环境可承载前提下，对其发展予以扶持。在生态发展区域内，对生态环境有可能造成较大影响的产业应列为限制类；对空气、水资源等生态环境有较大污染的产业应列为淘汰类，杜绝引进。

②产业引进要有助于地区生态优化发展的指标落实。

为推进《规划纲要》实施，广东省2009年制定了落实“四年大发展”考核指标（“九年大跨越”等也有类似指标，此处略）。其中关于生态环保指标主要有：污水处理率、绿化率、单位能耗等，珠三角9个地市根据自身发展情况各自确定了分解指标（肇庆市指标参见表5-2）。这对于处于欠发达地区的肇庆推进产业，特别是错位产业的低碳化、可持续发展提供了客观的界限标准，即产业发展应符合相应的指标要求，特别是生态的要求——产业应当是增进或促进这些目标的实现（可通过制定相应行业环保准入与发展标准具体落实到位，如下文所述），而不是降低或消耗这些指标，换句话说，不利于生态发展，延迟生态达标的产业都要禁止或限制发展。

根据以上发展指标，欠发达地区推进产业错位发展，需要注重产业项目的精心选择，需要对产业项目进行详细的环境评估，力求引进节能降耗好、环保水平高等符合低碳化发展的产业项目。

---

① 广东省人民政府关于印发广东省主体功能区规划的通知（粤府〔2012〕120号）[DB/OL].http://govinfo.nlc.gov.cn/gdsfz/zfgb/428871a/201212/t20121228_3199536.shtml,2012-11-09.

② 根据《肇庆市主体功能区规划》、《肇庆市人民政府关于促进工业主导产业集聚发展转型升级的若干意见》，肇庆市从2013年起，水泥产业集中在封开、德庆两县发展，其他区域今后不再布局；对陶瓷产业，集中在德庆、广宁两县布局，其他区域禁止再上此类项目。

表5-2 肇庆市推进《规划纲要》实施“四年大发展”主要指标年度分解表

（与产业低碳化发展有关的指标）（2009—2012年）

序号	主要指标	2009年	2010年	2011年	2012年
1	城镇污水处理率/%	57.1	68	76	80
2	城镇生活垃圾无害化处理率/%	38.5	40	62	70
3	工业废水排放达标率/%	95.7	90以上	90以上	90以上
4	单位GDP能耗/吨标准煤/万元	0.844	0.798	0.674	没分解
5	二氧化硫排放量/万吨	3.13	3.33	没分解	没分解
6	化学需氧量排放量/万吨	3.28	3.18	没分解	没分解
7	森林覆盖率/%	67.4	67.6	67.8	67.9
8	人均公园绿地面积/平方米	21.10	21.12	21.13	21.15

资料来源：根据肇庆市政府落实《规划纲要》资料（2009年）整理而得。

目前欠发达地区选择错位产业还应立足于选择那些可以开展清洁生产①的优质产业。对于欠发达地区而言，传统产业，如金属加工、建筑材料、林产化工、印染纺织、食品饮料仍然是工业经济的主体，也是错位产业集中区域，是资源消耗的主体，这与工业节能减排的目标指向——造纸、印染、陶瓷、水泥、建材等产业有一定的冲突，由此可见节能减排任务艰巨。基于此，作为欠发达地区的肇庆这些年来在下大力气发展工业经济的同时，一直强调、坚持保护环境优势，但目前肇庆市淘汰落后产能对能耗下降的拉动作用已明显减弱，肇庆市的大中型企业大部分已实施了节能技术改造，继续开展节能技改的潜力已经有限，中小企业方面，淘汰落后产能，发动企业开展各类大小规模的节能技改、集腋成裘式的节能手段基本已被发掘利用。正是在此前提下，肇庆市面对环境压力，提出“要持续推进节能降耗，必须面对结构节能、能源替代等深层问题。”因此，开展清洁生产，拓展新产业的发展空间，成为肇庆市传统产业发展的新亮点，这也成为衡量产业引进的一个标准，即能否开展清洁生产也是今后引进传统及其他产业重点考虑的问题。2012年底，肇庆市有114家企业实行清洁生产，全市308家重点企业全部完成清洁生产验收工作②。

① 清洁生产是指既可满足人们的需要又可合理使用自然资源和能源并保护环境的实用生产方法和措施，其实质是一种物料和能耗最少的人类生产活动的规划和管理，将废物减量化、资源化和无害化，或消灭于生产过程之中。清洁生产包含了两个全过程控制：生产全过程和产品整个生命周期全过程。对生产过程而言，清洁生产包括节约原材料与能源，尽可能不用有毒原材料并在生产过程中就减少它们的数量和毒性；对产品而言，则是从原材料获取到产品最终处置过程中，尽可能将对环境的影响减少到最低。

② 陈洁. 发展传统产业面临节能减排的压力，何去何从？我市114家企业走向清洁生产[N].西江日报，2013-6-13（3）

③引进产业应不断转型升级，确保其发展的低碳化与可持续性。

应该说，欠发达地区引进的产业，很难杜绝污染性这一问题，因为从发达地区转移来的产业多是发达地区产业链末端的产业，或者如雁行模式所说的“夕阳产业”，但这些产业在欠发达地区如果还是走传统的老路，只能短暂地生存——特别是对那些过度追求GDP的地区，但无法长久发展，毕竟过度消耗资源的生产模式是不可持续的，而且给欠发达地区带来的是更大的隐患，因为改造污染后的环境所付出的成本远高于获得的收益，这已是国内外先行地区提供的鲜活的经验。在当前我们提倡幸福导向产业发展的时代背景下，在发展经济的同时，青山绿水也要保存，或者更好保存，这除了遵循国土功能区划基本要求，在产业（项目）引进中甄别选优外，更要秉持长远、不求一时获利的原则，对引进来的产业，应力促其根据环境需求不断升级改造，使其在更高层次上优化发展，为企业与地方经济带来持续增益。也就是对土地用量大、人力耗费多、自然资源依赖较强的产业，应根据本地实际，适度引进，并引导其持续技术革新、改造升级。比如，对自然资源耗竭产业，如矿山开采业，引进后需要科学设计生产流程，循序开采，注重环境的保护；对建材、水泥等重点行业和大型燃煤工业则要推进锅炉烟气治理，对水泥行业推进脱硝工程，对于陶瓷行业则引进高技术、降能耗的瓷砖生产线、推进脱硫工程，同时推进陶瓷行业的煤气改天然气工程。在肇庆等欠发达地区，还应进一步推进产业园区的建设。即要“以生态循环经济理念规划建设产业转移园，形成以产业链网络、产业生态系统集成和产业集聚发展为特征的产业布局，紧盯世界领先技术，坚决淘汰高能耗、高物耗、重污染、低效益的落后产品”（杨红，2007）。可以这样讲，产业园区优化建设，不仅促进项目的落地，加速产业的集聚，也由此易形成产业链的完整配套，推动实现企业的转型升级，从而带动整体产业技术不断上新台阶，提升低碳化、可持续发展水平。

④完善奖惩、补偿、扶持等制度与产业政策，推进生态持续保护。

资源的合理使用与生态的保护需要有奖惩机制的保障。保持、促进生态发展的企业产业应予以各种类型的奖励；对环境污染大户，需要经济甚至法律的手段予以惩治。生态补偿也是促进欠发达地区（如肇庆）错位发展生态产业，发展清洁能源产业的持续动力，这个过程需要相邻政府的合作与支持。基于上述，应在产业错位发展过程中，即产业引进及其升级发展等过程中，需要相应的奖惩机制与合理化的生态补偿、救济等促进机制。

首先，奖惩机制。在三类（禁止开发区域一般没有引进产业，所以本书没有涉及）开发地区，在对产业发展绩效的考核中，应注意差别化，应突出对生态总体指标及相应细化指标的考核。比如，在对地方政府的总体政绩考核指标以及土地使用、污染物排放标准和总量控制指标、产业准入环境标准、污染治理、水资源管理标准、生态保护和建设、节能降耗与低碳发展指标等方面应根据三类地区的发展实际制定不同的总体标准。对符合考核指标或落实相应维护生态发展制度比较好的地区应给予奖励，否则应给予相应的处罚，以促进产业的合理化引进与发展。

各个地区（国土规划功能区）政府也可根据总体指标，制定产业发展的行业环保标准等，如污染排放指标以及其他环保技术指标等，为企业行业生产确定清洁生产的标尺。今后，行业企业应继续拓展清洁生产的空间。对未按规定期限淘汰落后产能的企业，在充分运用经济手段的同时，有关部门应加大执法处罚力度，如对能源消耗超过国家和地方规定的单位产品能耗限额标准的，实行惩罚性电价等。

其次，生态财政补偿机制。促进欠发达地区（如肇庆）产业的低碳化、可持续发展，需要对错位发展生态类产业及相关地区进一步实施生态补偿。即要把产业错位发展与政府财政补偿结合起来，这是促进经济发展公平性、均衡性的重要举措。

一是对于重点生态功能区发展相关错位性生态产业，省级财政（如跨省需中央财政）对重点生态功能区实施生态保护予以补偿。建立生态导向的激励机制，通过科学设置生态指标考核体系，将财政对重点生态功能区的补偿与其生态保护成效挂钩，生态保护得越好，财政奖励越多。

二是探索建立地区之间的财政援助机制等。即发达地区（如广佛）采取资金补助等形式，支持和激励欠发达地区（如肇庆）重点生态功能区和农产品主产区引进、发展一些产业项目，保护生态环境、增强农业综合生产能力。此外，还“应建立纵横交错的财政转移支付制度，确保生态功能区等欠发达地区能获得确实的财政资助。即逐步发展以主体功能区人口约束为主要基础确定纵向财政转移支付定价制度、以主体功能区环境负债定价为主要基础的纵向专项财政转移支付定价制度，以主体功能区土地及资源约束为基础确定横向的财政转移支付定价制度形成的纵横交错的转移支付制度”（徐丽萍和孙文明，2013）。

三是生态产业多元化的支持政策。除了一般的生态补偿政策外，发达地区（如广佛）对欠发达地区（如肇庆）发展维护生态有关错位产业的扶持，应体现在多方面扶持上。

财政转移支付是生态补偿的重要方式，但是基于产业错位生态补偿的复杂性（前文已述），还应探讨政府合作的其他补偿方式。在当前各地发展经济、改进民生作为政府主要工作的社会背景下，这些补偿应更多体现在对欠发达地区的产业发展优惠帮扶上，如从节能环保技术、人才培训与援助、产品优质生产、产品包装营销等方面，给予欠发达地区（如肇庆）更多实际的帮助。另外，大力推进优质企业转移到欠发达地区，全面落实“规划到户，责任到人”的扶贫开发战略（广东）都是对欠发达地区有效的支持方式。

⑤推进相邻地域产业合作与落实利益共享，助力产业可持续发展。

除了发达地区生态补偿性的政策支持，从未来长期发展的角度看，肇庆等欠发达地区发展低碳化产业，还应与相邻发达地区（广佛）建立长效的合作机制，落实利益共享，推进共同发展。即欠发达地区的产业低碳化与高端化发展需要毗邻地区合作，只有合作，产业转移才能顺利开展，低碳化发展的产业才有持续的支持；只有利益共享，相对地区才有合作的动力，推进欠发达地区的产业现代化、高端化、低碳可持续化，特别是技术的帮扶，可以促使原有产业在欠发达地区利用充裕的资源禀赋“凤凰涅槃”，获得“新生”。

传统产业错位毗邻地区的产业合作主要有（上文所述）两类活动：在欠发达地区合作建立产业园区；合作培养欠发达地区的产业的根植性。作为欠发达地区（如肇庆）政府应更多担当主动协调的角色；发达地区政府（广佛）应积极协作，这也是自身产业扩大生存空间以及进一步转型升级的需要。

当然，发达地区（如广佛）对欠发达地区（如肇庆）产业帮扶也需要两地政府对于合作帮扶的利益分成问题认真协商。即合作解决产业错位发展中利益纠纷。应积极探索合作中利益共享机制的完善问题（见前文），这也是促进欠发达地区顺利引进发达地区生产技术，确保产业低碳化必须要解决的问题。

总之，错位发展是发挥欠发达地区的资源优势的可行选择。而保持产业的低碳化发展则是欠发达地区产业的健康成长与高端化必由之路，即错位的产业在发展中可以合理、适度地利用开发资源，而不是无止境的“耗竭”资源，为此应在产业选择、环保投入、技术改造等方面，提升产业的低碳化水平。此外，在对环境的保护与资源污染的惩治上需要出台相关的措施，以进一步完善环境优化的制度基础。上述过程需要在发挥市场功能的基础上，发挥欠发达地区政府引导而不是替代、发挥毗邻地区政府的合作而不是“掣肘”的作用，推进地区产业的低碳化发展。

（二）配套型产业错位发展对策分析

根据珠三角地区（主要是广佛肇地区）产业发展实践，本节首先提出肇庆与广佛地区产业错位发展具体的产业发展策略，其次探讨一般欠发达地区（珠三角与国内相关地区）配套型产业发展对策观点。

1. 肇庆推进与广佛两地各种具体错位的配套产业发展策略

着力推动汽车配套产业合作，大力发展金属压铸与相关汽车产业配套产业，促进其组合发展等。汽车配套产业应注意与广佛汽车产业应密切合作，开发配套产品；同时要瞄准国内汽车配件产业的需求，研发新的品牌产品，推动配件产业的规模扩大与技术力量的提升；在可能的情况下研发汽车整车发展技术。另外，注重产业集群效应，整合肇庆内的配件企业形成新的战略联盟，为广佛以至国内外汽车行业提供优质的配件，延伸配套产业的产业链条，形成汽配产业原材料提供、加工、产品配送一条龙的完整产业链。

金属压铸（业）是肇庆市唯一超千亿的行业，但是为汽车提供配件的金属压铸行业仍像其他汽车配件企业一样有分布散、集群能力差、产业链短等问题，需要相关行业（必要时政府协调）企业联合，生产汽车配件新品种，从这一角度上说，金属压铸就是汽车配件的一个子行业、需要金属压铸与其他汽车配件业协作，整合整车厂商（如广佛地区汽车厂商），提供配套的组合型汽配产品。

目前肇庆应“抓住珠江西岸先进装备制造产业带”建设机遇，大力培育发展汽车整车配套的关键零部件产业，以及其他配套型的装备制造业产业，如节能环保装备、智能制造装备、高端电子装备、高端陶瓷装备、真空镀膜装备等先进装备制造业。

其他现代服务型配套产业，应注重紧跟电子商务、金融发展、现代生产性服务的新趋势，尤其是要利用紧邻广佛的优势，发展农村电子商务、中心城区会展性电子商务，发展形式多样的互联网金融与会展（分会场）、会计等外包性（广佛产业要求的）服务。肇庆市目前正在加快发展现代服务业：提出“大力推动生产性服务业基地、中巴软件园、维龙云服务产业园等产业聚集区建设，打造现代服务业发展载体；加快发展电子商务业，制定加快电子商务产业发展实施方案，形成以端州城区为中心，肇庆高新区、四会市和高要区为电子商务聚集培育区，县（市、区）覆盖推行地方特色电子商务的发展格局，加强对端州电子商务产业园等产业载体建设，积极引进国内外知名电子商务企业在肇庆设立区域总部或结算、物流中心；加快物流基础设施建设，推进林安物流、唯品会物流、普洛斯物流、桂江再生资源交易中心、华南（四会）农产品交易中心等重点项目建设；积极培育发展研发设计服务业，谋划建设肇庆生物医药产业服务平台、博士创业园、‘海归’创业园等载体；大力发展高端科技服务业，扶持以科技信息、科技金融、知识产权等为代表的高端科技服务业”等。①这些决策的出台及贯彻落实，无疑会进一步推进与广佛配套的现代服务业发展。

2. 配套产业错位整体发展策略——珠三角欠发达地区（及国内类似的地区）配套产业发展之路

肇庆配套产业的发展除了克服自身成长的一些特有的问题外（诚如上文所述），也应注重欠发达地区推行与发达地区配套产业发展中出现的一般性规律的问题，并着力解决。

欠发达地区发展与毗邻发达地区主导型产业的配套产业，既要了解发达地区产

① 肇庆市政府.实施珠三角规划纲要2015年重点工作任务安排[DB/OL].http://zwgk.zhaoqing.gov.cn/zq310/201507/t20150715_291900.html

业的需要，更要立足自身的实际，在错位发展中寻求自身产业的腾飞之路。根据现实产业发展的需求与当前面临的问题，应秉持以下基本策略：

（1）做好配套产业发展的信息搜集与论证工作

信息收集是欠发达地区（如肇庆）推进配套产业与发达地区（如广佛）主导型产业错位发展的前提。发达地区核心产业的发展，尤其是资源类产业，需要产品的原材料提供、配件生产，也需要配套的分包营销以及其他外包服务。欠发达地区紧密结合附近发达地区资源类产业动态变化，发展与之配套的产业环节，是欠发达地区产业优化发展的基础。发达地区（广佛）配套产业需求信息是欠发达地区在信息搜集方面重点捕捉的方向。

收集可以发展的配套产业信息是发展配套产业的第一步，能否就此在欠发达地区创立发展相应的配套产业（企业），则需市场的“二次选择”。这个过程中政府与相关企业可从欠发达地区资源禀赋（包括人力资源、原材料资源、运输成本等）与其他相邻地区的竞争态势，以及未来产品销售的市场动向等方面进行实地研究，运用SWOT分析方法[①]对于可选择的配套制造业或生产性服务业给予科学的判断。

实际上，配套产业的发展，究其原因主要是欠发达地区在发展前沿产业链或者主导产业和新产品存在综合力量的不足（特别是技术上的缺陷），是一种充分发挥本地资源优势的追随战略。这种发展战略，在聚力开发与发达区域（广佛）配套产品的同时，也会对本地其他相关产业产生溢出与倍增效应。珠三角地区的肇庆市发展汽配产业属于此情形。肇庆地区发展汽车配套产业（汽车轮胎、汽门配件等），资源禀赋较好，比如，本地各种类型职业技术学校有40多所，有丰富的技能人才；有比广州、佛山更丰富的土地、矿产等资源，加上地域优势（紧邻广州、佛山，是连接珠三角与大西南的门户枢纽），所以能与广州、佛山相关汽车整车企业密切合作优化发展，效益较为突出。汽配产业发展也带动了肇庆金属压铸、物流配送等行业发展，促进肇庆工业总量提升。

（2）欠发达地区之间理性发展配套产业，走互助优化发展之路

欠发达地区寻求与发达地区产业合作配套，是市场的选择，是资源禀赋与交通成本等综合考虑的结果，也是发达地区与欠发达地区产业互相选择的结果。在相同的欠发达地区向发达地区争取合作建设配套项目过程中如果不顾市场需求，不充分考虑本地资源环境，通过竞相给“过度的”优惠政策，或纯粹“拼关系”进行引进，无疑会造成相邻欠发达区域恶性竞争，损伤市场自行选择的精神。解决此类问题，既需要完善市场法规予以约束，同时也需要通过政府间的合作与协调，使合作

① SWOT分析，是指根据优势（strengths）、劣势（weaknesses）、机会（opportunities）、威胁（threads）对某产业进行综合分析的一种方法。

与共赢成为主旋律，让市场自行选择起主导作用，即遵循产业自身成长规律，让本地产业（企业）自主选择主导产业进行配套（或者对发达地区来说，让主导型产业自主选择一个资源禀赋好、运输成本低的地区作为配套产业地）。肇庆与广佛周边的江门、清远等地情况即如此。相比周边其他欠发达地区，肇庆汽车配件产业发展早，资源禀赋更为突出，因此成为广佛汽车产业配套产业首选地，这也体现市场选择基本规律。当然，肇庆汽车配件产业也注重与周边地区相关产业寻求“竞争”中的合作关系，如肇庆高要汽配产业基地与江门汽配产业合作生产汽车轮胎等，这也体现了广东省汽配产业战略规划要求。广东省委省政府在《珠江三角洲产业布局一体化规划（2009—2020）》中明确了汽车及零部件产业“两核一圈”基本空间布局，即以广州和深圳整车为核心，辐射带动惠州、肇庆、江门，以及粤北的清远、韶关等地汽车零部件供应圈的配套发展格局，打造华南国际汽车制造基地[①]。欠发达地区零配件产业只有良性竞争，才能在市场的发展中做到优势互补、做大做强，为整车产业提供优质的配件产品。

（3）积极谋求合作共建产业链

就产业链而言，某一特定的产业，如上述所说的汽车产业，其并不是一个笼统的概念，而是一个包含多个环节的产业链，既包括中低端的制造环节，也包括技术含量或附加值较高的研发、营销、核心设备生产等环节；对于同一个产业，各地应当在充分论证的基础上，选择适合自己的产业链环节，实现错位发展，这是克服产业同构问题的主要手段。对于产业链环节的错位，主要分为两类：一是，先发区域（往往是较发达地区，如广州）与后发区域（往往是相对欠发达地区，如肇庆）错位发展。就特定的产业而言，对于其他地区已占据显著先发优势的产业链环节，本地区在选择重点发展的产业链环节时，原则上应规避；除非在技术研发等方面取得重大突破，有较大机会赶超前者。二是，中心城市（如广州）与周边区域（如肇庆市、江门市）错位发展。中心城市普遍存在土地、劳动力、能源等成本高的弱势，不应在以低成本取胜的产业链生产环节上，与周边区域展开竞争。相反，中心城市的优势体现在技术研发和金融等方面。因此，应当将研发服务、科技中介服务、金融服务、核心设备制造等高端环节作为发展重点。这是中心城市与周边区域在战略性新兴产业链上错位发展的基本原则之一。

根据上述，欠发达地区（如肇庆）应积极寻求与相邻发达地区（如广佛）合作，发展自己特色的配套产业，与发达地区核心产业形成无缝隙的完整产业链条。这种产业错位既有上述中心城市与周边区域错位发展的特点，同时也有先发区域与

① 广东省人民政府办公厅：珠江三角洲地区产业布局一体化规划（2009—2020）[DB/OL].http://www.bioon.com/trends/law/451052_3.shtml,2010-08-13.

后发区域产业错位的特点。

第一，注重对接发展。如肇庆的汽车零部件，主要着力为广州本田、佛山丰田汽车以及生产基地在广佛的其他大型汽车生产商服务，专门提供零部件生产。由于有良好的产业基础，肇庆高要的汽配产业也已获得广东省政府的支持，即同意在高要市建设汽车零部件产业园，在土地、资金方面比照全省产业转移园政策出台专项扶持政策，以加快汽车零部件产业发展①。目前不断涌现的汽配龙头企业进驻高要，也是它们充分看好与广佛汽车整车产业对接优势，即利用与广佛的地缘环境，享受产业对接便利优势②。

第二，注重吸引服务业外包业务。欠发达地区（如肇庆）由于与发达地区（如广佛）接近，交通便利，加上人力成本相对低廉，往往成为发达地区（广佛）会计、软件等服务外包的重要区域，即成为其产业链发展的重要一环。肇庆紧邻广州、佛山，加上立体化交通日趋成型，人才不断聚集，已成为广佛产业外包的重要基地。所以类似肇庆这样紧邻发达地区的城市，各类企业（以及政府）应进一步完善配套的人才政策等，吸引多样化服务外包，这势必成为企业发展的重要战略选择。

（4）充分发挥毗邻的发达地区（如广佛）与欠发达地区（如肇庆）政府合作作用

在大部分欠发达地区经济发展仍需要依托周边发达地区的经济“援助”的时期，欠发达地区政府应与发达地区政府在重点合作项目上，夯实产业发展的基础。即注重产业发展循序渐进性，积极与发达地方政府合作做大做强配套产业，而不是盲目寻求“单飞”，做本地一时无法很好发展的包括配套产业在内的综合性大产业。

为此，作为欠发达地区（如肇庆）政府，首先要调整产业发展思路，即要不断跟进调整选择适合自己资源禀赋的，并与发达地区主导性产业配套的某些产业项目，充分认识到这种主动暂时充当“配角”、临时性“搭便车”是为了寻求更好的发展机会，毕竟在开拓市场空间问题上，向发达地区“借力”有助于自身积蓄力量将来更好发展。其次，欠发达地区（如肇庆）政府职能部门应借鉴发达地区经验或与发达地区合作，在人才（一些是来自邻近的发达地区）引进上要有战略性思维，“不求所有，只有所用”，也可以超常规采取某些政策措施，吸引高端型人才，比如住房、配偶工作安排等方面实行特殊的政策倾斜。再次，在土地使用等方面，可与发达地区政府合作，统筹规划，根据发达地区对某些产业（合作的产业）业务量的需求，安排生产性用地需求，并提供基础设施（道路修建、水电供应等）的配套

① 刘小洪，何以根，杨龙．高要汽车零部件产业专业园获省批复成为全省六个之一，将获省政策资金支持[N]．西江日报，2013-4-7（2）．

② 梁毅娟．“四大产业”集聚高要助推新发展[N]．西江日报，2013-3-27（3）．

服务，在税收减免等方面给予一定优惠。目前，在肇庆怀集县推进的“广佛肇合作区”即充分体现了上述的合作精神。

对于发达地区（如广佛）而言，特别是由邻近的欠发达地区（如肇庆）提供相应配套的生产性服务，解除了缘于自身业务优化需要所引发的这些产品供给上的“短板”问题，助推了本地区产业向更精深即高端化方向发展。基于此，政府及其各职能部门也应积极推进与欠发达地区全方位深度合作，因为这对双方都是互助双赢的结果。发达地区扶持临近欠发达地区相应的产业项目，在项目（企业）发展过程中予以资金、人才、打包式订单支持，无疑也有利于推进在区域范围内实现规模经济与范围经济。

配套型产业错位是我国相邻地区产业协调发展的必然选择，这既是一个产业的市场选择过程，也是政府主动参与的过程。在配套产业引进的过程中，欠发达地区应当审慎论证，即应该积极谋求在本地资源允许的前提下和相邻的相对发达地区的主导（核心）产业对接配套发展；欠发达地区间应遵循市场选择，良性竞争。在配套产业发展过程中，欠发达与发达地区间政府应紧密合作，对错位产业进行适当引导，推进产业健康成长。错位发展是欠发达地区借力促进本地产业发展的“暂时性”重要举措，只有在产业发展到一定程度后，再寻求“单飞”，才能保证良性的发展，这也是遵循循序渐进的市场规律。

（三）特色型产业错位发展对策分析

本节根据肇庆推进与广佛特色型产业错位发展的实践，首先提出肇庆与广佛地区产业错位发展具体的产业发展策略，其次探讨一般欠发达地区（珠三角与国内相关地区）特色型产业发展对策观点。

1. 肇庆推进与广佛两地各种特色产业错位发展具体思路

肇庆特色产业普遍存在规模小、地区分散、开发不合理等问题。因此首先应根据不同特色产业存在的现实问题，寻求解决方法，使其体现与广佛不同的特色，并注重产业产品的特色（水果、其他农产品、特色农业）注重产业的合理开发（旅游业）等。

特殊的地理条件孕育的地方特产是肇庆农业与旅游观光业的品牌，肇庆对本地的特色农产品（以及药材）需要精心培育，多出优质产品，借助广佛的力量营销推广到港澳及全国、海外市场上去。另外，也要注意提升这些农产品特色的加工技术，使其引起更多海内外游客的关注。另外，对于特色的本地自然景观的旅游休闲产业应一体规划，组合营销，并需要注重对景点的合理开发，推进可持续发展等。

2. 特色型产业错位整体发展思路——珠三角欠发达地区（及国内类似的地区）特色产业发展之路

肇庆特色产业的发展除了克服自身成长的一些特有的问题外（诚如上文所述），也应注重欠发达地区推行与发达地区特色产业发展中出现的一般性规律的问题并着力解决。

特色型产业错位发展既要秉持市场规律，遵循市场配置资源法则，即自发性逐利的一面；同时，在此过程中也要注重合理引导，即政府等公共组织可以协同努力，推进欠发达地区（如肇庆）与发达地区（如广佛）产业理性错位发展，尤其是特色产业发展。这个过程也是欠发达的地区如何推进特色产业发展的过程。笔者认为，当前遵循市场规律，并有公共组织参与协作推动的特色产业发展战略①应体现在以下三点共性的内容：深入挖掘产业地域的秉异化特质；推进产业特色的现代化提升；毗邻地区（政府）竭力合作扶持产业特色化发展。

（1）深入挖掘产业（产品）地域的秉异化特质

特色型产业错位的发展之路，尤其要注重产品的地区特色。这是这类产业错位的关键。当前，人们对个性化的产品需求日益旺盛。来自欠发达地区，尤其是我国山区县（如肇庆各山区县）的许多产品由于地域的特色资源、独有的气候、传统的民间工艺、独特的配方等，可以多方位满足人们在食品、服饰、医疗保健等方面的个性偏好性需求。这些地区应充分、科学、合理地利用当地的各种资源优势，多方聚力完善特色产品“育成机制”，即创设条件，使这些地域产品保持特色、张扬特色。

这里特别应说明旅游有关的特色食品类、特色农业、特色文化产业发展问题。

首先，优化旅游特色食品供给。现代服务业，特别是旅游相关产业的发展，除了现代人造景观外，自然生态、特色美食等日益成为居民休闲旅游重要选择因素。在发达地区（如广州、佛山等地）居民到自然旅游资源丰富的欠发达地区（如肇庆）旅游日益成为常态的今天，欠发达地区除了要保护好自己特色山水等资源，即在产业发展中要着力引导引进污染少的项目或无污染的项目外；还应大力发展本地特色传统食品业，吸引更多游客。为此，除了要注重对民间配方的保护，保证原有特色传统食品供应，还应推广传统食品衍生出的食品种类、做好食品外销的包装与宣传等。欠发达地区（如肇庆）推进地区化旅游的发展战略，推进了欠发达地区旅游业发展，也使经济发达的相邻区域（如广佛）有更良好的近距离休闲场所，逐步形成以欠发达地区为目的地的全民休闲旅游，这无疑增强了发达地区人力资本发展的“后续潜力”（休闲旅游促进人们身心健康），进而提升了发达地区（如广佛）经济发展的后劲，这是一个“互助双赢”的结果。

① 产业发展战略，即指产业发展的总体行动计划与纲领。

其次，发展特色农业。这可以保护特色“食品源”、特色医药产品原产地供应。特色食品原材料主要来自于地区特色的农产品。比如，肇庆地区特色的农业产品品种德庆皇帝柑、封开杏花鸡、四会砂糖桔等；高要麦锦鲤、罗非鱼；鼎湖端州七星剑花、芡实等。这些产品生产除了保护其天然生长之外，可以利用本地特色气候，加大科研力度，改良品种，注重病虫害等的防治，推进这些产品特色化、绿色化可持续发展。

传统医药材料产地，往往也是山水旅游目的地，这里的自然环境孕育了药物的天然药性，确保良好的疗效。因此，对于某些特色原生态药材（如，肇庆南药基地各类药材）等，不可短期性大量过度开采，即要给其留有自我繁殖的周期；同时要注重适度的规模化人工精细化种养，保证产品供应的持续性与药性稳定[①]。原产地特色的药材有时也是游客购买的主要产品之一，因此保护良好的药材供应，在一定程度上可以提高旅游收入，扩大旅游的知名度。

再次，注重保持本地文化的特色性与特色文化资源的保护。

文化特色性是特色型产业错位基础。肇庆地区食品、旅游等特色产业与广州、佛山类似产业基于传统习俗与资源禀赋存在着一定的差异，可以进一步走产品差异化、特色化发展之路，这是产业错位发展的特殊表现。在文化产业发展上也是如此。广佛肇三地文化同源，人文相近、文化相近，同处“岭南文化核心圈”，但它们有各自地域特色，可以寻求“同中求异”，发展各地特色的岭南文化。广州是一座具有两千多年悠久历史的文化名城，从画派、建筑、园林、盆景中可以感受到浓郁的岭南气息，粤剧、粤菜、粤语以及生活习俗中体现了深厚的岭南文化风格。佛山是岭南文化发源地之一，有着浓厚的文化底蕴和丰富的非物质文化遗产资源，以南国陶都、粤剧发源地、民间艺术之乡、武术之乡、美食之乡等具有岭南特色的传统文化闻名于世。肇庆有着“岭南故里”之称，22 个古村落散发着浓郁岭南文化之香，是岭南文化之根。由此看出，肇庆可以利用共同的文化积淀，传承人文生态环境，加强岭南文化融合，共同打造广佛肇岭南文化品牌，形成岭南文化产业品牌，以文化产业作为经济持续发展的支撑促进区域经济发展；还可以通过加强文化合作，创造更大的辐射力和影响力；当然在发展中三地（尤其是肇庆市）要突出本地“特色文化产品”发展，即错位发展文化产业，推进文化在总体风格一致基础上的多样化。

在注重文化特色发展的同时，也要注意对特色文化资源的保护。文化是传统旅游产品的载体，具有文化符号的地域产品是当代人休闲旅游重点目标。欠发达地

① 肇庆市利用本地优质的中药材可以进一步发展生物医药产业，特别是着力突破现代中药、生物催化等关键技术，培育壮大动物疫苗等领域的龙头骨干企业。

区有许多驰名中外的旅游名胜与古迹，这是历史文化的符号，比如，肇庆地区崇禧塔、阅江楼、梅庵、肇庆府学宫等，对这些名胜古迹的保护，既可维系传统文化，也为今后地区旅游的可持续性打下坚实基础。除此之外，加强名镇名村建设，充分挖掘和利用其历史文化资源，提升名镇名村的文化品味；加大对历史文化名街名店规划建设等，也是推动地区旅游，特别是乡村（镇）文化旅游重点工作。对于重点文化产业项目，比如地方戏曲、地方特色工艺品与地区传统服饰的制作工艺等，需要进一步加大扶持力度，确保地区手工产品与曲艺的持续传承等，增加特色旅游产品的供给。尤其是对于手工艺品及民间艺术（如，肇庆四会市玉石雕刻、端州区端砚制作手艺、肇庆地方戏曲等），特别是列入非物质文化遗产名录的项目，亟需要在制度上完善相关保护细则，注重培养更多的传承人。

持续保持产品秉异化特质是特色化产业错位深入发展的保障。珠三角核心城市（国内大城市）及其周边地区，都可以利用自己独特的资源禀赋推行特色产品（食品、特色文化产品）的优化发展，形成与核心都市特色型产业错位发展的格局，吸引大都市居民到周边地区进行常态化的休闲旅游。这种“互助式的旅游”（大城市人休闲身心、节省旅游成本；欠发达的地区获得旅游收入），无疑会成为特色产品错位发展的动力，促进城乡的和谐均衡发展，这也是遵循国土功能区划安排、推进发达地区财政转移支付欠发达地区（帮助其建设基础设施等），以促进区域经济和谐发展的应有之意，是欠发达地区与发达地区互助式发展的基本策略。

（2）注重推进产业特色的现代化提升

当前，区域一体化下的产业布局与规划实际上是推进产业错位合作发展，引领相应地区主导产业走科学发展之路。产业布局是根据产业的现有基础、资源禀赋，同时根据国家的产业政策，遵循一般产业错位发展规律，带有政策引导的 “鼓励性”错位发展策略。这些地区错位形成的主导产业往往是在原来的基础上，在现有的政策的支持下得到持续的发展。这类产业如国家重点支持发展的战略性新兴产业（一般是相对发达地区的主导产业），关系民生的优势传统产业（欠发达地区主导产业）。

特别是优势传统产业（本节主要指食品行业等），这是欠发达地区（如肇庆）当前发展的重要经济支柱，需要多方面着力推进其优化发展，尤其是需要在生产技术上进行现代化改进。比如，优势传统产业中的一些特色产品行业，特别是特色食品行业，如果仍然秉持原有的工艺，那么规模就做不大，难以取得规模效益，这种情况虽然不会损害产业发展的根基，但也不利于人们从事这类行业的持久激情；另外，在人们日益讲究食品卫生安全生产的条件下，原有的生产工艺可能不达标，这会使该产业发展丧失未来的基础。因此，除了对相关产业的倾心扶持，促进相应产业的本地化发展外，还要在生产的工艺上下功夫，特别要注意合作引进发达地区先进技术改造传统食品业[1]，以推进产业的现代化发展。

正如上述，传统食品行业（药材行业也类似，不赘述）等离不开农业的发展。因此，食品行业的现代化发展，也需要农业技术广泛运用，特别在特色的农产品品种研发、现代化种养、维护、科学化收摘储运加工等环节需要技术革新。这都是维持产品的“正宗”“口味”“特色”的基本保障。为此，需要创新农业科技、推进现代化田间管理、实施产品收割、储运、管理的长效科学监管体系。

为促进以上传统优势特色产业生产的现代化，还需做到以下两点：第一，注重科技创新与产业链的整合。欠发达地区（如肇庆）大多产业，尤其是农林畜牧特色产业的科技含量低，产业链条短，加工深度不够，附加值少，需要在下一步发展中提高生产的科技含量，尤其是要加强生产的标准化、绿色化、清洁化、规模化，延长产业链，真正把特色产业做大做强。为此，地方政府需要更好地挖掘当地的特色资源及其与之相关的特色产品和产业的培育和发展，在此基础上提高产业的整合力度，提高产品和产业品质，扩大规模，将特色产业培育成优势产业。第二，注重产品品牌的培育。特色产业也需要塑造品牌，只有培育大品牌、开拓大市场、提高竞争力，才能使特色产业成长为优势产业。但在欠发达地区（如肇庆），某些特色产业的品牌培育总体上呈现出杂、乱、小的状况，需要各地在整合资源与产业的基础上强化品牌建设、培育和管理，强化特色和市场竞争优势。应根据自然规律和产业自身的发展规律合理布局特色产业，根据实际确定规模，塑造优势品牌，提高产业竞争力。

对于特色文化景区资源（如肇庆独特的文物古迹与特色人文景观等），应在精心保护中传承，这种保护既不是把它看起来，任由其自生自灭，也不是无休止地不讲科学地开发，而是根据特殊的地理位置，自然特色，适度的保护式开发，这类做法是使景区景点得以保护，以及其被赋予现代文化元素得以发展的较好举措，也是一种现代化的提升。在实施保护开发过程中，要科学规划，多方融资，建设配套设施，并推进常态化、持续性规范化管理。对于热门景点，要适当限制每日游客数量；对于濒临灭失的可抢救性文物资源，可以暂时禁止游客参观，进行保护性修复等。

传统的非物质文化遗产，比如传统的雕刻工艺需要根据时代发展进行技术的提

① 传统食品行业，要有地方特色，但又不能拘泥于落后的技术（有些传统行业技术虽然不能定为“落后行列”，但也要随时代变迁进行改造），因此借鉴、引进先进的生产线，提高环保标准，确保清洁生产、优质生产是这类行业的发展趋势。即我们认为虽然相同食品行业的特色性、地方性是产品错位发展的特殊表现，但这种错位发展需要借鉴当前的先进技术进行升级改造，这是历史的必然趋势。当然在此过程中，需要地区合作，特别是欠发达地区应主动向发达地区学习技术，谋求合作推进传统行业发展，特别是食品行业的现代化发展。

升，例如在肇庆地区，作为中国的砚都，端砚产业较为发达，但是端砚制作技术也需进行不断改良提升。为此，一方面需要对传统的民间雕刻工艺进行保护，另一方面，可结合现代创意产业发展，推进原有生产工艺加以革新，创造出时代的精品。对于具有民族特色的地区服饰制作工艺、传统戏曲等都可以在传承的基础上，引入现代的制作手法（唱法）与营销手段，赋予时代精神加以推广。

当然，以上特色产品的现代化提升需要不同类型的专业人才提供智力服务。为此，需要创新人才管理、使用等机制，特别是应提供各种类型创业基金、发展基金，推进产品的研发，做优做大特色产品的品牌。只有吸引、留住各类人才为特色产业提供持续服务，才会为特色产业的发展奠定长久繁荣的基础。

（3）注重推进合理利益分成下的毗邻地区多方位合作

诚如上述，特色产业错位是产业错位的一种，发展特色产业需要与毗邻地区合作，这对于特色产业的推进有至关重要的作用。

首先，在欠发达地区（如肇庆）特色产业的发展过程中，与毗邻地区的合作，首先体现在合作做好生态补偿机制。对于欠发达地区的特色环保产业（这些产业主要是生态性农产业区各类动植物种植、养护、加工产业等），相应受益的毗邻地区，可以适当地通过技术补偿、资金补偿等措施，以推进这些地区的优化生产，进一步维护本地区的整体生态良性发展。

其次，欠发达地区（如肇庆）为了推进本地土特产的规模化、特色化发展，需要借助相邻发达地区包装、人才、技术等，推进本地产品的外销与扩大知名度。在珠三角地区，肇庆处于珠三角的外围地区，良好的生态环境保证了其主要的粮食产地与珠三角（特别是广州佛山）和港澳地区优质水果、蔬菜、副食品供应基地的地位。但是这里的特色产品如果没有珠三角核心地区的包装（品牌）、物流运输与技术资金的支持，只能在小范围内销售，无法实现品牌经济、规模经济与范围经济，借助各种产品的品牌与质量体系的标准认证，珠三角欠发达地区肇庆的产品不仅进入珠三角地区（以及港澳地区）百姓的生活，而且逐步走向全省乃至全国。

再次，推进本地旅游资源的地域化特色化建设。例如，欠发达地区可以借鉴毗邻发达地区都市经验、资金等，发展本地旅游资源。如肇庆市近年来借鉴广州、佛山成熟的古村落、古镇保护经验，与广州、佛山政府相关部门、企业合作保护或开发本地的特色古镇街文化资源，提升旅游发展水平。另外，广州、佛山在推介本地主题文化，如广州红色旅游，佛山武术之乡特色游等方面有许多的经验，肇庆也可以以此为借鉴，把分散的旅游景点分类组合，合作开发，设计开发知识性、趣味性、参与性更强的旅游产品和便利的线路，扩大产业网络，提高竞争力；这样无疑有助于本地的旅游产品保护推广，以取得更好的经济与社会效益。由于广州佛山与肇庆地缘相近，文化习俗相同，发展文化产业有许多共同的理念，多年来肇庆一直注意与广州、佛山合资、合作开发与改造本地特色文化资源（端砚、玉器、古建筑等）。肇庆引入相邻地区资金合作开发，以提升本地特色文化改进速度。

当然，推进毗邻地区合作开发特色资源，也需要相应的利益分成机制等。即要建设、完善利润合理分成，销售业绩责任等共担的合作制度。这需要根据不同的产业项目、出资的比例、合作的时间长短等均衡考虑。

总之，特色资源下的特色产品错位，是欠发达地区与发达地区的产业错位的自然延伸。欠发达地区要充分利用独特的自然人文资源，开发拓展本地特色化的产品，以凸现与其他地区同类产业不同的特色化发展。这是民族地区、欠发达地区产业迅速崛起的主要渠道之一。欠发达地区经济发展的主要方向就在于如何充分利用农业、文化旅游等资源优势，提高特色产品科技含量，延长特色产业链，扩大产业规模，提高竞争力，增加附加值。当然特色资源的开发、现代化发展即技术改造提升，一方面需要联合相邻地区提升生产工艺的科技化水平，另一方面要千方百计培养、留住各类特色产业发展的传承人才等。

除了本书重点阐述的三种传统的产业错位类型外，还有新兴战略性产业错位（新型配套式错位）。新兴战略性产业，是指具有广阔的市场前景和资源消耗低、带动系数大、就业机会多、综合效益好的产业特征的低碳产业，如新能源产业、微电子及光电子材料产业等。新兴战略性产业错位兼具配套性错位与特色型产业错位的特点，是新形势肇庆产业迅速“提质”的重要措施。目前，在新兴高技术产业等方面，肇庆只是新兴战略型产业的入门者，而广佛在此方面具有绝对的优势，肇庆应学会借助广佛之力，发展新型战略产业的某个环节，与广佛配套，进而将新兴产业高度化，扩展新兴产业市场①。

肇庆推进新兴战略型产业错位下的产业创新发展，其可采用以下对策。

即可借助广佛的先进技术与产业优势，编制肇庆产业发展规划和实施方案，生产新兴战略型产业链上的某个环节，推进与广佛错位（即新兴战略型产业错位）发展。因为此类产业技术与协同创新能力要求高，所以肇庆一般应借助广州、佛山地区研发机构优势，与广州、佛山企业合作，联手进军国际、国内高科技产业合作项目，加强产品创新能力，从而提升产品的附加价值和市场竞争力，扩大盈利来源，推动三地成为华南高科技产业制造、研发和技术供应中心。

新兴产业错位合作明显表现为园区合作，肇庆有一些规划水平较高的产业园区（如正在开发中的肇庆高新区），其多数项目来自广州、佛山两市。随着广佛肇经济圈建设步伐加快，广州现代产业体系将得以提升，在新兴产业方面将日益发挥中

① 就肇庆发展新型战略产业的某个环节，与广佛配套的角度看，此类产业也可以归为新形势下一种配套式错位。

心城市的资源配置作用，带动经济圈内各城市合理分工，发挥各自作用，实现互惠合作。肇庆应利用与广佛合作的契机，与广佛合作错位发展新兴产业某个领域。笔者认为，广佛肇经济圈产业合作今后更多直接表现为战略性新兴产业合作，这种合作在某种意义上可以称为产业结构跨区域调整和升级，必将成为广佛肇经济圈新的区域合作亮点。

第六章　产业错位问题研究主要结论与发展展望

一、产业错位问题研究主要结论

产业错位发展主要有两个层面，即欠发达地区与发达地区以及欠发达地区间呈现出的基础性错位与发达地区间呈现的延伸性错位，三种大的类型，即欠发达地区与发达地区的产业错位，包括传统型、配套型、特色产品型；欠发达地区间的产业错位，主要是特色产品型；发达地区间产业错位，即延伸型。目前人们主要关注欠发达地区与发达地区的产业错位。

错位发展不等于产业完全不一样；错位可以是产业内产品发展的错位；错位最终走向竞争性合作。目前欠发达地区推进传统错位发展的产业主要是地区自然禀赋好、产业环保、节能降耗等产业，未来应更多发展基于与发达地区产业配套的相关产业以及发展产品错位类相关产业。

错位发展是产业阶段性发展的一种自然延伸，但是作为区域一体化的各类地区，还有利益合作、一体化发展即合作共建产业、发展产业的公共使命，在合作中错位发展，在错位发展中共赢，在共赢中达到一体化发展，这是发展的主要趋向。

错位发展应秉承市场法则，遵循资源配置最优化的基本精神，但在目前市场不健全的情况下，需要政府特别是地方政府进行大力协作。对于欠发达地区与发达地区间基础性产业错位，政府的合作推动尤其需要解决利润分成、生态补偿问题，为此需要健全合作制度，建立有效合理的生态补偿机制等。对于发达地区间相同产业产品的差异化发展（产业错位），政府应在政策上多加引导。

广佛肇三地所代表的珠三角欠发达与发达地区产业错位发展中，必须遵循市场导向性原则，同时需要政府合作，建立切实有效的合作机制，在错位发展过程中完善生态补偿机制，解决区域经济发展过程中的利益协调问题，推动广佛肇三地产业错位可持续发展。通过产业错位发展实现三地优势互补，合作共赢，推动“广佛肇经济圈”三地区经济深度融合发展。

二、产业错位的发展展望——产业共建问题

（一）产业共建的缘由

产业共建，是地区间合作建设某类产业，在现实中表现为产业链的合作，即共建的两地或多地是产业链某个环节生产地；从（大）企业的角度看，它根据一体化

战略布局在共建地区依照资源禀赋等设置生产车间或研发与营销中心。

产业共建是产业转移高级发展阶段，是产业错位发展高级形态（尤其对欠发达与发达地区间产业错位）。它们关系是：梯度产业转移发展（基于产业转出转入形成传统产业错位）陷入困境后（即加剧地区产业发展水平不平衡），促进产业转移的新形态即产业共建的出现，产业共建又促进产业进入新的错位发展阶段（产业链分工合作形成的产业内产品等错位），进一步促进区域经济均衡协调发展，缓解产业转移的困境。

产业共建鲜明特点是有一体化统筹与布局，如把整体产业的生产制造环节等放在欠发达地区，发达地区从事研发等环节，由此形成的产业内产品错位，它是新的产业错位态势；基于产业共建、优化资源配置、错位发展而衍生的产业转移（不同于传统梯度被动式的转移），是产业转移发展的新方向与高级阶段。

产业共建是一种高级化的产业转移，它不是把发达地区淘汰的落后产能转到欠发达地区，而是在同一产业、企业的同一水平发展前提下，在产业链条（企业发展）环节根据资源等禀赋所做的内部一体化布局与动态调整，欠发达地区布点的产业部门受到发达地区的指导、扶持，是发达地区产业（企业的）配套部分，这样的发展，有助于欠发达地区产业的质量提升与升级。

传统的产业梯度转移目前面临不少问题，比如各地竞相让利引进的企业（产业）主要是低水平且有一定污染的企业，虽然一部分企业经过改造升级到欠发达地区对推动地方经济发展有一定的作用，但是很多企业由于成本问题改造不力往往又成为欠发达地区的负担。如何借助发达地区的经验技术，在一样高水平下发展欠发达企业的产业，推进地区经济协调发展，实现绿富同兴，广东省与长三角地区提出并推进实施了产业共建的战略布局。但目前，产业共建有哪些模式，如何处理地区间共建产生的经济利益问题，产业共建中不同地区政府、企业、市场发挥如何角色等，仍有待探讨。本书遵从传统产业转移现实困境（包括文献梳理），产业共建模式、瓶颈问题、因应对策等逻辑思路，从广东实际出发力图尝试性提出上述问题解决之道。

（二）产业共建研究现状

目前产业共建研究主要研究产业园区共建，学者们在园区建立理论基础、运作机制等方面作了一些探讨。产业共建的理论根基（共建原因）主要有：①核心——边缘扩散理论（弗里德曼，1966[①]）：园区是空间结构的核心区，它具有更大的集聚效应，使人、财、物等各种资源向园区集中，成为经济发展的核心。同时，它还发挥巨大的扩散效应，带动边缘地区经济的快速发展；②孵化器理论（约瑟夫·曼

---

① 这里列举的是创始人及提出时间，下同。

库索，1959）：园区中包含有为新生企业提供的孵化空间，园区共建推进创新企业产生；③地区创造性理论（熊彼特，1934）：园区创造了环境，培育了新的公司，涌现出了创新的企业家，推动了社会经济的发展；④空间扩散理论（哈格斯特朗，1953）：激烈的市场竞争，使企业围绕园区形成空间集聚，产生集聚效应，在市场竞争中立于有利地位。

在园区如何运作方面，刘兵（2012）根据广东、江苏共建产业园的实践，初步探讨了投入、管理、利益共享等机制创新问题。

陈耀认为，产业园区合作共建是推动跨省区合作的主要抓手，要实现各方利益的共赢，关键在于建立和创新区域合作机制，其简要介绍了税收分成、园区配套设施、产业对接的协调组织平台等建设完善问题。

杨玲丽和万陆（2012）认为：国家、市场和社会三方都可以作为行动主体推动（基于产业共建的）产业转移，但效率各有不同，长三角的做法是成立有政府背景的园区运作公司，在政府政策指引下，由园区开发公司按照市场化运作，这比政府直接推动产业转移更加有效。这类公司也可以更好帮助企业“再嵌入”异地社会关系网络和协力合作网络（杨玲丽，2015）。

毛广雄（2010）将社会资本的理论嵌入产业转移研究，解析了江苏省南北共建开发区模式产业转移的典型经验，构建了企业、政府、开发区与规范、信任、网络的产业转移与社会资本互动的“三角模型”，探讨了计量解析的方法。

金世斌和刘亮亮（2014）以及范轶芳和赵弘（2015）从园区发展定位、产业、服务、政策对接与利益共享机制等方面精要阐述了跨区域合作共建园区重点环节等，杨本建和毛艳华基于广东的数据对共建产业转移园区中企业迁移行为进行研究，指出制定政策时必须充分考虑不同类型企业的迁移行为差异。

对于产业园区的共建，一些学者还从制度设计的法律确定、完善管理职能的机构设定、加强投融资平台建设与组团开发（何静、农贵新，2010；陈建军、梁佳，2012；房建，2016）；以及中小企业集群创新网络构建（胡俊峰、陈晓峰，2014）；灰色关联模型测定共建产业园的产业转移活动影响力（孙君、姚建凤，2011）等角度进行了探讨。

此外，邓良（2017）从农业发展的角度探讨产业共建问题，他认为通过推动农业产业共建，有助于提高农业技术装备和信息化水平、延伸农业产业链和提高农业核心竞争力，构建区域合作共赢的现代农业产业化经营体系。杨英和甘增艳（2017）从顶层设计探讨产业共建问题，认为广东的区域产业共建存在三个主要的问题——受传统体制的约束大、粤东西北地区[①]新经济增长极根基不强、珠三角地区产业升级尚未令人满意，今后应将粤东西北地区产业发展纳入全省新产业体系，多圈层推进和“量身定做”，优化产业共建及新经济增长极的投资环境。

综观已有学者观点，虽然针对个别区域产业共建（主要是园区共建）提出了一些对策分析，但从总体上来看，对于中国一般产业共建的特色优势与模式分析，以及对共建中面临的瓶颈、对策问题等研究仍不够深入。这也是本文努力的方向。

目前国内研究产业共建主要聚焦园区共建上，但对信息时代背景下的园区共建对策思路研究不够深入；尤其是对共建产业链与企业生产部门的跨地区合作缺乏深入研究，如何克服产业共建中的机制设计、利益分享、服务对接、多层面合作等问题，如何实现将产业链共建与对口扶贫结合起来等内容研究不够深入。本论题结合广东省委、省政府新一轮振兴粤东西北产业发展战略与产业共建的实践，进一步探讨珠三角发达地区与粤东西北地区产业共建模式、机制、问题与对策。对于丰富产业转移与区域经济协调发展理论有一定的现实意义。

基于本书探讨珠三角欠发达地区与发达地区产业错位发展问题，产业共建是产业错位发展的高级阶段（如上文所说），而肇庆、惠州、江门等珠三角欠发达地区也被广东省委、省政府有文件纳入产业共建（与珠三角发达地区产业共建）范围，因此，本书探讨广东省产业共建问题，也契合全书探讨珠三角欠发达地区与发达地区产业错位发展的主题。当然，产业共建问题，不局限于肇庆与珠三角发达地区产业共建，而是从全省的角度探讨产业共建的问题、对策思路，也凸显推进产业错位（共建）发展的更广泛的实践意义。

（三）广东产业共建现状、问题与对策

何谓产业共建？在广东就是要推动更多珠三角优势产业、优质企业把生产环节布局到粤东西北，形成紧密协调的产业分工体系，加快实现粤东西北与珠三角同一水平发展。这是广东省促进区域协调发展政策的重大创新，既为珠三角更高水平发展腾出空间，也为粤东西北振兴发展注入强大动力。

产业共建不是传统的落后产业转移，更不是污染企业转移，而是推动同一产业、同一企业在珠三角地区和粤东西北地区整体布局、一体发展。广东要打造跨区域产业链，形成同一水平、优势互补的区域产业分工合作格局。

---

① 2016年11、12月广东省公布实施的《广东省促进粤东西北地区产业园区提质增效的若干政策措施》（以下简称《提质增效措施》）、《广东省财政厅关于支持珠三角与粤东西北产业共建的财政扶持政策》（以下简称《财政扶持政策》）等文件中规定，粤东西北地区包括江门、肇庆、惠州市，因此，本文提到产业共建所涉及的粤东西北地区即包括江门、肇庆、惠州市，共15市，下同。

就广东产业共建的现状问题，本书主要探讨产业共建基本发展情况、产业共的建优势、产业共建的平台搭建模式、产业共建存在的主要问题及产业共建对策思考等。

1. 产业共建基本发展情况

2013年7月，广东省东西北地区振兴发展战略出台，在全省战略层面，通过狠抓交通基础设施建设、产业园区提质增效、中心城区扩容提质“三大抓手”，全面促进粤东西北振兴发展的良好局面就此拉开。

此后，广东不断调整、完善和细化相关政策举措。2013年11月，珠三角和粤东西北地区的对口帮扶关系进行重大调整，明确由珠三角六市对口帮扶粤东西北八市①。2016年7月，省委十一届七次全会提出大力推动珠三角与粤东西北产业共建，使粤东西北和珠三角在同等水平上发展，让粤东西北站在一个高的起点上，实现高水平跨越式发展。同年11月，珠三角地区对口帮扶粤东西北地区推进产业共建工作会议召开，强力推进产业共建，促进粤东西北协调发展。

相关政策紧密推出，形成强大合力。2016年11月28日，广东省出台实施了《关于深化珠三角地区与粤东西北地区全面对口帮扶工作的意见》（以下简称《帮扶意见》），提出力争到2020年，粤东西北地区每个市形成产值超500亿元的产业集群。为建立产业共建激励机制，统筹安排210亿元财政资金用于鼓励有技术含量的珠三角地区企业优先在省内梯度转移（参见《财政扶持政策》）。为促进粤东西北地区产业园区提质增效，提出省属国有企业新投资的工业项目原则上安排在粤东西北地区（参见《提质增效措施》）。广东的目标是，争取到2018年，累计推动珠三角地区1600个项目转移落户到粤东西北地区，省级产业转移工业园完成规模以上工业增加值达到3000亿元，占粤东西北地区工业经济比重35%以上。

基于政策的推动与产业发展聚合冲击，从2016年至2017年8月，短短一年多的时间，粤东西北12万平方公里的土地上，一种全国少见的新型产业发展模式日益成势。广东在对口帮扶中摸索出了产业共建的成功经验。

产业共建实践呈现以下特点：

——产业共建成为产业转移的主渠道。至2016年8月广东全省83个省产业园和集聚地中，来自珠三角的投资项目为1223个，在建项目559个、签约项目434个。在投资项目中，属产业共建的占51.3%，其中异地产能扩张的占21.7%，生产环节在粤

① 2013年，珠三角六市对口帮扶粤东西北八市即广州市对口帮扶梅州、清远市；深圳市对口帮扶河源、汕尾市；珠海市对口帮扶阳江市；佛山市对口帮扶云浮市；东莞市对口帮扶韶关市；中山市对口帮扶潮州市。2016年后广东省政府有关文件提到产业共建涉及的欠发达地区已有15个地级市，所以本书在后文阐述对口帮扶发展对策问题上，所涉及的帮扶地级市是15个。

东西北的占15.4%。而在建项目和签约项目中，产业共建占比更是分别高达74.4%、83.9%。从数据上看，产业共建项目已成为珠三角企业进入粤东西北主流（张宁宁、张璐，2016）。

——龙头项目带动明显。龙头项目引进落地生产对产业共建具有重要的意义，它引领产业发展方向，实现园区产业优化等。2017年前6个月，8个珠三角和粤西北对口共建产业园一共引进了103个超亿元工业项目。产业共建主要载体——省产业园规模以上工业增加值同比增长了15.4%，达1188.6亿元，全口径税收同比增长了13.6%，达240.2亿元。 2017年上半年，87个省产业园争相引进龙头项目。43对珠三角区（镇）与粤东西北县（市）开始了园区帮扶和产业对接。河源中兴通讯、汕尾比亚迪、清远金发科技、湛江宝钢、茂名巴斯夫等一批投资规模大、科技含金量高、带动能力强的龙头企业相继建设或投产①。

清远传统工业主要以建材业为主。在产业共建过程中，龙头企业发挥牵引作用，吸引同类或相关企业聚集发展。欧派、奥地利百隆、美国美宝、中科院器官移植等159个项目星罗棋布，总投资615亿元，投产后年产值预计达1813亿元。产业园已形成先进装备制造、生物医药、新材料、电子信息四大产业集群。目前，清远各区县都争搭广清产业园的“快车”，通过人大建议、政协提案等形式提出合作发展诉求。现在，广清产业园正计划“南扩、东进、北上”，与广州开发区共同合作，打造出一条“创新合作产业走廊”。

类似清远产业园，其他粤东西北多个工业园发展也很突出。比如梅州积极引进广州汽车产业，广汽集团广汽部件、广汽华德、广达物流3个项目在2017年底陆续建成投产。在此带动下，广梅产业园目前新签约了29个项目，预计会带来146亿元年产值（苏力、贺元双、李峥，2017）。

——共建产业高端化，推进欠发达地区产业发展弯道超车。广东低端产业占比仍然较大，新产业尚未挑起大梁。这一点在粤东西北尤甚。不过，随着产业共建的推进，粤东西北局部地区出现了“弯道超车”，多地主动打造高端电子信息、先进装备制造、新能源、新材料、生物医药等广东省支持发展的新支柱产业。

原本以石材闻名的云浮，在培育“四新一特”（即云计算及信息服务产业、生物医药产业、先进装备制造业、健康养生旅游产业和现代特色农业）新兴产业时利用佛山对口帮扶契机，参与珠三角产业分工，在云计算、大数据、生物制药、先进装备制造等领域创建了27家产业技术研发平台，大力发展高新技术企业。我国超硬材料行业综合实力排名第三的顺德奔朗新材料科技公司在佛山顺德（云浮新兴新

---

① 苏力，贺元双，李峥.8个共建园引进103个超亿元项目[N]，南方日报，2017-08-18（A03：时局.政情）.

城）产业转移工业园投资。

从珠三角全产业链引进空气能产业后，全国空气能十大品牌的纽恩泰、华天成、聚腾等已在河源龙川（深圳宝安（龙川）产业转移工业园）建成投产。在全国十大电子品牌企业之一的景旺电子公司带动下，龙川在2017 年初又成功集聚10余家光电显示企业抱团落户产业园。

传统钢铁重镇韶关，则积极与东莞开展高层次的产业共建。比如利用建设“华南数谷”的机遇，大力发展以大数据产业为代表的新兴产业。又如都市丽人公司在韶关打造现代化生产基地，该基地不再是总部劳动密集型模式，而是通过采购新型自动化设备，降低用工成本，提高生产效率。

总结此轮产业共建展现的新趋势：珠三角企业并不是把生产环节“平移”到粤东西北，而是在转移的过程中实现了“升级”（苏力、贺元双、李峥，2017）。

产业共建的最终目标，是实现粤东西北与珠三角两大区域良性共振、协调发展。为此，广东省政府也从战略层面积极推进粤东西北与珠三角融合发展。广东省政府2017年5月印发的《促进粤东西北地区振兴发展2017年重点工作任务》提出，要推进珠三角与粤东西北一体化发展。研究制定关于建设大珠三角经济区的指导意见，推动“广佛肇+清远、云浮、韶关”、“深莞惠+汕尾、河源”、“珠中江+阳江”三个新型都市区率先实现一体化，打造广佛同城化、广清一体化等区域融合发展示范区。

区域协调发展非一日之功。站在新的起点上，随着产业共建的深入实施，粤东西北地区将借珠三角对口帮扶之力，顺势而为，真正实现跨越式发展，为广东全面建成小康社会和实现社会主义现代化提供战略支撑①。

2. 产业共建的优势

产业共建是遵循产业发展基本规律与地区经济发展均衡协调、一体化以及与落实国家推进社会整体实现小康的战略需求；产业共建，克服了发达地区产业成长空间狭小的局限，也提升了欠发达地区产业发展的基础平台与未来成长空间。

其优势主要体现在发达与欠发达地区通力合作，在同一水平上发展某一产业，克服了欠发达地区只能发展“低端”“被迫转移”的产业，或者只能发展自身独有，别人没有的特色专业的局限；也克服了发达地区产业生产基地空间不足、产业研发实验基地不足、营销广告投放效果不理想、产品生产原材料与人力资源不足等局限性。一体化发展某类产业或企业，有统一的协调机构，为产业的上中下游产业链找到了最佳的资源配置关口，实现整条产业链效益的最大化，推进共建地区的经

---

① 黄应来.产业共建，区域共振[N].南方日报，2017-8-21（FT01：粤东西北特刊《跨局》）。

济长效增长，也实现了国家对欠发达地区扶贫走上了由单纯的“资金”扶持到项目扶持的优化精准扶贫之路，同时发达地区也实现了自身产业的更好发展。另外，产业共建，以绿色环保为理念，以科技创新为引领，促进整个地区的产业清洁化、科技化，带动地区产业的协同发展与在更高水平上的进步。

从广东推进产业共建的实践可以看到，大量的珠三角企业把它们的生产基地、合作基地、分销基地与配套基地等放在粤东西北地区（尤其是与珠三角六市对口帮扶的区域），迁移的产能或者企业得到政府的政策等方面的鼓励（比如迁移后的企业高技术资格认定、厂房处置等）。共建的结果使两地产业有更紧密的联系，成为经济“共同体”，利润的分享与税收的合理预定分成，对彼此的企业（产业链）发展与政府的公共服务提供了更好的支撑平台。

3. 产业共建的平台搭建模式

产业共建平台建设即产业园区建立与运营。产业园区建设需要多地联手，在开发合作机制上可以建立市场化股份制运作、政府参与协调的共建平台方法。也可以两地分工合作共建，但以发达地区政府（企业）主导（如江苏省苏南苏北产业共建园区），在企业迁入、投入资金、生产技术、产品营销、对外战略合作、企业研发中心与生产基地的地域分置上具有决断权或主导权，欠发达地区在土地、人力、自然资源等方面予以合作。当然，实践中也会探索其他模式。

不管何种形式的产业共建模式，笔者认为，合理的建设模式应统筹处理好共建地区间企业研发、孵化与落地，原有产能与新增产能的关系，龙头企业与配套企业等基础分工关系，同时要推进交通等基础设施建设。这在珠三角与广东其他城市产业共建实践中体现得比较明显——珠三角核心区充当产业研发基地、孵化基地、原有产能基地、龙头企业的角色，其他地区则充当扩地生产、新增产能、配套企业发展等主要基地的角色。

根据以上原则，结合广东实践，目前在广东省产业共建中主要存在以下几种模式。

（1）合作共建模式。合作共建模式是在省产业转移工业园规划制定、资金投入、开发建设、运营管理等方面进行全面合作，双方依据合作协议明确分工、权责对等、利益共享。

以深圳和汕尾特别合作区为例，开发由深圳方主导，而基本的保障权、服务权由汕尾方主导掌握，实现两城市、园区、县（区）招商引资和利益协调的共同体。深汕特别合作区作为国内区域协调发展的广东试验样本，特别确定了“省直管”财税体制，投资控股集团开始运作，其中深圳具体负责投入、开发、招商、管理等，主导开发经营；汕尾具体负责社会管理、征地拆迁等，主导社会环境。两市合作，推进园区“内塑形象，外引资源”，即着力完善园区基础设施建设，改善政务环境，补齐公共服务短板，吸引优质产业进驻等①。

英德和顺德共建的产业特别合作区②也是如此，顺德区与英德市签订区域经济合作协议，顺德区政府负责开发、管理，其税收和GDP数据等由双方共享。这种模式是一种更加强调优势互补、共同开发、互利共赢的“双主体”园区建设模式。

在《中共广东省委、广东省人民政府关于进一步促进粤东西北地区振兴发展的决定》（2013年7月25日，中共广东省委文件粤发[2013]9号）（以下简称《振兴发展决定》）第38条也提出转出地与转入地共建园区的任务，提出转出地要向园区派出工作组，负责园区招商引资和运营管理，并要加大对共建产业园区的资金支持；转入地负责统筹提供园区用地和相关服务等。

（2）扶持共建模式。由珠三角（核心区）以帮扶的形式为结对子的地区提供部分开发建设的资金，并参与产业园区管理和招商引资工作。但主要的开发建设、招商引资、管理服务是由园区所在的地方政府完成，结对子的欠发达地区能够获得主要的收益。这类模式有效弥补了欠发达地区开发建设能力的不足，东莞（韶关）产业转移工业园等产业转移工业园是这类园区的典型代表。

（3）股份合作模式。股份合作模式是指粤东西北或珠三角地区一方独自出资或合作双方共同出资成立公司，负责园区规划、投资开发、招商引资和经营管理等工作，按照股本比例分享收益。这是一种探索企业化运作和管理的园区建设发展模式（也是众多长三角地区共建产业园的主要模式之一）。目前阳西产业园正是这种模式的先行者，珠海（原产业转移园由中山市帮扶建设的）、阳江市共同出资成立联合开发建设有限公司，主导园区的规划建设和招商引资。在《帮扶意见》中也有建立类似公司的规定，比如《帮扶意见》也指出，在产业园区共建中，应完善帮扶市与被帮扶市在园区共同出资设立投资开发公司的制度，负责产业园区产业项目的引进与开发等。

4. 产业共建存在的主要问题

主要是制度设计（顶层管理制度设计、资金投入、利益分享、对接合作等方面机制、制度问题）、基础设施建设（包括城市扩容提质）、综合配套、对口扶贫开发等问题。

（1）制度设计

①顶层管理制度设计，要体现省级产业发展布局的要求，一体化解决发达地区

① 苏力，贺元双，李峥.粤东西北每市新打造产值超500亿产业集群[N].南方日报，2017-8-21（FT02：粤东西北特刊《跨局》）

② 顺德-英德（清远）产业园（两德经济合作区）2017年9月调整为广州为主导，即广州佛山清远加快对接，两德园转给广州对口帮扶，由广州接手对口开发。参见焦莹，温泳滨.主动对接广州推进产业共建,加快省定贫困村新农村建设[N].南方日报2017-9-21（AⅢ01）

土地、人力成本高昂与欠发达地区产业水平发展落后的矛盾问题。必要时需要省协调各地市成立各类产业共建区（特别地，可在原有省级产业转移园基础上升级发展成为新型产业共建区），赋予共建区更多自主权；也可以在产业转移、财政补贴、督促检查等方面出台相关政策予以方向引领等。其中最核心的是构建一种制度体系，使转入地、转出地政府与企业达到机会共享、获利共赢。

②资金投入制度。在园区建设中，初始共建项目与后续项目资金如何筹集与补足？日常投入体制如何建立？政府在产业共建中如何进行资金资助与扶持？都需要在实践中不断探索。

③利益分享机制，共建的核心之一是达到利益共享，但是共建项目的利税在共建双方之间如何分享？需要在实践中持续探索。

④对接合作机制（项目运营机制）。共建的园区有关项目管理的机构如何设置？项目引进应制定什么样的标准？如何引进？这些都需要不断摸索经验。

（2）基础设施建设

这是欠发达地区吸引外来产业项目重要前提。目前广东东西北地区基础设施仍需要进一步开发。基础设施包括广泛，既包括铁路、公路、水路，航空等运输设施，也包括城市基础设施建设、产业基础配套建设，特别是城市的扩容提质，为产业的发展提供基础条件。本书主要论述交通基础设施。

（3）综合配套

即投资环境建设，包括营商环境、土地成本、财税制度政策等。这是外部产业项目进入、合作开发的重要参考因素。广东欠发达地区在经商、营商环境上尚有很大的改进空间。比如，在持续跟踪服务、税收、融资平台建设、政府政务服务等方面都需要大力改进。

（4）对口扶贫开发

产业共建的实施，是与对口扶贫开发很多项目对接的。当然这方面政策与措施需要进一步跟进。产业共建，需要政府的合作，特别是经过省一级政府协调，促进省域内发达地区与欠发达地区结对子，通过产业扶贫开发项目作平台，合作建设产业链，促进优势互补。广东省从2016年开始进行产业共建的实践，省政府先后召开2次以上专题会，讨论出台对口扶贫、产业共建的政策等，促进了产业共建的深化实施。

5. 产业共建对策思考

根据以上问题，我们在调研基础上提出了针对性的策略，尤其是根据广东欠发达地区实际，提出了产业共建与对口帮扶结合的一些对策主张。

（1）完善制度（机制）设计

①构建顶层管理制度设计。产业共建需要政府（尤其是省一级政府，比如广东

省政府）根据产业（企业）发展需要促进共建地区政府、企业合作，在共建地区间做一体化统筹与布局，即应以市场为主导，政府牵线搭桥，促进发达地区的产业链到欠发达地区布点，延伸产业链。

广东省政府通过召开对口支援粤东西北计划、推进产业共建“结对子”（促进产业共建地区政府等合作）、财政扶持以及对省属珠三角国有企业产业链布点的合理规划等进一步推动全省产业共建的实践走向深入。

广东省产业共建相关顶层制度设计，其具体做法有如下几个方面①。

第一，在产业转移项目推进方面，细化方向引导。通过建立工地倒逼机制，即压缩珠三角城市土地计划指标、对粤东西北地区建设用地规模予以倾斜等，促进珠三角企业转出到粤东西北地区；建立环保倒逼机制，《提质增效措施》规定在新一轮能源消费和主要污染物排放总量指标分配中，进一步压减珠三角产业转出市指标量；结合粤东西北地区承接产业转移的实际，在当地环境可承受的范围内，适当调增省产业园所在市指标量。实施差别化的环境准入政策，提高珠三角产业转出市的企业环保准入要求和排污标准，并通过差别电价、水价等倒逼企业向粤东西北地区转移。建立产业转移项目库，即以珠三角地区的大型骨干企业和特色优势企业的加工制造环节，大型骨干企业和特色优势企业增资扩产、转型升级项目，主导产业的配套企业，拥有较稳定国际市场份额的劳动密集型加工贸易企业，以及规模以上生产性服务业企业为重点，建立珠三角产业梯度转移项目库，精准开展产业对接，引导企业到粤东西北地区投资发展。

第二，在产业转移政策支撑方面，加强财政、“三旧”改造等方面的扶持。一是强化财政政策引导，广东省要求珠三角产业转出市要制定财政引导政策推动本地产业梯度转移，“十三五”期间继续安排贴息资金对转出企业项目贷款给予贴息支持。转移到被帮扶市省产业园的企业项目，在帮扶年限内可视同帮扶市企业项目享受相关财政奖补政策。省财政厅同时制定出台支持省内产业共建的财政扶持政策。二是用好“三旧”改造政策，即支持转移企业通过“三旧”改造政策，利用原有权属厂房用地改造用于建设总部经济、科技研发、电子商务等现代服务业；所涉及的划拨土地使用权，可采取协议方式补办出让手续；涉及补缴地价的，按照国家和省的有关规定执行。三是引导加工贸易企业转移，鼓励珠三角产业转出市明确加工贸易项目转移原则及标准，省加大资金支持力度，培育和扶持一批加工贸易转移示范企业。建立转出地和转入地相关部门之间的沟通合作机制，简化企业（项目）转移办理手续，协调解决加工贸易企业转移中遇到的问题。鼓励在省产业园内规划建设加工贸易企业承接基地，支持符合条件的园区申建综合保税区及货物出入境口

① 这些方面的措施主要出自《提质增效措施》、《帮扶意见》、《振兴发展决定》等文件。

岸，以园区为依托每年打造1～2个承接产业转移示范区，每个给予1000万元的资金支持。引导珠三角地区整机生产、零部件、原材料配套等加工贸易产业链转移，每年推动100个以上珠三角加工贸易企业（项目）转移到粤东西北地区。四是推动国有企业到粤东西北地区投资发展，省属国有企业新投资的工业项目原则上要安排在粤东西北地区，现有生产基地需要搬迁的，优先考虑布局在粤东西北地区的省产业园，每年推动不少于30个项目落户粤东西北地区。珠三角产业转出市要推动本地国有企业到粤东西北地区投资产业项目。

第三，在督促检查方面，加强督查考核。广东省经济和信息化委会同省有关部门强化目标管理，按年度分解下达省产业园建设发展和各地级以上市产业转移目标任务，继续实施省产业园建设管理年度考核评价，并加强动态监测和督促检查，及时研究解决各地存在的问题。将省产业园建设发展和产业转移目标任务完成情况纳入省实施珠三角规划纲要和促进粤东西北振兴发展等年度考评，确保各项工作落实到位。

第四，在结对子方面，突出抓好产业项目引进、园区设施等共建工作，进一步推进区域一体化发展。《帮扶意见》中指出，要把产业梯度转移作为产业共建的主攻方向，支持引导产业及企业有序转移，推动珠三角550个项目转移落户粤东西北及惠州、江门、肇庆市，其中包括100个以上加工贸易项目、30个以上省属国企项目。落实产业共建财政激励措施，实施普惠性事后财政奖励性补贴和一次性叠加财政奖励性补贴。帮扶双方共同制定产业转移共建目标和规划，被帮扶市提供产业需求目录，各对口帮扶指挥部建立共同招商项目库。帮扶市建立产业梯度转移项目库，支持被帮扶市打造1～2个承接产业转移示范点。加快共建产业园建设，共同编制实施园区规划，加强公共服务平台建设，完善道路交通等基础设施配套，推动不少于20个投资超亿元的工业项目落地建设。支持被帮扶市打造规划建设加工贸易企业承接基地。推动帮扶双方专业镇全面对接，加速特色产业跨区域融合与产业链延伸配套。

推进珠三角与粤东西北一体化发展，省级层面应研究制定关于建设大珠三角经济区的指导意见，推动“广佛肇+清远、云浮、韶关”、“深莞惠+汕尾、河源”、“珠中江+阳江”等三个新型都市区率先实现一体化，打造广佛同城化、广清一体化等区域融合发展示范区。推动珠三角与粤东西北轨道交通、高速公路、内河航道等交通基础设施率先实现一体化。建设完善省网上办事大厅，推进珠三角和环珠三角地区行政审批制度改革衔接。

第五，在合作共建产业园区方面，进一步完善协调对接等制度。《振兴发展决定》第38条以及《提质增效措施》中规定：应继续完善合作共建产业园区帮扶机制。以共建产业园区为抓手，加大力度推进合作共建产业园区建设，深化地级以上市共建园区的合作机制，帮扶双方要确定重点合作片区，集中资源加快开发；参照地级以上市共建园区做法，全面推进县域省产业园合作共建。遵循经济规律和运用市场机制，进一步完善粤东西北和珠三角地区之间产业转移及对接协调机制。珠三角产业转出地要向园区派出工作组，主要负责园区招商引资和运营管理，进一步加大对共建产业园区的资金支持力度。转入地负责统筹提供园区用地和相关服务。各市要安排市级领导负责园区建设工作。探索建立产业合作园区利益共享机制。

②创新资金扶持机制。《提质增效措施》规定：要强化财政政策引导，省财政厅要制定出台支持省内产业共建的财政扶持政策，对珠三角地区工业企业整体转移、生产制造环节转移或增资扩产项目，以及产业配套企业、加工贸易企业、生产性服务业企业等转移进入粤东西北地区省产业园的企业（项目）给予奖补，鼓励支持产业梯度转移和产业共建。另外还规定，应加大帮扶资金投入，要制定出台“十三五”合作共建园区资金投入计划，进一步加大帮扶资金投入力度。鼓励将若干年度的帮扶资金以股权方式（收益按股份），一次性投入合作共建园区投资开发公司和公共服务平台。

在《帮扶意见》中提出了以下措施：在帮扶资金投入上，要创新帮扶资金投入方式，健全利益共享机制。帮扶市市级财政对被帮扶市每年每市安排不少于1亿元对口帮扶专项资金，县级相应安排帮扶资金，列入年度预算。在创新投入方式上，帮扶双方要创新利用政府与社会资本合作、共建产业发展基金、政府购买服务、争取国家政策性资金等方式，撬动社会和金融资金投入对口帮扶。在健全利益共享机制方面，被帮扶市产业园区的政府性投资收益（不含税收收入）不分成，全部留存园区滚动发展。而对于经济相对较强的汕头、湛江、茂名、揭阳四市，广东省规定虽然它们不在对口帮扶范围，但是省财政每年也会给每市专项帮扶资金1亿元。

③探索、完善产业共建中的利益分享机制。不管是产业园区的建设、产业链的分区域配置，都牵涉到区域政府的税收、总公司与子公司、分公司等企业利润分享等问题，需要探讨，提出对策。

在（区域政府）共建产业初级、运营平稳期，以及后期的利润地区分成上形成双方（或各方）认可的方案，可借鉴长三角各类产业共建园区的经验，初期盈利作为发展资金，不作为利润分成，成熟期再根据双方贡献，量化分配。而企业的利润分成，根据产业链的统一规划与企业盈利状况科学厘定标准。

《提质增效措施》中提出，应积极探索灵活多样的合作共建模式，支持双方本着互利共赢的原则签订合作协议，明确责任义务。对新的产业转移项目，共建园区双方政府可按一定比例分享新增税收收入、市县分成部分和地区生产总值、工业增加值、单位生产总值能耗等主要经济指标。

目前，广东一些产业共建区产业转移机制还未能充分发挥作用。利益分配机制也不健全，导致产业转出地政府不愿向转入地转移优质、高效、环保的先进高端产业，产业转移的经济效益不佳。两地政府可通过合资股份公司的形式共建产业转移园区，收益按股本比例提成。

④推进项目运营制度革新。产业共建中需要政府合作，探讨合作项目新的具体运营制度。促进同一企业、同一产业在发达地区和欠发达地区跨区域布局，打造跨区域产业链，形成同等水平、优势互补的区域产业分工合作格局，推进区域一体化发展。良好的项目运营可以将创新驱动发展和振兴粤东西北发展两大战略连接起来。

运营制度革新的前提首先是推行园区管理机构创新。

《帮扶意见》认为在产业园区共建中，要坚持园区开发市场化运作，完善帮扶双方协调机制、园区管理机构、投资开发公司三层架构，共同出资设立投资开发公司。

项目如何引进？需要转入地与转出地政府与相关部门，了解产业的发展动态与需求，通过项目库的列举以及共同建立对接机制等，促进项目的落地与转化，并产生相应效益。

如《帮扶意见》指出：珠三角各市要对有需求的企业开展调查摸底，将被帮扶市纳入本市外经贸活动统一推介，整合双方招商资源和力量，建立信息共享平台。被帮扶市要提供产业需求目录，与帮扶市精准开展产业对接。同时，各对口帮扶指挥部要建立共同招商项目库，强化跟踪服务，确保项目建设每个环节有专人负责，加快推动项目落地和投产。

近年来，深汕以特别合作区为基础，打造全省区域协调联动发展示范样本。其中，汕尾以“2号公章”的形式授予合作区行使188项地市级经济管理权限，进一步厘清了两市权责（权益分配）。着力强化产业共建政策扶持，重点推动产业项目享受汕尾市优惠政策、珠三角支持性政策和广东省鼓励政策的“三重礼包”。不仅在汕尾，当前广东全省产业共建体制机制日益完善，园区管理创新不断涌现。广州与清远共建的“广清园”就采用了“充分授权、封闭运作”的管理模式和“设立独立金库，一级财政审批”的财政体系。

这些模式有利于排除对园区建设的各种干扰，提高决策效率，降低部门间协调的难度。比如独立金库赋予了园区自主支配财政资金的权限，除上缴省财政部分外，其余均直接用于园区建设①。

其次，创新产业合作开发模式，推进产业升级与高端化。

① 陈晓.广东破解区域协调发展难题·珠三角先进生产力涌向粤东西北[DB/OL].http://news.sout hcn.com/gd/content/2017-08/21/content_176423319_3.htm

在双方产业合作中心或其具体运作的投资公司的运营下，具体负责产业合作开发与实施产业高端化推进方案（包括产业升级改造等）。

——探索配套与特色错位的产业合作模式，促进产业共建与产业错位在彼此促进中健康发展。产业共建促进产业内配套型错位与特色型错位发展。它突出产业相同，只是产业链环节不同，生产配套产品；或企业相同，生产环节间配套，生产产品的某一组件。由于地区的特色，同一产业可以合作生产（可由发达地区产业总部统一布局）不同的特色产品，如农业产品等，这是基于地区资源禀赋差异衍生出的举措。配套型错位与特色型错位是地区间产业发展一定阶段的选择，有利于区域经济协调共进，也有利于产业共建深度发展（如开发欠发达地区特色产业达到精准扶贫等）。

——多样化设计园区规划与开发合作制度。在政策引导下，部分园区重点探索了“研发+生产”“总部+基地”的区域分工合作模式。

在深汕合作区，企业以“深圳总部+深汕基地”“研发+生产”模式落户，可享受深圳企业同等待遇，并同时享受省产业转移扶持政策及国家和省给予的革命老区政策，这类区域分工合作模式对全省共建产业园的合作制度有借鉴意义。深汕合作区合作制度的创新，吸引了系列优质项目的进驻，2016年以来，汕尾先后引进了深圳比亚迪新能源汽车、中山的国信通、深圳的德康威尔、海王集团、东莞的比亚迪碳纤维材料供应商宏毅公司等一批关联企业项目落户，形成产业链的整体转移。

龙川工业园则建立了“前店后厂”模式。入园企业可在珠三角地区销售、接单，在龙川建立生产基地；或把研发中心放在珠三角，销售在粤港澳地区，生产放在龙川。

目前在产业共建园区创新合作机制基础上，广东欠发达地区（园区）基础设施等得到快速发展，大量来自珠三角核心区的企业也纷纷落户。2017年1～6月，珠三角产业转出市推动企业落户粤东西北地区12市及惠州、江门、肇庆市的项目达329个（陈晓，2017）。

——把握准入门槛，催进产业高端化。产业协作，凭“最高门槛”引来珠三角优势企业。产业共建的关键是将珠三角先进的生产力引向粤东西北。目前多个产业共建园区均有着精准明确的产业发展方向，并设立了严格的引进标准（包括环保等标准），形成珠三角与粤东西北同等水平、优势互补的区域产业分工合作格局。

承接产业转移不是什么都引进，粤东西北也要选资、选大项目、选好项目。韶关市翁源产业园目前主要打造新材料、电子电源、食品、物流等四个特色产业集群，均已引进优质项目。其中，新材料产业共聚集企业26家，龙头项目彤德新材料、宏源防水在各自细分市场的国内占有率均居前列，目前都已试投产，未来产值分别可达15亿元、5亿元。广清园更是始终坚持着“清远最高投资门槛”。投资强度330万元/亩、产值1000万元/亩、税收33万元/亩——三个数字就把很多盈利能力和创新能力不强的企业拒之门外。如今，全国知名的欧派家居正在园区内打造华南最大的生产基地；金发科技、富强汽配等一批龙头企业也加速提升自动化、信息化和智能化水平，进一步扩张甚至创新在珠三角的原有业务。梅州市重点谋划建设的广梅园，同样是精选项目，构建了区域一体化发展的重要支点。其中，12个智能家电项目先行进驻广梅园，龙头企业广州轻工工贸集团更投资18亿元，建设智能家电生产项目、家用电器生产项目和节能厨具生产项目。这不仅促进了梅州培育智能家电产业集群，也为广州企业发展开辟了“异地战场”（陈晓，2017）。

——推进清洁生产与转移产能升级改造结合。产业共建转移的产能或企业应该根据产业清洁化的要求，不断需求技术改革与升级，注意清洁化生产，以此达到避免欠发地区产业引进低水平重复。推进企业（产业）清洁生产，有利于地区间环境保护。

《提质增效措施》规定，应切实做好园区环境保护工作，加快建设完善省产业园污水处理厂及配套管网等环保基础设施，加强企业项目环评管理和环保监管，严格落实环保“一票否决”制；支持有条件的园区积极开展循环化改造；加快推进园区分布式光伏发电规模化应用，省财政根据装机容量对屋顶业主给予一次性补贴。

（2）夯实基础设施建设

自2013年7月起，广东省明确提出以交通基础设施建设、产业园区扩能增效、中心城区扩容提质为“三大抓手”，以此推动粤东西北地区加快发展。

本书产业共建基础设施，主要指交通基础设施、园区设施与城市市容设施（通过扩容提质达到）。

①推进路桥航空等交通基础设施建设[①]。

——公路交通设施加快建设。长期以来，粤东西北地区由于交通落后，与珠三角和周边省区的经济联系不够便利和紧密，制约着地区经济的发展。加快粤东西北发展，交通不畅是必须突破的瓶颈。近年来，包括高速公路、铁路、港口、机场等立体交通运输体系加快建设和完善，逐步打通了通往粤东西北地区的交通末梢，覆盖全省的快速交通运输体系加快形成，为粤东西北与珠三角一体化发展插上了翅膀。

目前，交通运输还是连通供给侧和需求侧的大动脉，加快推进以高速公路为重点的交通基础设施建设，具有扩大有效投资、增加有效供给和扩大有效需求、激活最终消费的“双重功能”，是推进结构性改革、加快补齐软硬基础设施短板、促进

① 袁佩如.东西北高速公路通车里程超3500公里“铁公机”为产业共建插上翅膀[N].南方日报，,2017-8-21（FT03:粤东西北特刊《跨局》）

粤东西北与珠三角产业共建和一体化发展的重要举措。

在产业共建战略提出后，粤东西北交通基础设施加快建设。2016年，潮惠高速公路二期、云浮至阳江高速公路罗定至阳春段、江罗高速公路二期工程等3项高速公路约387公里（粤东西北境内约294公里）建成通车，为粤东西北地区再添产业联动的大动脉。其中，横贯粤东地区的新动脉潮惠高速自西向东途经潮州、汕头、揭阳、汕尾、惠州5个地级市，主线全长约247公里，对缓解沈海高速公路的交通压力，加强珠三角向粤东地区经济辐射能力，促进粤东地区经济发展具有重要作用。江罗高速建成后，也将成为连接珠三角与大西南的交通要道，为两广之间再添一条经济大动脉。同时，汕头至湛江高速公路惠州至清远段二期、潮汕环线高速公路（含潮汕连接线）二期、怀集至阳江港高速公路怀集至郁南段二期（长岗至郁南段）等10项约612公里（粤东西北境内约463公里）高速公路项目在2016年底也已开工建设。至2016年底，粤东西北地区高速公路通车里程达3578公里，比2012年底增长61.6%。大大缩短了与珠三角的时空距离，从珠三角核心往返粤东西北车程普遍缩短1小时以上，形成以珠三角核心城市为中心的全省2小时经济圈再进一步。

2017年以来，广东全省交通运输系统继续落实推进各项重点工作。1~6月，全省交通建设完成投资约588亿元，占年计划的51.1%，同比增长52.3%，实现了投资占年计划完成量过半和同比增长率过半。高速公路完成投资427.4亿元，占年计划49.4%，同比增长60.6%。拟建成的7项高速公路项目大部分分布于粤东西北地区，目前均进入后期冲刺施工。

——打造“铁公机港”为一体的立体交通网。推动珠三角与粤东西北产业共建，促进粤东西北与珠三角一体化发展，不仅需要高速公路网络建设，还需要构建起快速便捷的立体交通运输体系。

为完善区域路网布局，赣深客运专线与合湛客运专线广东段在2016年率先开工。赣深客运专线连接广东和江西两省，沿线途经赣州、河源、惠州、东莞、深圳等地。尽管两省毗邻，经济贸易来往频繁，但赣州与深圳之间并无直达高铁，来往绕行至少需要5个小时。赣深客运专线建成后，深圳市民搭乘高铁两小时即可到达赣州，届时两省之间来往将更加高效便捷。而对于产业共建而言，赣深客运专线也是深莞惠乃至粤东北上的大通道，肩负着城际铁路的功能，使河源加速融入深莞惠经济圈，结束河源市不通高铁的历史。为承接珠三角产业西移，合湛客运专线则承担着促进北部湾经济区和粤西、海南地区的经济互补和协调发展的作用，对促进环北部湾经济圈发展有重要的意义。

2016年以来广东航空基础设施也在不断完善。广东省政府在《促进粤东西北地区振兴发展2016年重点工作任务》中明确提出：“注重增强振兴发展后劲，继续推进以交通为重点的基础设施建设”，其中，粤东西北几个机场的迁建被列为重点任务。目前，湛江机场迁建工程、韶关机场军民合用改扩建工程和梅县机场迁建工程正加快推进，迁建后的机场选址均有利于与铁路、高速公路衔接，形成“铁、公、机”三位一体的交通网路。以湛江机场为例，迁建工程选址于吴川境内，交通便利，北连G15高速、南靠湛茂高铁，距湛江市区直线距离32公里，距茂名市区直线距离38公里，形成“铁、公、机”三位一体的交通路网。

2017年，“粤港澳大湾区”被写入政府工作报告，港口作为广东发展外向型经济和产业的支撑，受到越来越多的重视。为适应腹地经济社会发展以及泛珠三角地区区域合作的需求，粤东西北港口加快扩建升级，迎接湾区时代的到来。这其中推进湛江港建设尤为重要。湛江港是中西部地区货物进出口主通道和中国南方能源、原材料等大宗散货的主要流通中心，也是华南沿海通航条件最好和原油、铁矿石接卸条件最好的港口，对于沟通珠三角与粤西产业有重要作用。2016年以来的两年间，湛江港接卸30万吨级船舶艘次大幅度增长，湛江港霞山港区散货码头40万吨级泊位也已经投入试运行。但当前国际远洋船舶进一步向大型化、专业化方向发展。目前，湛江港已拥有40万吨级泊位1个，25万~30万吨级泊位5个，原有30万吨级航道已不能适应港口发展需要。由此，2016年湛江港30万吨级航道改扩建工程（即40万吨级航道）被正式列入国家交通运输部“十三五”规划。

②加大园区设施建设。广东省为推进共建园区设施建设，实施了一系列举措[①]。

——加大园区建设资金投入。广东省财政结合省产业园提质增效阶段性工作重点，支持园区基础设施建设和承接珠三角地区产业梯度转移、招商引资、产业共建、技术创新等。园区所在地市（县）财政应安排专项资金支持园区建设开发。加强与国家开发银行等金融机构合作，引导开发性金融资金投入园区基础设施建设。

——优化园区配套环境。《提质增效措施》指出，全面推进省产业园对外交通建设，优化与高速公路衔接，打通最后一公里；新建高速公路要统筹规划建设到沿途省产业园的连接线；省支持各地加快建设园区与中心城区（城镇）和干线公路的连接道路。推动园区开发建设与当地新型城镇化建设相衔接，强化园区发展规划与主体功能区规划、土地利用总体规划、城乡规划、海洋功能区划等规划的衔接协调，统筹优化产业区、居住区、商贸区等功能布局，在园区内或周边区域适度安排商业、居住用地，建设生活配套区。支持园区建设省级以上质量检测、产品计量测试、企业孵化、科技创新、金融服务等公共平台，提高园区公共服务水平。

目前广东全省帮扶与被帮扶各市，正通过多方筹措资金，进一步推进园区共建，合力塑造优质的配套环境，打造高水平的园区，承接高水平的产业，不断把珠

① 具体参见：《提质增效措施》：“提升园区建设水平”部分。

三角的优秀企业和优质产业吸引过来。

深圳市为推进汕尾、河源产业园区提质增效，把产业共建作为重中之重。目前，深圳累计协助汕尾、河源引进项目458个，计划总投资2112亿元，其中70%以上的深圳企业总部留在深圳、生产基地落户汕尾河源，形成了一体化产业分工布局。

梅州重点谋划建设的广梅（广州梅州）产业园，正是区域一体化发展的重要支点，承载着转变经济发展方式、建设梅兴华丰产业集聚带核心区的重要使命。在广州（梅州）产业转移工业园内，广汽部件、广汽华德等企业动工，先进制造业、云计算、新能源、新材料等新兴产业的谋篇布局正在紧锣密鼓地推进中。在梅州新能源新材料及先进制造业产业园，已有广州轻工和广州万宝两个企业共12个项目先行进驻。其中，广州轻工工贸集团投资18亿元建设智能家电生产项目、家用电器生产项目和节能厨具生产项目。这不仅能促进梅州培育智能家电产业集群，同时还为广州企业发展开辟“异地战场”，实现产业共建的“双赢”。目前在广州与梅州产业共建过程中，共新签约项目55个，计划投资额120.3亿元，其中亿元以上项目32个；新开工项目45个，计划投资额110.9亿元，其中亿元以上项目27个。其中广梅园新签约项目29个，计划投资总额约58亿元，预计新增年产值146亿元、年税收11亿元（苏力、贺元双、李峥，2017）。

③中心城区扩容提质[①]。

——主要成绩。自2012年以来，推进地级市中心城区扩容提质，成为广东深入实施粤东西北地区振兴发展战略的“三大抓手”之一，当然其也是推进产业共建的基础工程。

2012年以来，粤东西北各市集中资源和力量推进新区城市起步区稳步建设，在起步区高起点布局一批大项目、好项目，中心城区的规模实力明显增强。至2016年底，12市新区城市起步区建成区总面积突破50平方公里，比2012年增长将近8倍。新区城市起步区开展的交通及市政基础设施项目建设99项，完成投资总额约147亿元。目前各新区城市起步区重要节点区域基础设施建设基本成型，建成道路约155公里，开工建设地下综合管廊5.13公里。除抓好新区的规划建设以外，对旧城的更新改造同样重要。为提高中心城区建设品质，近年来，广东省不断提高旧城基础设施保障能力，加快完善城市的公共服务配套和城市生态环境。目前，粤东西北12市中心城区污水处理率及生活垃圾无害化处理率分别达到88.3%和97.2%，较2012年分别增长3.6个百分点和2.1个百分点。而绿道网合计里程也达到了2941公里，比2012年增加2352公里。

① 冯善书，胡心童：12市新区城市起步区建成区总面积比2012年增长近8倍，汕湛韶茂揭进入大城市行列[N].南方日报，2017-8-21（FT03:粤东西北特刊《跨局》）

中心城区的扩容提质，一方面推动粤东西北地区城镇化率加速提升，另一方面则让中心城区的人口承载力得到提高。2013—2014年的粤东西北地区各市户籍人口城镇化率增长速率达到2010—2013年户籍人口城镇化率年均增长速率的6倍，各市中心城区的常住人口稳步提升。汕头、湛江、韶关、茂名和揭阳5市中心城区的人口规模均突破百万，已进入大城市行列。

至2016年底，粤东西北12市中心城区GDP总量已超过6500亿元，较2012年增长约36%，占市域GDP总量超过40%。除汕尾、云浮两市，其他城市中心城区经济首位度均超过1，而中心城区建成区总面积已达到1025.67平方公里，比2012年增长13.14%。

——问题与因应策略 。尽管当前粤东西北地级市中心城区扩容提质工作已取得显著成效，然而，部分市中心城区规模和体量仍然偏小，辐射带动能力有待增强，从一定程度上不利于产业的引进与持续性、稳定性更好地发展。新区和扩容提质规划实施仍需要加大力度，在建设过程中，城市规划、土地利用总体规划、国民经济和社会发展规划之间的衔接还要进一步理顺。此外，新区城市起步区仍需要制定一些更有针对性的政策，加大扩容提质工作的牵头统筹力度。在此方面，有些地市已经有了初步探索。譬如，汕头东海岸新城开创政府与大型央企合作典范，充分发挥政府的组织协调优势和企业主体在资金和施工方面的优势，使得资金问题得以解决。

中心城区扩容提质下一步的工作必须突出重心，通过强化监督考核和培训交流，抓好基础建设和环境品质提升以及切实加强牵头、统筹等措施来取得更好的成绩。特别是将城市起步区作为扩容提质工作的重心，通过聚焦新区的城市起步区，引导资金投入和项目落地。

（3）营造综合配套环境

①健全融资与人才支持政策。有关基础设施建设详见上述，本处主要探讨有关资金、人才方面的问题。

资金方面的困境是制约产业共建的一大障碍，为此各共建区推出了一系列举措克服这方面的难题。汕尾则着力破解园区建设资金“瓶颈”，通过引入帮扶方深圳市资金以及社会各方资金，推进基础设施建设。至2017年8月，深圳市、区两级财政共投入40.42亿元，可撬动社会资金规模近400亿元。有了资金，项目即可加速建设。其中，5个共建PPP项目[①]和25条市政道路建设正在推进。同时，城市广场、生活中心已经投入使用，深汕捷运线开通，深圳有线电视开播，深圳城际定制巴士

① PPP即Public-Private Partnership，PPP项目指公共部门通过与私人部门建立伙伴关系提供公共产品或服务的一种共建项目形式。

专线开通，合作区内深汕两地区号通用。无疑，这些都进一步推进了产业园区发展（陈晓，2017）。

人才是重要资源，广东省一方面出台政策，加大对欠发达地区需求的人才培养力度。广东省教育厅积极加强粤东西北地区人才培养和高校人才队伍建设，与韶关学院、广东石油化工学院、嘉应学院和韩山师范学院（以及珠三角的肇庆学院、惠州学院等）这些地方本科高校签署了共建协议，2017年，省市共建的汕头市广东以色列理工学院也将正式招生（陈晓，2017）。此外，目前还加快就业和职业技能教育培训体系建设，鼓励包括珠三角地区在内的职业院校、技工院校在粤东西北地区发展职业教育事业，与园区企业紧密合作，共建实习实训基地（中心），探索“订单培养”“现代学徒制”等人才培养模式改革，为园区企业培养高素质技术技能人才。

另一方面，着重引导人才向粤东西北流动。目前，广东省人力资源社会保障厅已出台专门针对粤东西北地区基层事业单位的特殊人才招聘政策，组织实施“扬帆计划”和“三支一扶”计划，鼓励支持粤东西北地区加快引进培养急需紧缺人才，引导鼓励高校毕业生、专业人才和技能劳动力到粤东西北地区就业创业，在住房保障、创业发展、职称评定等方面给予政策倾斜。

另外，一些欠发达地区也出台了系列吸引人才的政策，加大人才引进力度，促进产业共建。比如，肇庆市已出台多项政策吸引人才，其中“西江人才计划”对创新创业的科技团队与领军人才给予最高1000万元扶持资金（苏力、贺元双、李峥，2017）。

②降低制度性交易成本。实现产业共建，必须打造良好的营商环境，为企业提供更优质的服务。除了交通、园区建设等硬环境要抓，还需要完善软环境建设，特别是要系统梳理土地、税费、管理等方面的制度障碍，采取有效措施把制度性的交易成本降下来。

广东省委、省政府在2013年以来出台的产业共建文件中也明确指出，省及帮扶市、被帮扶市三方要形成产业共建的政策合力，在土地使用、招商引资、技术创新、高新技术企业培育等方面分别制定支持性政策，把政策的叠加效应发挥出来，以消减制度性交易成本，打造营商环境高地。

首先在土地开发、税收等方面，欠发达地区推出了系列优惠政策。目前肇庆市准地价、工业厂房租金、工业水价仅为珠三角地区的2/3甚至是1/3，营商成本比较优势突出。在深圳举行肇庆—深圳产业共建对接交流会上，吸引了600家深企前来寻觅商机。在韶关，低廉的土地成本吸引了大批优质项目。比如，都市丽人（企业）东莞凤岗总部的土地开发成本每平方米超过2000元，而莞韶园的开发成本约为200元。韶关面积7.3倍于东莞，而土地开发成本仅为东莞的1/10。如今莞韶园在册企业近千家，建成投产的有295家，其中工业产值亿元以上的就达43家。梅州市积极开展降成本行动，在土地使用、企业税收等方面为企业“减负”，同时推动工业园从传统的“基地”向融居住、娱乐、教育等功能于一体的“社区”转变，集中土地、资本、人才、技术等优势资源，为先进生产力提供更好的平台，为“产业共建”打造平台，向规模化、集约化要效益（苏力、贺元双、李峥，2017）。

其次，突破土地交易、非税收入、管理等方面的政策和制度障碍，采取有效措施把制度性的交易成本降下来。

目前，制度性交易成本在粤东西北仍然较高。以工业用地出让价格为例，2016年，潮州、云浮分别为518元/平方米、478元/平方米，高于珠海、惠州、江门等珠三角城市，也高于周边省区。而在非税收入占比方面，2017年上半年广州、深圳等珠三角5市在25%以下，粤东西北除汕尾外全部超过30%，部分地市超过40%。由于非税收入主要构成是专项收入、行政事业性收费、罚没收入等，占比过高意味着企业的隐性负担加重，会带来当地投资环境的恶化（张宁宁、张璐，2017）。

实际上，在2016年中央经济工作会议提出的五大任务之中，“降成本”位列其中，降低制度性交易成本更是其中的首要措施。广东正积极开展降成本行动，为企业“减负”。一方面，全省正清理规范行政事业性收费，《提质增效措施》就规定要全面清理规范涉企收费措施，妥善推进省产业园部分国家规定涉企行政事业性收费省级及以下收入减免工作，全面落实省定涉企行政事业性收费“零收费”政策。目前在粤东西北各市中，河源已率先执行此项措施。

另一方面，加大简政放权力度，清除行政审批中碰到的“玻璃门”“弹簧门”[①]。目前，广东省编办正牵头对行政审批中介服务进行清理规范，已向社会公布了2批共126项中介服务事项，并取消其作为审批受理条件。此外，全省也在深入贯彻落实《广东省供给侧结构性改革降成本行动计划（2016—2018）》各项政策，降低园区企业生产经营成本。在省产业园大力推进售电侧改革试点，在实现省产业园全覆盖基础上逐步扩大企业覆盖面，降低企业用电成本等。这些举措，都是为了让珠三角企业愿意来、安心来，并能扎根到粤东西北持续发展。

③提高公共服务水平[②]。《提质增效措施》中指出，粤东西北地区要大力推广“一门式、一网式”政府服务模式，建立园区项目多部门联网审批“绿色通道”，提高涉企事项审批服务效率，打造优质高效的政务服务体系，全面推行省产业园投

① “玻璃门”指民间资本（民营企业）进入某行业领域“看得见，没有显性障碍，但却无法进入，强行进入会碰到头”现象；“弹簧门”指民间资本（民营企业）“在刚刚踏入某领域之后，稍稍不小心就被弹出来了”现象。“弹簧门”“玻璃门”都是反映出我国民间资本在投资领域受到限制与不平等对待的现象。

② 具体参见《提质增效措施》：“优化园区营商环境”部分。

资项目“负面清单”制度，鼓励依法在园区启用“二号章”“三号章”，赋予园区相关职能部门审批权限。

（4）坐实对口产业扶贫

产业共建与对口帮扶的机制设计。产业共建是对口帮扶的基础手段。以产业园区为载体，合力推进特色资源绿色开发，提升欠发达地区的产业发展水平，同时也为发达地区产业寻找新的成长支点。

当前对口帮扶应以各类产业为依托，全面深入实施帮扶计划。主要应做到以下几点。

①对口帮扶要尊重市场规律。帮扶项目是市场认可的，经济上是有效益的，帮扶才是有成效和可持续的。帮扶的项目一方面最好是珠三角城市的支柱产业的延伸，有着稳定的市场前景；另一方面必须努力实现与被帮扶市县的产业相融合，最好能够间接拉动当地的传统产业转型升级。要扭转落后地区只能发展落后生产力的观念，越是落后地区，越要创造条件发展先进生产力。

②细化对口帮扶产业项目的落实安排。《帮扶意见》中指出，帮扶双方要共同制定产业共建目标和规划。帮扶市（珠三角核心区六市）要对有需求的企业开展调查摸底，将被帮扶市纳入本市外经贸活动统一推介，建立企业间信息共享平台。被帮扶市要提供产业需求目录，与帮扶市精准开展产业对接。对口帮扶指挥部要建立共同招商项目库，强化跟踪服务等。

要通过加快大珠三角经济区建设，鼓励在珠三角地区开展的企业孵化到粤东西北地区转化、落地，支持珠三角地区汽车、电子信息、轻工食品、装备制造等龙头企业在粤东西北地区布局配套企业，形成跨区域产业链条。

在现代服务业和现代农业的对口帮扶上，帮扶市要重点鼓励和支持与被帮扶市当地产业相配套的生产性服务业加快发展。根据规划，未来三年，粤东西北地区主营业务收入超过50亿元的企业要力争增加到40家以上。

在培育新兴产业上，帮扶双方要推动专业镇全面对接，加快专业镇特色产业跨区域融合与产业链延伸配套，推动珠三角地区专业镇优势产能转移，带动粤东西北地区做大做强一批专业镇。

③推进对口帮扶全面深化[①]。产业共建，就是要推动更多珠三角优势产业、优质企业把生产环节布局到粤东西北，形成紧密协调的产业分工体系，加快实现粤东西北与珠三角同一水平发展。近些年，广东省制定的《提质增效措施》、《帮扶意见》、《振兴发展决定》等相关措施，以及安排财政支持产业项目转移与共建等，

---

① 胡新科，吴哲：粤东西北振兴发展考核结果公布：这些地市获优秀[DB/OL].http://news.southcn.com/gd/content/2017-08/22/content_176489795.htm

有力推动了珠三角核心与粤广东其他欠发达地级市产业共建全面展开，目前产业共建项目已涉及装备制造、新能源、电子信息、生物医药等多个产业领域，投资额逐年增多。

此外，在广东省委、省政府的统一部署下，珠三角核心区六市也出台系列相关政策等，进一步加强了对被帮扶市的帮扶力度。比如，为增强产业共建驱动力，广州市注重政策引领，出台了《广州市对市属国有企业到广州（梅州）产业转移工业园投资给予扶持资金及业绩考核支持的实施意见》，3年安排4.5亿元专项资金支持广州市属国企在梅州投资工业项目；制定和完善《广州市鼓励企业到广州（梅州）产业转移工业园投资实施办法》和“食品饮料产业园”的建设工作方案，同时广州市还整合各类资源，从资金扶持、税收激励、用地优惠、职工安置等方面提出了一系列具体政策措施，将入驻企业纳入扶持企业各项政策的支持范围。深圳市为激励企业向粤东西北拓展，持续推进深汕合作区与深圳企业同等待遇、各区县共建园区企业与各区企业同等待遇的优惠政策，继续推动在汕尾、河源各成立15亿~20亿元的产业投资基金，用足用好4.4亿元贷款贴息，引导深圳企业入驻共建产业园区。珠海市为强化对口帮扶资金保障，计划市、区两级财政3年投入19.6亿元帮扶资金，目前已到位9.3亿元。市级16亿元2017年底全部到位，区级3.6亿元预计2018年全部到位。

参考文献

[1] 卢根鑫.国际产业转移论[M].上海:上海人民出版社，1997:16–17.

[2] 陈建军.中国现阶段的产业区域转移及其动力机制[J].中国工业经济，2002（8）:37–44.

[3] 胡俊文.国际产业转移的基本规律及变化趋势[J].国际贸易问题，2004（5）:56–60.

[4] 陈计旺.区际产业转移与要素流动的比较研究[J].生产力研究，1999（1）:64–67.

[5] 陈红儿.区际产业转移的内涵、机制、效应[J].内蒙古社会科学（汉文版），2002（1）：16–18.

[6] 陈刚，刘珊珊.产业转移理论研究:现状与展望[J].当代财经，2006（10）:91–96.

[7] 付保宗. 中国产业区域转移机制问题研究[M]. 北京：中国市场出版社，2008: 5–25.

[8] 顾朝林.产业结构重构与转移——长江三角地区及主要城市比较研究[M]. 南京:江苏人民出版社，2003:26.

[9] 吴晓军，赵海东.产业转移与欠发达地区经济发展[J].当代财经，2004（6）:96–99.

[10] Pellenbarg P H，van Wissen L J G，van Dijk J. Firm Migration [M]. Industrial Location Economics P.McCann Cheltenham，UK：Edward Elgar，2002:110 –148.

[11] Buckley，Peter J，Jean–Louis Mucchieli. Multinational Firms and International Relocation [M]. Cheltenham，UK：Edward Elgar， 1997: 58 — 91.

[12] 张公嵬，梁琦. 产业转移与资源的空间配置效应研究[J].产业经济评论，2010（3）：1–21.

[13] 白玫.跨国公司的国际迁移战略研究[J].河南师范大学学报（哲学社会科学版），2003（2）：34–35.

[14] 余斌陈，秋贵.投资转移与产业转移的关系及其对贸易顺差的影响[J].中国流通经济，2010（9）：62–65。

[15] Kaname Akamatsu. A historical pattern of economic growth in developing countries[J]. The Developing Economies，1962，1（1）:3–25.

[16] Kojima，Kiyoshi. The flying geese model of Asian economic development: origin，theoretical extensions and regional policy implications [J]. Journal of Asia Economics，2000，11（4）:224–230

[17] Kyoshi Kojima. Direct Foreign Investment: A Japanese Model of Multi– National Business Operations [M]. London: Croom Helm，1978:8–9.

[18] Raymond Vernon.International investment and international trade in the product cycle [J].The Quarterly Journal of Economics，1966，80（2）: 190 –207.

[19] Zixiang AlexTan. Product cycle theory and telecommunications industry–foreign direct investment，government policy，and indigenous manufacturing in China[J].Telecommunications Policy， 2002，（26）:17 – 30.

[20] Thompson J H. Some Theoretical consideration for manufacturing geography[J]. Economic Geography，1966（3）:127–145.

[21] Lewis WA. The evolution of the international economic order[M].Princeton，New Jersey：Princeton University Press，1978:14–15.

[22] Hymer. S.The international operations of national firms: a study of foreign direct investment [M].Cambridge: MIT Press，1976:34–46.

[23] Raúl Prebisch. Commercial policy in the underdeveloped countries [J]. American Economic Review，1959，49（2）:251–273.

[24] Dunning J H. Explaining the International Investment Position of Countries[A]. Black J，Dunning H.International CapitalMovement[C] .London:Macmillan，1982.

[25] Wells L T. Third World Multinationals—The Rise of Foreign Direct Investment from Developing Countries [M]. Cambridge，Mass: MIT Press，1983:34–35.

[26] Lall S. The New Multinationals: The Spread of Third World Enterprises [M]. New York: John Wiley&Sons，1983:23–24

[27] Cantwell. J Tolentino，PazEstrelia E.Technological accumulation and third world multinationals discussion paper in international investment and business studies[Z] .University of Reading，1990（139）：24.

[28] 康荣平，柯银斌.华人跨国公司的成长模式[J] .管理世界，2002（2）：103–109.

[29] 姬大鹏. 国际产业转移的路径规律:一个研究综述[J].郑州大学学报（哲学社会科学版），2009（6）：98–101.

[30] 原小能.国际产业转移基本规律及趋势分析[J].上海经济研究，2004（2）:29–33.

[31] 理查德・纽曼，鲁洁.外包:企业离岸外迁的新趋势[J].国外社会科学文摘，2006（6）：34–35.

[32] 陈菲. 服务外包动因机制分析及发展趋势预测——美国服务外包的验证[J] . 中国工业经济，2005（6）：67–73.

[33] 裴长洪. 吸收外商直接投资与产业结构优化升级——“十一五”时期利用外资政策目标的思考[J].中国工业经济，2006（1）：33–39.

[34] 卢根鑫. 试论国际产业转移的经济动因及其效应[J]. 学术季刊，1994（4）:10.

[35] 魏后凯，白玫.中国上市公司总部迁移现状及特征分析[J].中国工业经济，2008（9）：13–24.

[36] 李国平，俞文华.产业国际转移中我国产业结构重组基本策略探讨[J].中国软科学，1999（2）：4.

[37] 陈明森. 国际资本流动的区位导向与产业导向[J].亚太经济，2003（5）：2–6.

[38] 雒海潮，苗长虹，李国梁.不同区域尺度产业转移实证研究及相关论争综述[J].人文地理，2014（1）：1–8.

[39] 李颖，杨慧敏，刘乃全.新经济地理视角下产业转移的动力机制——以纺织业为例的实证分析[J].经济管理，2012（3）：30–40.

[40] 周起业，刘再兴，祝诚等. 区域经济学[M]. 北京:中国人民大学出版社，1989.86–92.

[41] 张可云：西部大开发战略的基本取向辨析[J]. 首都经济，2001（2）：23–25.

[42] 陈立新，叶柏青.梯度理论与区域经济发展战略分析[J].辽宁工程技术大学学报（社会科学版），1998，11（1）:56–58.

[43] 李国平，许扬.梯度理论的发展及其意义[J].经济学家，2002（4）:69–76.

[44] 马海霞.区域传递的两种空间模式比较分析——兼谈中国当前区域传递空间模式的选择方向[J].甘肃社会科学，2001（2）：30–32.

[45] 王育宝，李国平.狭义梯度理论的局限及其创新[J].西安交通大学学报（社会科学版），2006，26（5）:25–30.

[46] 谢刚，李国平.广义梯度理论中梯度的解释结构模型研究[J].系统工程，2004，22（5）:1–7.

[47] 李具恒.广义梯度理论:区域经济协调发展的新视角[J].社会科学研究，2004（6）:21–25.

[48] 李具恒，李国平.区域经济发展理论的整合与创新——基于梯度转移理论内在机理的扩展分析[J].陕西师范大学学报（哲学社会科学版），2004，33（4）:94–98.

[49] 李具恒，李国平.区域经济广义梯度理论新解[J].社会科学辑刊，2004，33（5）:61–65.

[50] 李具恒.区域经济广义梯度内在的广义梯度推移机理研究[J].西北人口，2006（6）:53–56.

[51] 刘茂松.发展中地区工业化反梯度推移研究——我国产业结构调整中处理工业化与现代化关系的一种新思路[J].求索，2001（1）:15–19.

[52] 廖才茂.低梯度陷阱与跨梯度超越——对一个发展理论的思考[J].当代财经，2002（9）:11–14.

[53] 李国平，赵永超.梯度理论综述[J].人文地理，2008，23（1）:61–64.

[54] 彭连清，詹向阳.沿海地区产业转移与欠发达地区农村劳动力转移模式的演变——以珠三角为例[J].当代经济研究，2007（5）：48–51.

[55] 戴宏伟.产业转移研究有关争议及评论［J］.中国经济问题，2008（3）:3–9.

[56] 张新芝，李少敏，彭迎丰. 产业转移发生机制与产业升级的内在机理研究[J]. 南昌大学学报（人文社会科学版），2017（2）:58–66.

[57] Paul Krugman. Increasing returns and economic geography[J]. Journal of Political Economy，2002，99（3）:483–499.

[58] Dumais，Ellison，Glaeser. Geographic concentration as a dynamic process［C］. NBER working paper，1997.

[59] 丁建军.产业转移的新经济地理学解释[J].财经科学，2011（1）:35–42.

[60] 张鑫.基于产业集聚的中西部地区承接产业转移问题研究[J].特区经济，2009（6）：263–265.

[61] 申洪源.本地市场效应对产业转移的区域协调发展研究[J].软科学，2011（12）：98–114.

[62] 陈耀，冯超. 贸易成本、本地关联与产业集群迁移[J].中国工业经济，2008（03）:76-83.

[63] 张存菊，苗建军. 基于Panel-data的区际产业转移粘性分析[J].软科学，2010（1）：75-79.

[65] 石奇. 集成经济原理与产业转移[J]. 中国工业经济，2004（10）:5-12.

[66] 余慧倩.论国际产业转移机制[J].江汉论坛，2007（10）:43-46.

[67] 刘世锦.产业集聚及其对经济发展的意义[J].改革，2003（3）：64-68.

[68] 梁琦. 产业集聚集论[M]. 北京: 商务印书馆，2004：78-87.

[69] 陈林，朱卫平.广东省产业转移的发展现状与特征[J].国际经贸探索，2010（1）：24-28.

[70] Pellenbarg P H，vanWissen L J G，vanDijk J. Firm relocation: state of the art and research prospects[R].SOM Research Report 02D31，Groningen:University of Groningen，2002.

[71] John H Dunning. The paradigm of international production: a restatement and some possible extensions [J]. Journal of International Business Studies，1988，19（1）:1 -31.

[72] Watts H D. The large industrial enterprise[M]. London：CroomHelm，1980:56-67.

[73] Taylor M J. Organizational growth，spatial interaction and location decision- making[J]. Regional Studies，1975（9）:313~323.

[74] 马子红.区域产业转移：理论述评[J].经济问题探索，2008（5）：23-27.

[75] Dicken P.Global- local tensions:firm and states in the globalspace- economy[J]. Economic Geography，1994，70（2）:101- 128.

[76] Dicken P，Lloyd P. Location in Space: Theoretical Perspectives In Economic Geography（3d.ed.）[M].New York: Harper Collins，1990:90-97.

[77] Smith D M，Industrial Location: An Economic Analysis[M].New York: John Wiley & Sons，1971:72-78

[78] 徐向红，杨占辉，黄波.山东省承接美国中小企业产业转移的考察研究[J].东岳论丛，2004（3）:164-168.

[79] 王先庆.产业扩张［M］.广州:广东经济出版社，1998.90-100.

[80] 陈建军.中国现阶段产业区域转移的实证研究［J］.管理世界，2002（6）:64-74.

[81] 赵峰，姜德波. 产业转移的诱因分析与趋势预测——以长三角为例［J］. 学术研究，2011（10）: 62— 67

[82] 高见，覃成林.基于东部发达地区产业转移的中部地区工业发展分析[J].经济经纬，2005（5）:91-94.

[83] 何龙斌.我国区级产业转移的特点、问题与对策[J].经济纵横，2009（9）:55-58.

[84] 王云平.产业转移视野的结构调整:市场与政府界别[J].改革，2008（7）:46-54.

[85] 李秀敏，张见.我国制造业梯度推移粘性研究[J].广东社会科学，2008（1）:16-23.

[86] 桑瑞聪，彭飞，康丽丽.地方政府行为与产业转移———基于企业微观数据的实证研究[J].产业经济研究，2016（4）：7-17.

[87] 薛婷婷. 地方政府行为对中西部地区产业转移影响的实证研究——基于2007—2014年安徽省

地级市的数据检验[J]. 绥化学院学报，2017（11）:4–8

[88] 周怀峰，廖东声.静候产业转移抑或选择全新技术产业——落后地区产业选择新思路[J].探索，2007（6）:87–90.

[89] 魏后凯. 产业转移的发展趋势及其对竞争力的影响[J].福建论坛（经济社会版），2003（4）：11–15.

[90] 林衡博. 产业梯度转移理论的实证研究——关于“长三角”与“珠三角”地区第二产业梯度转移问题的研究[D].广州：暨南大学，2005.

[91] 杜宇玮.国际对华产业转移的效果及其影响因素研究——基于技术扩散的分析[D].广州：广东外语外贸大学，2006.

[92] 高毅.国际钢铁产业转移与影响因素实证研究——中国钢铁产业视角[D].上海：复旦大学，2007.

[93] 陈蕊，熊必琳.基于改进产业梯度系数的中国区域产业转移战略构想[J].中国科技论坛，2007（8）：8–12，27.

[94] 翟相如.地区产业转移承接能力评价研究[D].哈尔滨：哈尔滨工业大学，2008.

[95] 魏玮，毕超. 区际产业转移中企业区位决策实证分析——以食品制造业为例[J].产业经济研究，2010（2）：46–54.

[96] 张辽，宋尚恒. 政府竞争、要素流动与产业转移——基于省际面板数据的实证研究[J].当代财经，2014（3）：21–28.

[97] 戴宏伟.加快“大北京”经济圈生产要素流动,促进产业梯度转移[J].经济与管理，2003（6）：5–6.

[98] 江霈.中国区域产业转移动力机制及影响因素分析[D].天津：南开大学，2009.

[99] 乔丰.产业集群理论与我国高新区的发展——一个文献综述[J].经济论坛，2009（18）：50–52.

[100] 虞晓平.产业区域转移和承接研究：理论与实证[D].金华：浙江师范大学，2009.

[101] 张辽.要素流动、产业转移与地区产业空间集聚———理论模型与实证检验[J].财经论丛，2016（3）：3–10.

[102] 刘佳骏. 长江经济带产业转移承接与空间布局优化策略研究———基于长江经济带11省市产业发展梯度系数与承接能力指数测算[J].重庆理工大学学报（社会科学），2017（10）：60–70.

[103] 安虎森，郑文光.改革开放后我国产业转移方向实证研究[J].贵州社会科学，2017（6）：93–104.

[104] Brouwer A E，Mariotti I，van Ommeren J N .The firm relocation decision：a Logit model[Z] .Paper Presented at the 42nd ERSA Conference ，Dortmund，Germany ，2002.

[105] Nakosteen R A，Zimmer M A. Determinants of regional migration by manufacturing firms [J] . Economic Inquiry，1987（50）: 351 — 362.

[106] Smith D M. A theoretical framework for geographical studies of industrial location [J]. Economic Geography，1966（42）: 96 — 113.

[107] Pred A R. Behavior and Location: Foundations for A Geographic and Dynamic Location Theory: Part I [C]. University of Lund，Lund Studies in Geography B，1967.

[108] Townroe P M. Some behavioral considerations in the industrial location decision [J]. Regional Studies，1972（6）: 261 — 272.

[109] Louw E，Kantoorgebouw En Vestigingspalaats. Stedelijke En Regionale Verkenningen 12[M]. Delftse Universitaire Pers（Phd thesis Technical University Delft），1996:65–75

[110] Pen C J，Pellenbarg P H. Firm migration and central government policy:an overview [C]. Paper Presented at the RSA Conference，1998.

[111] Pellenbarg P H. Firm Migration in the Netherlands [C]. Amsterdam：Paper for the 45th ERSA Congress，2005.

[112] Jouke van Dijk，Pellenbarg P H. Firm Relocation Decisions in the Netherlands: An Ordered Logit Approach [J].Papers in Regional Science，2000，79（2）:191–219.

[113] Aleid E Brouwer，Ilaria Mariotti，Jos N. van Ommeren. The Firm Relocation Decision: An Empirical Investigation [J]. The Annals of Regional Science，2004（2）: 335 — 347.

[114] 王思文，祁继鹏.地区间产业转移的微观基础:来自企业迁移视角的文献综述[J].开发研究，2013（1）：55–60.

[115] Wen M. Relocation and agglomeration of chinese industry [J]. Journalof Development Economics，2004（73）:329–347.

[116] 张公嵬.我国产业集聚的变迁与产业转移的可行性研究[J].经济地理，2010，30（10）:1670–1674.

[117] 张新芝，陈斐.基于系统基模的企业迁移机理分析[J].华东经济管理，2010（11）：51–54.

[118] 杨菊萍，贾生华.企业迁移的动因识别——基于内容分析法的研究[J].地理科学，2011（01）：15–21.

[119] 桑瑞聪，刘志彪. 中国产业转移趋势特征和影响因素研究———基于上市公司微观数据的分析[J].财贸研究，2014（6）：53—60.

[120] 温胜精.关于三线企业迁移的思考[J].航天工业管理，2004（8）：18–21.

[121] 邬爱其，田传浩.浙江省企业跨区域成长意愿及其影响因素实证分析[J].浙江社会科学，2005（4）：200–206.

[122] 衣长军.闽东南地区民营企业迁移与投融资环境优化研究[J].哈尔滨学院学报，2005（11）：87–92.

[123] 鲁德银.企业家行为、企业迁移、产业集群与农村城镇化政策[J].财经研究，2007（11）：82–91.

[124] 刘力，张健.珠三角企业迁移调查与区域产业转移效应分析[J].国际经贸探索，2008

（10）：74-79.

［125］王业强，魏后凯，蒋媛媛．中国制造业区位变迁:结构效应与空间效应——对“克鲁格曼假说”的检验[J].中国工业经济，2009（7）：44-55.

［126］胡济飞.产业转移中企业迁移的制约因素分析——对劳动密集型产业的分析[J].现代商业，2009（36）：78-79.

［127］张玉，江梦君.安徽承接长三角产业梯度转移的微观视角研究——基于企业迁移的分析[J].中国集体经济，2011（6）：44-45.

［128］陈光，赫胜彬. 异质性企业自选择效应的实证研究———以京津冀都市区为例[J].开发研究，2016（1）：75-80.

［129］樊新生，李小建.中国工业产业空间转移及中部地区发展对策研究[J].地理与地理信息科学，2004,20（2）:64-68.

［130］孙翊，熊文，王铮.中国高技术产业空间转移的政策问题研究[J].科学学与科学技术管理，2010，31（11）:163-168.

［131］罗云毅，周汉麒.工业重心东移与“十二五”期间的区域产业转移和承接[J].宏观经济研究，2010（1）:10-12.

［132］李娅，伏润民.为什么东部产业不向西部转移：基于空间经济理论的解释[J].世界经济，2010（8）:59-71.

［133］傅鸿源，陈煌红，叶贵.中国农村劳动力流动对产业梯度转移的影响探析[J].经济经纬，2008（5）:104-107.

［134］何龙斌.区际产业转移的要素变化与现实表征[J].改革，2012（8）:75-81.

［135］靖学青.区域产业转移与产业结构高度化——基于长江经济带的实证研究[J].江西社会科学，2017（10）：78-85.

［136］孙久文，胡安俊，陈林.中西部承接产业转移的现状、问题与策略[J].甘肃社会科学，2012（3）:175-178.

［137］吴勇. 中西部地区承接产业转移能力的影响因素分析[J]. 吉林工商学院学报，2012（3）:40-52.

［138］赵瑞霞，胡黎明.产业转移制度变迁效应的实证研究——基于中部地区面板数据的分析[J].长春理工大学学报（社会科学版），2012（12）：70-73.

［139］关爱萍，李娜. 中国区际产业转移技术溢出及吸收能力门槛效应研究——基于西部地区省际面板数据的实证分析[J].软科学，2014（2）:32-36.

［140］吴静. 区际产业转移对西部制造业转型升级的影响——基于产业价值链视角[J].软科学，2017（5）：21-25.

［141］丁鑫，宋锋华. 西北五省承接产业转移与区域经济差距实证研究——基于承接国际、国内产业转移视角[J]. 新疆农垦经济，2016（ 8 ）：43-49.

［142］钱文荣，郇静琼.城市化过程中农村企业迁移意愿实证研究[J].浙江社会科学，2003（1）：

191–193.

[143] 王思文，管新帅. 企业迁移决定：来自中国工业企业的经验证据[J].现代财经，2013（4）：100–110.

[144] 樊新生，李小建.中国工业产业空间转移及中部地区发展对策研究[J].地理与地理信息科学，2004，20（2）:64–68.

[145] 孙翊，熊文，王铮.中国高技术产业空间转移的政策问题研究[J].科学学与科学技术管理，2010，31（11）:163–168.

[146] 刘嗣明，童欢，徐慧.中国区际产业转移的困境寻源与对策探究[J].经济评论，2007（6）:133–139.

[147] 冯根福，刘志勇，蒋文定.我国东中西部地区间工业产业转移的趋势、特征及形成原因分析[J].当代经济科学，2010（2）:1–10.

[148] 孙久文，彭薇.劳动报酬上涨背景下的地区间产业转移研究[J].中国人民大学学报，2012（4）:63–71.

[149] 李娅，伏润民.为什么东部产业不向西部转移:基于空间经济理论的解释[J].世界经济，2010（8）:59–71.

[150] 王思文，祁继鹏.要素流动性差异与地区间产业转移粘性[J].兰州大学学报（社会科学版），2012，40（2）:105–110.

[151] 刘红光，刘卫东，刘志高.区域间产业转移定量测度研究——基于区域间投入产出表分析[J].中国工业经济，2011（6）:7–8.

[152] 何龙斌.区际产业转移的要素变化与现实表征[J].改革，2012（8）:75–81.

[153] 高杲，李海鹏.鼓励引导产业有序转移促进区域经济协调发展[J].宏观经济管理，2007（8）:41–43.

[154] 孙久文，胡安俊，陈林.中西部承接产业转移的现状、问题与策略[J].甘肃社会科学，2012（3）:175–178.

[155] 任静.中部地区承接产业转移的现状、问题和对策[J].武汉理工大学学报（社会科学版），2010（3）:323–327.

[156] 江洪.中部地区承接产业转移的现状与对策[J].中国经贸导刊，2009（18）:7–8.

[157] 贺清云，蒋菁，何海兵.中国中部地区承接产业转移的行业选择[J].经济地理，2010，30（6）:960–964.

[158] 周世军，周勤.中国中西部地区“集聚式”承接东部产业转移了吗？——来自20个两位数制造业的经验证据[J]. 科学学与科学技术管理，2012（10）:67–79.

[159] 范剑勇.长三角一体化、地区专业化与制造业空间转移[J].管理世界，2004（11）:77–84.

[160] 陈建军.长江三角洲地区产业结构与空间结构的演变[J].浙江大学学报（人文社会科学版），2007（2）:88–98.

[161] 高广阔，李好好，张能进“长三角”产业转移现状及分行业优势比较[J].统计与决策，

2007，37（20）:70-73.

[162] 刘录敬，陈晓明.长三角制造业产业空间转移实证研究[J].商业时代，2010（25）:120-121.

[163] 桑瑞聪，岳中刚.泛长三角区域内产业分工与产业转移——来自四省一市的经验研究[J].经济与管理研究，2011（9）:77-84.

[164] 黄钟仪.产业转移:东部的趋势及西部的选择——以重庆为例[J].经济问题，2009（7）:117.

[165] 魏博通.江西承接沿海产业转移的识别与分析[J].特区经济，2012（2）:197-199.

[166] 宋煜.江西承接产业转移基本特征、问题及政策启示[J].江西社会科学，2012（9）:70-74.

[167] 马继民.甘肃承接产业转移的路径研究——基于加快转变经济发展方式背景下的思考[J].甘肃社会科学，2012（5）:92-94.

[168] 玄欣田. 经济新常态背景下产业区域转移与产业集群发展对策研究——以河南省为例[J].农业经济，2017（9）：81-83.

[169] 毛广雄.基于区位进入理论的苏南产业向苏北转移的动因及模式分析[J].人文地理，2009，24（4）:72-76.

[170] 戴晓芳，黄晶.基于外部性理论的产业转移协调性实证分析——以江苏省为例[J].国际贸易问题，2010（11）:60-68.

[171] 王文森.近年广东产业转移演进趋势及发展对策研究[J].统计研究，2012，29（1）:110-112.

[172] 杨佳意，朱晟君. 产业转移政策对地区产品结构演化的影响——基于广东省“双转移”政策的实证分析[J].热带地理，2017，37（4）:452-461.

[173] 何奕，童牧.产业转移与产业集聚的动态与路径选择——基于长三角第二、三类制造业的研究[J].宏观经济研究，2008（7）:50-56.

[174] 马国强，孙华，钱益跃，等.产业转移与生态环境的协调发展——以永康—武义为例[J].国土与自然资源研究，2008（4）:55-56.

[175] 杨扬，徐现祥，舒元.广东省内经济差距缩小与产业转移[J].经济管理，2009，31（4）:41-49.

[176] 沈静，向澄，柳意云.广东省污染密集型产业转移机制——基于2000—2009 年面板数据模型的实证[J].地理研究，2012，31（2）:357-368.

[177] 张新芝，陈斐. 区域产业转移发生机制的理论解析与发生势差度量研究［J］. 南昌大学学报: 人文社会科学版，2013，44（2）: 79-85.

[178] 赵峰，姜德波. 产业转移的诱因分析与趋势预测——以长三角为例［J］. 学术研究，2011（10）: 62 — 67

[179] 任太增.比较优势理论与梯级产业转移[J].当代经济研究，2001（11）:47-50.

[180] 罗浩.中国劳动力无限供给与产业区域粘性[J].中国工业经济，2003（4）:53-58.

[181] 贺胜兵，刘友金，周华蓉.沿海产业为何难以向中西部地区转移——基于企业网络招聘工资地区差异的解析[J].中国软科学，2012（1）:160-169.

[182] 刘世锦.中国产业集群发展报告（2007—2008）[M]，中国发展出版社，2008. 82-95.

[183] 谢丽霜.产业梯度转移滞缓原因及西部对策研究[J].中央民族大学学报（哲社版），2005，32（5）:11-16.

[184] 杜传忠，韩元军，张宪国.我国区际产业转移的动力及粘性分析[J].江西社会科学，2012（5）:5-11.

[185] 罗浩.中国劳动力无限供给与产业区域粘性[J].中国工业经济，2003（4）:53-58.

[186] 成祖松，王先柱，冷娜娜.区域产业转移粘性影响因素的实证分析 [J].财经科学，2013（11）:73-83.

[187] 安虎森.新经济地理学原理[M]. 第二版. 北京：经济科学出版社，2009:28.

[188] 刘艳.论东部产业集群对西部开发的影响——对传统“梯度转移”理论的一种质疑[J].经济问题探索，2004（1）:22-25.

[189] 夏靓.产业集群对产业“梯度转移”理论的挑战[J].北方经贸，2005（1）:20-21.

[190] 郭丽，张美云.产业区域转移粘性分析[J].经济地理，2009，29（3）:395-398.

[191] 李占国，孙久文. 我国产业区域转移滞缓的空间经济学解释及其加速途径研究[J].经济问题，2011（1）:27-30.

[192] 周五七，曹治将.中部地区承接东部产业梯度转移的壁垒与对策[J].改革与战略，2010（10）:103-105.

[193] 雷佑新，雷红.西部大开发和我国产业区域粘性分析[J].晋阳学刊，2005（4）:38-41.

[194] 白小明.我国产业区域转移粘性问题研究[J].北方论丛，2007（1）:140-143.

[195] 刘毅. 谨防产业转移陷阱[J]，珠江经济，2008（8）:1

[196] 魏敏，李国平.梯度推移粘性:一个引致我国区域经济差异的因素[J].探索，2004（5）:79-82.

[197] 张存菊，苗建军.基于Panel-data 的区际产业转移粘性分析[J].软科学，2010，24（1）:75-79.

[198] 顾锦芳，朱悦怡. 苏锡常都市圈产业发展的定位分析[J].江苏工业学院学报，2005（3）：21-24.

[199] 王云平：产业转移问题研究的有关观点综述[J]. 经济管理，2013（6）：175-187.

[200] 张鑫.基于产业集聚的中西部地区承接产业转移问题研究[J].特区经济，2009（6）：263-265.

[201] 申洪源.本地市场效应对产业转移的区域协调发展研究[J].软科学，2011（12）：98-114.

[202] 陈耀，冯超. 贸易成本、本地关联与产业集群迁移[J].中国工业经济，2008（03）:76-83.

[203] 蒋凯，杨开忠. 多重视角下的产业转移文献述评[J].开发研究，2011，3:34-37.

[204] 刘友金，吕政. 梯度陷阱、升级阻滞与承接产业转移模式创新[J].经济学动态，2012（11）：21-27.

[205] 张黎黎，马文斌. 国内外产业转移的相关理论及研究综述[J].江淮论坛，2010（5）:23-29.

[206] 毛群英. 宁、沪、杭三角区生产性服务业错位发展分析[J].上海商学院学报，2009（4）：70–78.

[207] 孔令丞，谢家平.基于循环经济的工业区主导产业链错位发展——以上海、南京、宁波化工区为例[J].当代经济管理，2008（4）:45–49.

[208] 于翠翠. 京津冀铁三角型产业经济错位发展初探[J].商业经济研究，2016（13）：213–214.

[209] 纪良纲，晓国.京津冀产业梯度转移与错位发展[J].河北学刊，2004（6）:35–39.

[210] 李三虎.广佛肇战略性新兴产业发展的分工与合作初探[J].探求，2011（1）:14–18.

[211] 梁小萌.推进广佛肇经济圈产业一体化的路径思考[J].探求，2010（6）:16–19.

[212] 深圳市委党校，惠州市委党校联合课题组：错位发展，建立珠三角深惠经济圈——关于深圳惠州区域经济合作的调研和思考[J].南方经济，2004（12）:23–30.

[213] Kojima，Kiyoshi. The flying geese model of Asian economic development: origin，theoretical extensions and regional policy implications[J]. Journal of Asia Economics，2000，11（4）:224–230.

[214] Akamatsu，Kaname. A historical pattern of economic growth in developing countries [J].The development economies，1962（11）:137–152.

[215] 吴忠、卢润德.梧州与“珠三角”三大产业结构梯度性模型分析[J].企业科技与发展，2011（11）: 23–27.

[216] 陈建军.长江三角洲地区的产业同构及产业定位[J].中国工业经济，2004（2）:37–42.

[217] 王志华.长三角制造业趋同与经济增长趋同的关系分析[J].产业经济研究，2007（5）:28–39.

[218] 冯帮彦，邵帅.珠江三角洲产业结构趋同问题研究[J].工业技术经济，2010（10）: 47–53.

[219] 邱风，张国平，郑恒.对长三角地区产业结构问题的再认识[J].中国工业经济，2005（4）: 77–85.

[220] 许明.长三角产业结构趋同化问题的研究[J].现代商业，2008（8）:220–221.

[221] 杨红. 政府在产业转移中的生态责任与生态决策［J］. 市场论坛，2007（11）：8–10.

[222] 徐丽萍，孙文明.主体功能区生态预算系统合作机理研究［J］. 中国工业经济，2013（7）：18–29.

[223] 古学彬.传统优势产业转型升级的制约因素与对策研究——以肇庆市工业为例[J].肇庆学院学报，2012（4）:21–26.

[224] 金碚.稳中求进的中国工业经济[J].中国工业经济，2013（8）:5–17.

[225] 汪斌，赵张耀.国际产业转移理论述评[J].浙江社会科学，2003（6）：45–49.

[226] 刘艳.论东部产业集群对西部开发的影响——对传统“梯度转移”理论的一种质疑[J].经济问题探索，2004（1）：22–25.

[227] 汪本强，黄德春.区域产业转移问题研究述评[J].经济纵横，2013（10）：121–124.

[228] 刘兵. 共建园区：产业转移与承接的探索与思考[J].山东农业管理干部学院学报，2012（6）：48–51.

[229] 陈耀.园区共建是推动我国省区合作发展的重要抓手[J].中共杭州市委党校学报，2012（2）：10–12.

[230] 杨玲丽，万陆.园区共建: 社会资本约束下的长三角产业转移研究[J].经济体制改革，2012（6）：61–65.

[231] 杨玲丽."合法性机制"与"效率机制"的耦合，突破产业转移的"嵌入性"约束——以江苏省南北挂钩共建产业园区为例[J].华东经济管理，2015（11）：46–53.

[232] 毛广雄.基于社会资本理论的产业转移研究：江苏南北共建开发区模式解析[J].人文地理，2010（4）：91–96.

[233] 范轶芳，赵弘.新时期跨区域合作共建园区的核心机制研究[J]. 中国离新区（理论版），2015（1）：7–21.

[234] 金世斌，刘亮亮[J].积极探索园区共建模式——南京宁高高科技产业园的创新实践与启示[J].江南论坛，2014（12）：12–14.

[235] 杨本建，毛艳华.产业转移政策与企业迁移行为——基于广东产业转移的调查数据[J].南方经济，2014（3）：1–20.

[236] 何 静，农贵新.异地共建：后开发区时代的必然趋势[J].发展研究，2010（3）：93–96.

[237] 房建.安徽南北共建现代产业园区的创新实践与发展建议——对宿州马鞍山现代产业园区共建样本的探析房建[J].发展研究，2016（6）：15–21.

[238] 陈建军，梁佳.关于联合开发区的研究：一般分析框架和管理模式[J]. 浙江大学学报（人文社会科学版），2012（9）：61–72.

[239] 胡俊峰，陈晓峰.产业转移视角下中小企业集群创新网络的动态演进——来自江苏共建产业园区的例证[J].现代经济探讨，2014（8）：45–49.

[240] 孙君，姚建凤.产业转移对江苏区域经济发展贡献的实证分析——以南北共建产业园为例[J].经济地理，2011（3）：432–436.

[241] 蒋费雯，罗小龙.产业园区合作共建模式分析——以江苏省为例[J].城市问题，2016（7）：38–43.

[242] 邓良.广东省农业产业精准扶贫路径与对策研究：产业共建的视角[J].广东经济，2017（5）：14–19.

[243] 杨 英，甘增艳.广东区域产业共建和增长极培育[J].开放导报，2017（4）：13–16.

[244] 张宁宁，张璐.产业共建，给粤东西北一个高起点[J]. 南方，2016（16）：45–48.